2026년 24회 대비

나눔의집 사회복지사1급

강의로 쌓는 기본개념

KB190502

3과목 | 사회복지정책과 제도

7영역

사회복지행정론

사회복지교육연구센터 편저

사회복지 전문출판 나눔의집

CONTENTS

2025년 제23회
사회복지사1급
국가자격시험 결과

23회 필기시험의 합격률은 지난 22회 합격률 29.7%보다 10%가량 상승한 39.4%로 나타났다. 2교시 4영역 사회복지실천기술론의 난이도가 높게 출제되었으나, 많은 수험생들이 어려워하는 1교시 2영역 사회복지조사론과 3교시 8영역 사회복지법제론이 평이하게 출제되어 전반적인 점수가 상승하였고, 이로 인해 합격률이 높게 나타난 것으로 보인다.

제23회 사회복지사1급 응시현황 및 결과

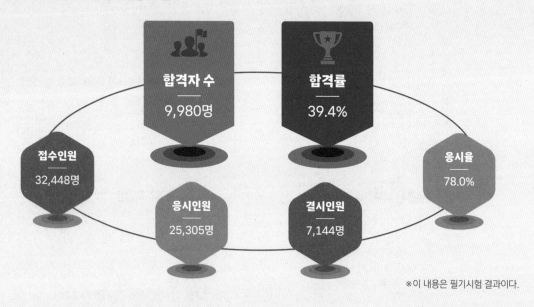

합격자 수	합격률
9,980명	39.4%

접수인원	응시인원	결시인원	응시율
32,448명	25,305명	7,144명	78.0%

※이 내용은 필기시험 결과이다.

1회~23회 사회복지사1급 국가시험 합격률 추이

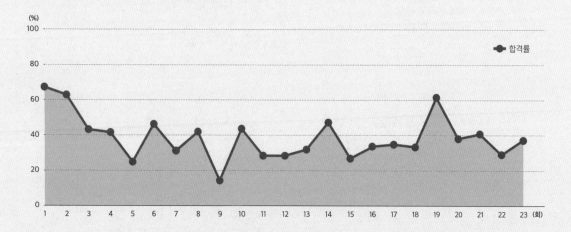

23회 기출 분석 및 24회 합격 대책

예년에 비해 난이도는 높지 않았지만, 출제분포에 있어서 그동안 출제빈도가 높았던 중심부 내용들보다는 다소 주변부의 내용에서 문제가 출제되는 모습을 보였다. 최근 시험에서 5문제까지도 출제되었던 3장 관리이론에서는 예년과 달리 2문제만 출제되었으며, 전반적으로 다소 지엽적인 내용의 문제들이 출제되었다. 또한 최근 12장 마케팅 영역에서 꾸준히 2문제씩 출제되고 있는데, 이는 현대 사회복지에서 비영리조직의 생존전략이 중요하다는 점을 시사하고 있다.

3장의 관리이론, 7장의 리더십이론, 8장의 동기부여이론 등은 출제빈도가 높을 뿐만 아니라 학습 내용도 방대하기 때문에 각 장의 테마를 알고 그에 속한 이론들의 흐름을 정리한 다음 각 이론들을 비교하며 정리해 나가는 조직화된 학습이 요구된다. 또한 사회복지행정론은 보기와 선택지에 생소한 단어들이 많이 등장하기 때문에 성실한 용어정리가 선행되어야 문장을 이해하고 정답을 찾을 수 있다.

23회 출제 문항수 및 키워드

장	23회	키워드
1	1	사회복지행정의 개념
2	2	한국 사회복지행정의 역사, 신공공관리
3	2	사회복지조직 이론 비교(과학적 관리론, 관료제이론, 인간관계론, 상황이론), 패러슈라만 등의 서비스 질 구성 차원(SERVQUAL)
4	3	민간 비영리조직의 특성, 조직 분권화의 특성, 태스크포스의 특성
5	2	사회복지 전달체계 구축의 원칙, 사회복지 전달체계의 특성
6	2	기획에 활용되는 기법, 쓰레기통 모형의 특징
7	1	블레이크와 머튼의 관리격자무형에서 리더십 유형 분류
8	3	허즈버그의 동기-위생이론에 따른 동기유발 요인, 인적자원관리 체계, 사회복지조직의 슈퍼비전
9	3	예산 유형별 비교, 사회복지조직의 재무ㆍ회계, 사회복지시설 예산 편성 및 결정 절차
10	1	프로그램 평가의 유형별 비교
11	1	사회복지조직의 책임성
12	2	비영리조직의 마케팅, 사회복지마케팅 전략
13	2	사회복지조직의 정보관리, 사회복지행정의 환경변화

아임패스와 함께하는 단계별 합격전략

나눔의집은 '진심'을 다해 오직 사회복지사1급 시험만을 연구한다. 나눔의집의 온라인 강의 사이트인 아임패스를 통해 단계별로 전문적이고 체계적인 학습을 시작해보자. 아임패스는 강의 제공뿐만 아니라 문제은행, 학습자료, 보충자료, 과목별 질문 등 사회복지사1급 시험에 관한 다양한 자료를 제공하고 있다.

1단계   기본개념 과정

강의로 쌓는 기본개념

다양한 유형의 문제에서 명확하게 답을 찾기 위해서는 기본개념이 탄탄하게 잡혀있어야 한다. 기본개념 학습은 말 그대로 1급 시험에 출제되는 총 8영역의 기본적인 개념들을 정리하는 학습이다. 즉, 1급 시험을 위해 가장 기초적이고 중요한 첫 단계로서 집을 짓기 위해 바닥을 단단하게 다지는 과정이다. 그만큼 학습해야 할 양도 많고 오랜 시간이 걸리는 과정이지만 바닥이 단단하지 않으면 그 위에 아무리 멋진 집을 쌓아도 무너질 수 있듯이 기본개념 학습은 반드시 탄탄하게 학습해야 한다.

핵심을 바로 체크하는 개념노트

개념노트 왼쪽 페이지에는 장별로 학습한 기본개념을 바로바로 확인할 수 있는 빈칸 넣기 퀴즈가 수록되어 있고, 오른쪽 페이지에는 학습한 내용을 정리할 수 있는 노트 형태로 구성되어 있다. 장별로 표시된 학습 중요도와 기출포인트를 통해 핵심요약집과 연계하여 학습할 수 있으며, QR코드를 통해 기출회독과도 연계하여 학습할 수 있다.

2단계   기출회독 과정

강의로 복습하는 기출회독

기출문제는 결국 또다시 기출문제가 된다. 따라서 기출문제를 분석하고 반복하여 풀어보는 것은 합격을 위한 가장 기본적이고 필수적인 과정이다. 기출회독은 1회 시험부터 가장 최근 시험까지 모든 기출문제를 분석하여 가장 출제가 많이 된 총 250개의 기출 키워드를 '1단계 이론요약 정리', '2단계 기출문제 풀이', '3단계 정답훈련 퀴즈 풀이'라는 3단계의 복습 시스템으로 학습한다. '데이터 기반 학습법'과 '3단계 복습 시스템'의 결합을 통해 기출 개념들을 힘들게 노력하여 외우지 않아도 저절로 이해할 수 있는 마법을 경험하게 된다.

23 - 01 - 25
기출회차   영역   문제번호

'기출회차-영역-문제번호'의 순으로 기출문제의 번호 표기를 제시하여 어느 책에서든 쉽게 해당 문제를 찾아볼 수 있도록 하였다.

3단계   핵심요약 과정

사회복지사1급 핵심요약집

반드시 출제되는 핵심내용을 '데이터 기반 학습전략'으로 공부한다. 최근 5개년 기출데이터 분석을 통해 8개 영역의 각 장을 목표 점수별로 구분(130점 목표 빨간색, 160점 목표 파란색, 200점 목표 초록색)하여 효율적이고 전략적으로 학습할 수 있다. QR코드를 통해 기출회독과 연계하여 학습할 수 있으며, 아임패스의 다양한 문제와 퀴즈도 풀 수 있다.

4단계   실전대비 과정

강의로 잡는
장별 기출문제집

최근 5개년 기출문제를 기본개념서에서 제시된 장별로 구성하였다. 기출문제를 장별 내용에 따라 구성하였기 때문에 문제를 풀다가 모르는 개념이 나오면 기본개념서에서 바로 해당 장의 내용을 찾아서 보다 쉽게 다시 정리할 수 있다. 또한 모든 문제에 해당 기출회독 키워드를 표시하였기에 기출회독과도 연계하여 학습할 수 있다.

강의로 풀이하는
합격예상문제집

최근 시험에서는 새로운 유형의 문제가 출제되는 비중이 점점 높아지고 있다. 따라서 기출문제를 기반으로 한 다양한 유형의 응용문제를 풀어보는 것이 매우 중요하다. 최신 기출문제의 내용과 유형을 분석하여 출제한 2,000개의 예상문제를 풀어봄으로써 어떠한 유형의 문제가 출제되어도 자신있게 해결할 수 있는 훈련을 한다.

강의로 완성하는
FINAL 모의고사

길고 길었던 학습을 마무리하면서 자신의 실력을 최종 점검해볼 수 있다. 모의고사는 총 3회분으로 구성되어 있는데, 난이도를 구분하여 1회가 가장 쉽고 3회가 가장 어렵다. 실제 시험지 구성과 동일하게 제작되었기 때문에 실전처럼 시간을 정해놓고 함께 들어 있는 답안카드에 직접 마킹을 해보면서 자신의 실력을 최종적으로 확인할 수 있다.

강의로 쌓는
기본개념 활용맵

★ QR코드를 활용하세요!
스마트폰의 카메라, 네이버의 '스마트렌즈', 카카오톡의 '코드스캔' 기능으로 QR코드를 찍으면 관련 동영상 강의를 바로 볼 수 있습니다.

장별 학습내용 안내

본격적인 학습에 앞서 각 장에서 어떤 내용을 다루고 있는지를 전체적으로 확인해볼 수 있도록 마련하였다.

한눈에 쏙
각 장에서 학습하게 될 내용들을 안내함과 동시에 그동안의 출제율을 반영하여 중요도 및 23회 출제 부분을 표시하였다.

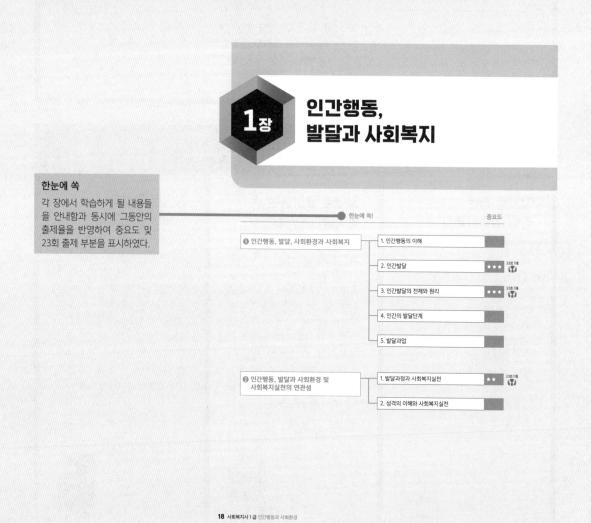

장별 기출경향 안내

19회 시험부터 23회 시험까지 최근 5개년의 기출문제를 분석하여 관련 정보를 안내하였다.

기출 포인트

최근 5개년 출제 분포와 함께 시험 경향을 안내하여 어떤 점에 유의하면서 학습해야 하는지를 안내하였다.

핵심 키워드

최근 10개년의 기출문제를 분석하여 핵심 키워드를 선정하였다. 나눔의집의 학습전략 2단계 기출회독 시리즈는 각 영역별로 핵심 키워드에 따라 복습하도록 구성되어 있다.

아임패스와 함께

기본개념 강의를 비롯해 아임패스에서 제공하는 다양한 학습자료들을 보다 편리하게 이용할 수 있도록 각 장마다 QR코드로 안내하고 있다.

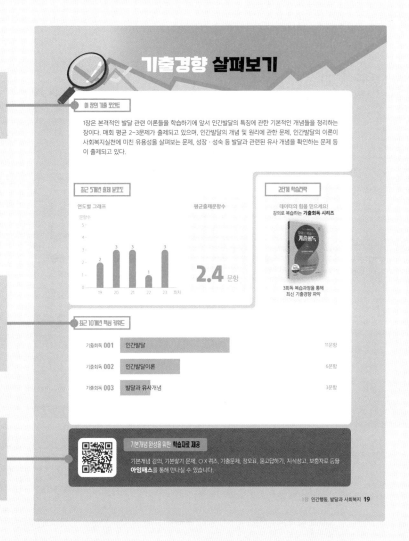

본문에서 짚어주는 기출경향 및 중요도

공부하는 내용이 많다 보니 어느 부분이 중요한지, 어떤 내용이 출제되는지를 파악하는 것은 매우 중요하다.
좀 더 효율적으로 학습할 수 있도록 본문에 기출과 관련된 사항들을 안내하였다.

기출회차
1회부터 지금까지 얼마나 자주 출제된
내용인지를 알 수 있도록 출제된 회차를
표시하였다.

1
인간행동, 발달,
사회환경과 사회복지

기출회차

1	2	3	4	5
6	7	8	9	10
11	12	13	14	15
16	17	18	19	20
21	22	23		

강의로 복습하는 기출회독 시리즈

Keyword 001, 003

중요도
그동안의 기출경향을 파악하여 학습의
포인트를 짚어주었다.

중요도

3. 생태체계이론

생태체계이론은 일반체계이론과
생태체계이론이 결합된 관점으로
환경과 유기체 간의 역동적 관계
특히, 상호호혜적인 관계에 초점
을 맞춘다. 생태체계관점의 특성
및 구성, 사회복지실천에 대한
생태체계이론의 기여 등을 정리
하는 것이 중요하다. 23회 시험
에서는 생태체계이론과 사회복
지실천의 연관성을 묻는 문제가
출제되었다.

생태체계이론, 생태체계관점, 생태체계적 관점, 생태체계적 모델은 다 같은
뜻으로 이해해도 된다. 이 이론 및 관점은 다양한 사회복지 영역에 포괄적으
로 적용될 수 있지만 어느 하나의 개입기법을 가지는 다른 모델과는 좀 성격
이 다르다. 이것은 문제를 가진 개인과 환경에 대한 개입에 있어 다양한 기술
과 기법을 필요로 하는 사회복지사에게 통합적 접근을 가능하게 하는 데 유용
성을 지닌다.

23회 기출
23회 시험에 출제된 부분은 별도로 표
시하였다.

23회기출

청년기는 취업과 결혼을 통해
부모로부터 독립하는 것이 주된
과업이지만, 이 과정에서 경기상
황을 고려하거나, 현대 세대로서
의 시각과 발달과업과 딜레마 속
고립감이나 부적응에, 이를 통
해 사명을 갖을 수 있다고 하였
다. 청년기의 사회화에발달, 발
달과업에 관한 내용이 주로 출제
되었다. 23회 시험에서는 청년
기의 전반적인 발달 특징 및 과
업을 묻는 문제가 출제되었다.

6. 청년기의 발달

1) 청년기 발달특징

(1) 신체발달
• 인간의 신체적 성숙은 청년기에 거의 완성된다. 청소년기의 어색한 모습은
사라지고 신체적으로 균형잡힌 모습을 갖춘다.
• 최상의 신체적 상태를 유지하며, 전 생애에 있어서 활기, 힘, 건강이 최고
조 수준에 달하며, 근육 및 내부기관은 만 19세에서 26세 사이에 최고조에

꼭!
꼭! 봐야 할 내용을 놓치지 않게 한 번
더 강조하였다.

잠깐

대상영속성

생후 9~10개월 정도[감각운동기]
에 대상영속성 개념이 형성되기
시작하여 만 2세경[전조작기]에
완전히 확립된다.

(3) 대상영속성 형성 ★
• 어떤 대상이 눈앞에 보이지 않거나 들리지 않아도 그것이 계속 존재한다고
믿는 것이 대상영속성인데, 9~10개월이 되면 이 개념이 생기기 시작한다.
• 대상영속성 개념이 없는 영아는 대상을 더 이상 지각할 수 없다고 느끼는
순간, 즉 눈에서 보이지 않는 순간부터 그 대상을 즉각 잊어버리지만, 대상
영속성이 생기면 대상을 볼 수 없거나 들을 수 없어도 그 대상의 이미지를
생각하거나 활용하여 간단한 문제를 해결할 수 있다.
• 예를 들어, 장난감을 빼앗아 숨겨도 그것을 찾으려고 하지 않는다면 대상
영속성 개념을 확립하지 못한 것이다. 이 무렵에 분리불안이 나타나는 것
도 대상영속성과 관련이 있다. 눈에 보이지 않는 양육자를 잊지 않고, 그
이미지를 계속 생각하고 찾기 때문에 분리불안을 보이는 것이다. 그러다가
대상영속성이 완전히 확립된 시기에 분리불안은 사라진다.

더 쉬운 개념 이해를 위한 구성

간단한 개념정리, 함께 봐두면 도움이 될 만한 내용, 쉽게 헷갈릴 수 있는 내용들에 대해 안내하였다.

잠깐

용어의 정의나 개념 등을 간략히 설명하였다.

합격자의 한마디

선배 합격자들이 공부하면서 헷갈렸던 내용들이나 암기하는 요령 등에 대해 짚어주었다.

한걸음 더

본문에 언급된 개념에서 한걸음 더 나아가 심화적으로 살펴볼 만한 내용을 담았다.

QR코드로 보는 보충자료

시험에 출제되지는 않았지만 이전 수험생들이 궁금해 했던 내용이나 이해를 도울 수 있는 추가 자료를 따로 담았다. 홈페이지 아임패스 [impass.co.kr]를 통해 확인해볼 수 있다.

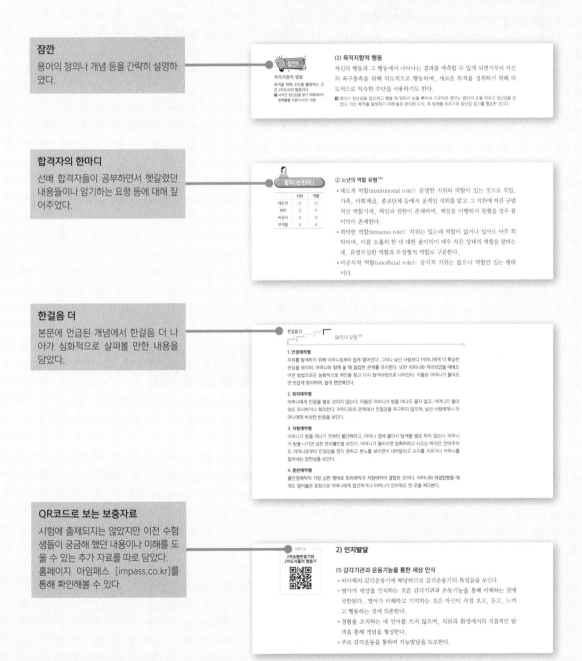

사회복지사1급의 모든 것

사회복지사1급의 모든 것
5,040문항 모든 기출을 분석해 찾은 데이터 기반 학습법

1998년부터 28년 동안 사회복지 분야의 책을 전문적으로 출판해온 나눔의집은 2002년부터 사회복지사1급 국가시험 대비 수험서를 출간하기 시작하여 현재 23번째 개정판을 출간하였습니다.

2012년부터는 매년 가채점 데이터를 축적하여 최근 14년간 출제된 2,880문항에 대한 24,387명의 마킹률 데이터를 보유하고 있습니다.

이를 바탕으로 분석한 출제율 96.5%의 핵심키워드 250개와 마킹률 데이터를 통해 수험생에게 필요한 자세한 내용 분석을 제공할 수 있게 되었습니다.

나눔의집 사회복지사1급 수험서는 종이에 인쇄된 단순한 책이 아닙니다.
나눔의집을 만나는 순간, 당신의 합격을 위한 최고의 전략을 만나게 될 것입니다.

강의로 쌓는 기본개념 **사회복지행정론**

5년간 데이터로 찾아낸 합격비책

여기에서 **72.8%**(18문항) 출제

순위	장	장명	출제문항수	평균문항수	23회 기출	체크
1	3장	사회복지행정의 이론적 배경	18	3.6	🏆	✓
2	8장	인적자원관리	15	3.0	🏆	✓
3	4장	사회복지조직의 구조와 조직화	11	2.2	🏆	✓
4	2장	사회복지행정의 역사	10	2.0	🏆	✓
5	9장	재정관리/재무관리	10	2.0	🏆	✓
6	5장	사회복지서비스 전달체계	9	1.8	🏆	✓
7	7장	리더십과 조직문화	9	1.8	🏆	✓
8	12장	홍보와 마케팅	9	1.8	🏆	✓

강의로 복습하는 기출회독 **사회복지행정론**

10년간 데이터로 찾아낸 핵심키워드

여기에서 **82.8%**(21문항) 출제

순위	장		기출회독 빈출키워드 No.	출제문항수	23회 기출	체크
1	8장	208	사회복지조직에서의 인적자원관리	16	🏆	✓
2	2장	191	한국 사회복지행정의 역사	15	🏆	✓
3	3장	193	현대조직이론	13	🏆	✓
4	1장	189	사회복지행정의 특성	12	🏆	✓
5	7장	206	리더십 이론	11	🏆	✓
6	10장	213	평가 유형 및 기준	11	🏆	✓
7	13장	221	환경변화의 흐름 및 대응	11	🏆	✓
8	5장	201	전달체계 구축의 원칙	10	🏆	✓
9	9장	212	사회복지조직에서의 재정관리	10	🏆	✓
10	5장	202	전달체계의 구분 및 역할	9	🏆	✓
11	12장	219	사회복지 마케팅의 특징 및 전략	9	🏆	✓
12	8장	209	동기부여이론	8	🏆	✓
13	3장	194	조직환경이론	7	🏆	✓
14	3장	195	고전이론	7		✓
15	4장	198	조직의 구조적 요소	7	🏆	✓
16	6장	203	기획 기법	7	🏆	✓
17	6장	204	기획의 특징 및 과정 등	6		✓
18	9장	211	예산모형	6	🏆	✓
19	4장	199	조직구조의 유형	5	🏆	✓
20	6장	205	의사결정	5	🏆	✓
21	11장	216	사회복지 시설평가	5		✓
22	12장	220	마케팅 기법	5		✓
23	3장	196	인간관계이론	4		✓
24	4장	200	사회복지조직의 유형	4	🏆	✓
25	7장	207	리더십 유형	4		✓

사회복지사1급 국가시험 안내문

※ 다음은 2025년 1월 11일 시행된 23회 시험에 대한 공고 내용이다. 시험공고는 시험일로부터 대략 3개월 전에 발표되고 있다.

시험방법

시험과목수	문제수	배점	총점	문제형식
3과목(8영역)	200	1점 / 1문제	200점	객관식 5지 선택형

시험과목 및 시험시간

구분	시험과목		입실시간	시험시간
1교시	사회복지기초(50문항)	· 인간행동과 사회환경(25문항) · 사회복지조사론(25문항)	09:00	09:30-10:20 (50분)
휴식시간 10:20 ~ 10:40 (20분)				
2교시	사회복지실천(75문항)	· 사회복지실천론(25문항) · 사회복지실천기술론(25문항) · 지역사회복지론(25문항)	10:40	10:50-12:05 (75분)
휴식시간 12:05 ~ 12:25 (20분)				
3교시	사회복지정책과 제도(75문항)	· 사회복지정책론(25문항) · 사회복지행정론(25문항) · 사회복지법제론(25문항)	12:25	12:35-13:50 (75분)

※ 이는 일반수험자 기준이며, 장애인수험자 등 응시편의 제공 대상자는 1.5의 시간을 연장함
※ 시험관련 법령 등을 적용하여 정답을 구하여야 하는 문제는 시험 시행일 현재 시행 중인 법령을 기준으로 출제함

합격(예정)자 결정기준(사회복지사업법에 의거)

· 시험의 합격결정에 있어서는 매 과목 4할 이상, 전 과목 총점의 6할 이상을 득점한 자를 합격예정자로 결정
· 사회복지사1급 국가시험 합격예정자는 한국사회복지사협회에서 응시자격 서류심사를 실시하며, 응시자격서류를 정해진 기한 내에 제출하지 않거나 심사결과 부적격자인 경우에는 최종불합격 처리함
· 최종합격자 발표 후라도 제출된 서류 등의 기재사항이 사실과 다르거나 응시자격 부적격 사유가 발견될 때에는 합격을 취소함

※ 시험관련 정보는 한국산업인력공단 사회복지사1급 홈페이지(http://www.q-net.or.kr/site/welfare)와 한국사회복지사협회 홈페이지(http://www.welfare.net)에서 확인할 수 있다.

사회복지사1급 국가시험 응시자격

대학원 졸업자

고등교육법에 따른 대학원에서 사회복지학 또는 사회사업학을 전공하고 석사학위 또는 박사학위를 취득한 자(시험 시행년도 2월 28일까지 학위를 취득한 자 포함). 다만, 대학에서 사회복지학 또는 사회사업학을 전공하지 아니하고 동 석사학위를 취득한 자는 보건복지부령이 정하는 사회복지학 전공교과목과 사회복지관련 교과목 중 사회복지현장실습을 포함한(2004. 7. 31 이후 입학생부터 해당) 필수과목 6과목 이상(대학에서 이수한 교과목을 포함하되, 대학원에서 4과목 이상을 이수하여야 한다), 선택과목 2과목 이상을 각각 이수하여야 한다.

대학교 졸업자

① 고등교육법에 따른 대학에서 보건복지부령이 정하는 사회복지학 전공교과목과 사회복지관련 교과목을 이수하고 학사학위를 취득한 자(시험 시행년도 2월 28일까지 학사학위를 취득한 자 포함)
② 법령에서 고등교육법에 따른 대학을 졸업한 자와 동등 이상의 학력이 있다고 인정하는 자로서 보건복지부령으로 정하는 사회복지학 전공교과목과 사회복지관련 교과목을 이수한 자(시험 시행년도 2월 28일까지 동등학력 취득자 포함)

외국대학(원) 졸업자

외국의 대학 또는 대학원(단, 보건복지부장관이 인정한 대학 또는 대학원)에서 사회복지학 또는 사회사업학을 전공하고 학사학위 이상을 취득한 자로서 대학원 졸업자와 대학교 졸업자의 자격과 동등하다고 보건복지부장관이 인정하는 자

전문대학 졸업자

① 고등교육법에 의한 전문대학에서 보건복지부령이 정하는 사회복지학 전공교과목과 사회복지관련 교과목을 이수하고 졸업한 자로서 (시험 시행년도 2월 28일을 기준으로) 1년 이상 사회복지사업의 실무경험이 있는 자
② 법령에서 고등교육법에 따른 전문대학을 졸업한 자와 동등 이상의 학력이 있다고 인정하는 자로서 보건복지부령이 정하는 사회복지학 전공교과목과 사회복지관련 교과목을 이수한 자로서 (시험 시행년도 2월 28일을 기준으로) 1년 이상 사회복지사업의 실무경험이 있는 자

사회복지사 양성교육과정 수료자

① 고등교육법에 따른 대학을 졸업하거나 이와 동등 이상의 학력이 있는 자로서 보건복지부장관이 지정하는 교육훈련기관에서 12주 이상의 사회복지사업에 관한 교육훈련을 이수한 자로서 (시험 시행년도 2월 28일을 기준으로) 1년 이상 사회복지사업의 실무경험이 있는 자
② 사회복지사 3급 자격증 소지자로서 (시험 시행년도 2월 28일을 기준으로) 3년 이상 사회복지사업의 실무경험이 있는 자

※ 다음 각 호의 어느 하나에 해당하는 자는 사회복지사가 될 수 없음.
가. 피성년후견인
나. 금고 이상의 실형을 선고받고 그 집행이 끝나거나(집행이 끝난 것으로 보는 경우를 포함) 집행이 면제되지 아니한 사람
다. 금고 이상의 형의 집행유예를 선고받고 그 유예기간 중에 있는 사람
라. 법원의 판결에 따라 자격이 상실되거나 정지된 사람
마. 마약ㆍ대마 또는 향정신성의약품의 중독자
바. 정신건강복지법에 따른 정신질환자(다만, 전문의가 사회복지사로서 적합하다고 인정하는 사람은 예외)

※ 응시자격에 대한 자세한 사항은 한국산업인력공단 HRD고객센터(1644-8000),
한국사회복지사협회(02-786-0845)로 문의

일러두기

● 이 책은 한국사회복지교육협의회의 『사회복지 교과목 지침서 2022』를 바탕으로 하면서도 시험의 출제경향, 대학교재의 공통사항, 학습의 편의성 등을 고려하여 구성하였다.

● <사회복지법제론>을 비롯해 수험서에서 다루고 있는 법률은 2025년 3월 초 현재 시행 중인 규정을 따랐다. 이후 추가적인 개정사항이 있을 시 주요 사항을 정리하여 아임패스 내 '학습자료'를 통해 게시할 예정이다.

● 이 책에서 발생할 수 있는 오류사항에 대해서는 아임패스 내 '정오표' 게시판을 통해 정정할 예정이다.

● 학습 중 헷갈리거나 궁금한 내용이 있을 때에는 아임패스 내 '과목별 질문' 게시판을 이용할 수 있다.

기본개념 마스터 하기

아임패스는 사회복지사1급 나눔의집에서 운영하는 학습지원 사이트로 강의수강 및 수험서 안내 등이 제공됩니다.

I'MPASS
기본개념 마스터하기

I'MPASS
사회복지행정론

교과목 목표

● 사회복지행정의 개념과 범주, 필요성을 이해한다.

● 사회복지조직에 대한 이해와 관리 실천 방법을 습득한다.

● 조직 및 프로그램 차원의 기획, 실행, 평가에 대한 실무 능력을 함양한다.

● 사회복지전달체계의 이해와 전문직 리더십 역량을 배양한다.

사회복지행정의 개념과 특성

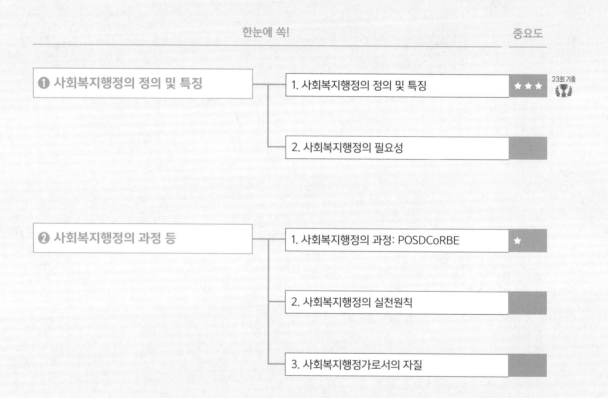

한눈에 쏙!   중요도

❶ 사회복지행정의 정의 및 특징   1. 사회복지행정의 정의 및 특징   ★ ★ ★   23회 기출

                                     2. 사회복지행정의 필요성

❷ 사회복지행정의 과정 등   1. 사회복지행정의 과정: POSDCoRBE   ★

                                     2. 사회복지행정의 실천원칙

                                     3. 사회복지행정가로서의 자질

기출경향 살펴보기

이 장의 기출 포인트

1장은 비교적 어렵지 않게 출제되고 있다. 대부분 사회복지행정의 특징을 살펴보는 문제가 출제되고 있으며, 이와 관련하여 사회복지행정이 추구하는 가치, 사회복지행정의 필요성 등을 묻기도 했다. 사회복지행정의 전반적인 과정이나 기능을 묻는 문제, 사회복지행정가로서의 자질에 관한 문제도 출제된 바 있다.

최근 5개년 출제 분포도

연도별 그래프

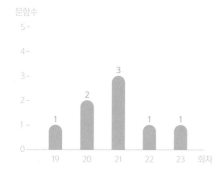

문항수

5 -
4 -
3 -
2 -
1 -
0 -

| 19 | 20 | 21 | 22 | 23 | 회차 |

평균출제문항수

1.6 문항

2단계 학습전략

데이터의 힘을 믿으세요!
강의로 복습하는 **기출회독 시리즈**

3회독 복습과정을 통해
최신 기출경향 파악

최근 10개년 핵심 키워드

| 기출회독 189 | 사회복지행정의 특성 | 12문항 |
| 기출회독 190 | 사회복지행정의 과정 및 기능 | 3문항 |

기본개념 완성을 위한 **학습자료 제공**

기본개념 강의, 기본쌓기 문제, ○×퀴즈, 기출문제, 정오표, 묻고답하기, 지식창고, 보충자료 등을 **아임패스**를 통해 만나실 수 있습니다.

1

기출회차

1	2	3	4	5
6	7	8	9	10
11	12	13	14	15
16	17	18	19	20
21	22	23		

강의로 복습하는 기출회독 시리즈

Keyword 189

사회복지행정의 정의 및 특징

중요도 ★ ★ ★

사회복지행정의 정의부터 일반 행정과의 공통점 및 차이점, 휴먼서비스 조직의 특징, 사회복지조직의 특징 등의 내용이 모두 연결되는 내용이므로 꼼꼼히 살펴보도록 하자. 23회 시험에서는 사회복지행정의 개념과 전반적인 특징을 묻는 문제가 출제되어 있다.

잠깐!

미시적 차원(협의)에서는 사회복지조직의 행정관리자에 의한 활동으로, 거시적 차원(광의)에서는 공공 및 민간을 포함해 정책을 사회복지서비스로 전환하는 총체적 활동으로 구분하기도 한다.

1. 사회복지행정의 정의 및 특징 [23회 기출] 🏆

(1) 사회복지행정의 정의[1] ⭐ 꼭!

공공 및 민간 기관을 포함하여 모든 사회복지조직의 구성원들이 수행하는 총체적 활동을 말한다. 사회복지조직의 목표를 달성하기 위해 사회복지정책을 서비스로 전환하는 것으로, 이러한 배경에서 이루어지는 협력 활동의 체계와 과정이다. 다음에서 제시하는 네 가지 의미를 포함한다.

- 사회복지조직을 중심으로 정책이 서비스로 전환되는 과정
- 사회복지조직의 목표를 달성하기 위해서 인적, 물적 자원을 관리하는 과정
- 관리자를 포함한 모든 조직구성원의 역동적인 협력활동
- 조직을 변화시키고 발전시키는 사회복지실천의 개입방법

한걸음 더

사회복지행정에 관한 여러 학자들의 정의

1. **Kidneigh(1950):** 사회복지행정은 사회복지정책을 사회복지서비스로 전환시키는 과정으로, 정책을 구체적인 서비스로 전환시키고 그 경험을 다시 정책수행에 반영하도록 제의하는 양 방향의 과정 속에 있는 것으로 보았다. 사회복지조직을 개방체계로 이해하고, 조직을 둘러싼 환경적 요소 중 특히 정책적 측면을 강조했다. 사회복지행정의 기능을 정책을 서비스로 전환시키는 과정으로 보는 이러한 시각에 대부분의 학자들이 동의한다.

2. **Stein(1970):** 사회복지행정은 사회복지조직이 조정과 협력활동의 체계를 통해서 목표를 설정하고 달성하는 과정이라고 정의하였다. 주로 조직의 내부적 특성에 주목하였으며, 목표의 설정과 달성 과정에서 내부적 조정과 협력을 강조했다는 특징이 있다.

3. **Patti(1983):** 사회복지행정을 조직이 목표를 달성하기 위해 관리자가 수행하는 상호의존적인 과업, 기능, 활동 등의 체계적이고 개입적인 과정으로 파악하면서 사회복지실천의 한 방법으로 개념화했다. 조직의 관리자가 수행하는 특정한 과업과 기능을 강조하면서 행정을 실천의 일종으로 보았다.

4. **Skidmore(1995):** 첫째, 정책을 구체적인 서비스로 전환하는 과정이며, 둘째, 이러한 전환 과정에서의 경험을 이용하여 정책의 개선을 요구하는 과정으로 보았다. 사회복지행정을 거시적 관점 및 양방향적 과정으로 보았다는 특징이 있다.

※ 황성철 외, 2007: 21-22.

(2) 일반행정과 사회복지행정

일반행정은 공공행정과 사행정을 모두 포함한다고 보기도 하지만, 일반행정은 공공행정으로 사행정은 기업경영으로 구분하기도 한다. 여기서는 사회복지행정이 갖는 일반행정과의 공통점과 차이점을 간략히 살펴본다.[2]

시험 초창기에는 일반행정과의 공통점과 차이점에 따라 사회복지행정의 특성을 살펴보는 문제들이 제시되었는데 최근에는 사회복지 조직 자체의 특성이나 휴먼서비스 조직으로서의 특성에 좀더 주목하는 경향을 보이고 있다.

① 일반행정과 사회복지행정의 공통점

- 대안의 모색, 실행, 평가가 이루어지는 문제해결 과정
- 상호관련된 부분들이 모여진 체계로 구성됨
- 인적, 물적 자원을 동원하고 조직화함
- 공공의지(public will)의 실현과 관련됨
- 조력 과정이 요구됨
- 조직부서 간의 업무조정 및 직무평가가 이루어짐
- 관리자에 의해 기획, 의사결정, 평가 등의 과정이 이루어짐

② 일반행정과 사회복지행정의 차이점

- 사회복지조직에서 산출하는 서비스는 사회복지의 독특한 성격을 가짐
- 일반행정보다 더 넓은 범위의 정치, 경제, 사회적 변화에 대한 지식과 관리 기술이 요구됨
- 행정과정에 있어 전체 조직구성원의 참여를 강조함
- 전문 사회복지사의 자질과 능력에 따라 성과가 달라짐
- 클라이언트와 사회복지사의 관계가 효과성 및 효율성에 영향을 줌
- 지역사회와 밀접한 관계를 형성함

한걸음 더 　　　　트렉커(Trecker)의 행정에 관한 정의

트렉커는 여러 학자들에 의한 행정의 개념을 다음과 같이 정리하였다. 사회복지행정은 일반행정과 공통점도 있고 차이점도 있지만, 다음의 내용은 행정의 일반적인 속성으로서 공통된 특징이라고 볼 수 있다.

1. 행정이란 지속적이며 동적인 과정이다.
2. 공통의 목적달성을 위해 활용된다.
3. 인적, 물적 자원의 기반을 강화시킴으로써 공통의 목표를 달성하도록 한다.
4. 조정과 협력은 인적, 물적 자원의 기반을 강화시키는 매개체가 된다.
5. 이러한 개념의 핵심요소는 기획, 조직 및 리더십이다.

※ 김형식 · 이영철 · 신준섭, 2009: 13-14.

1장 사회복지행정의 개념과 특성 **21**

(3) 휴먼서비스 조직의 특성 [3] ⭐

휴먼서비스(human service)는 인간에 대한 직접적인 서비스를 행사하는 의료, 교육, 복지 등의 부문을 포함한다. 이와 관련해 휴먼서비스 조직은 클라이언트의 삶의 질을 개선할 수 있는 재화 및 서비스를 생산·분배하는 조직이라고 말할 수 있다. 하센펠트(Hasenfeld)는 휴먼서비스 조직의 특성으로 다음과 같이 제시하였다.

- 휴먼서비스 조직의 원료는 인간이다.
- 휴먼서비스 조직의 목표는 불확실하며 애매모호하다.
- 휴먼서비스 조직이 활용하는 기술은 불확실하다.
- 휴먼서비스 조직의 핵심 활동은 직원과 클라이언트의 관계이다.
- 휴먼서비스 조직은 직원의 전문성에 대한 의존도가 크다.
- 휴먼서비스 조직의 효과성을 측정할 척도가 부족하다.

(4) 사회복지조직의 특수성 ⭐

가치지향적! 가치판단적!

사회복지행정은 가치지향적, 가치판단적이다. 이는 상당히 자주 출제된 사항이다. 인간을 대상으로 하고, 사회적 책임성을 갖고, 도덕적 가치를 지향하며, 다양한 이해관계 속에 있기 때문에 가치중립적일 수 없다는 점 꼭 기억해두어야 한다.

① 도덕적 가치 지향

사회복지행정의 대상은 도덕적 가치를 갖는 인간인 클라이언트이므로 사회복지조직에서 사용하는 기술은 사회적 가치에 따라 제약을 받기도 하고, 도덕적 정당성을 갖추어야 한다. 이로 인해 사회복지서비스의 효과성은 인간적 가치의 측면에서 판단되기도 한다.

② 인간 사이의 상호작용

사회복지조직의 핵심적인 활동은 기관의 직원(사회복지사)과 이용자(클라이언트) 간의 상호작용으로 이루어진다. 이로 인해 양자 간의 관계가 서비스의 성과를 향상시키는 데에 중요한 요인이 된다. 사회복지사는 개별 클라이언트에 대해 어느 정도의 재량권을 갖게 되는 경우가 있는데 이러한 재량이 잘못된 권력이 되지 않도록 유의해야 한다. 또한 클라이언트의 자발적인 동조를 유발시켜 서비스 제공이 원활하게 이루어질 수 있도록 해야 한다.

③ 사회적 책임성

대다수의 사회복지조직들은 비영리를 기초로 운영되며 후원금, 기부금품, 자원봉사자 등 외부에서 인적·물적 자원을 동원하게 된다. 한편, 사회복지조직에서 제공하는 각종 사업들은 사회적 문제를 경험하고 있는 사람들이나 문제를 겪고 있음에도 법·제도적 지원을 받지 못하는 사람들을 대상으로 하는 경우가 있다. 이렇듯 사회복지서비스는 사회문제와 깊은 연관성이 있으며,

이로 인해 사회적 책임성에 대한 요구를 받게 된다.

④ 기술의 불확실성 및 전문가의 중요성

사회복지조직에서 사용하는 기술은 사회복지학에서 연구된 범위를 넘어서 다양한 실천 기술을 도입하게 된다. 다양한 진단 방식과 치료 방식을 토대로 복합적인 문제를 가진 클라이언트에게 그에 맞는 서비스를 제공하기 때문에 클라이언트에게 제공되는 서비스는 고정화된 틀을 갖추기 어렵고, 결정적일 수 없다. 결국 서비스를 제공하는 사람의 전문적인 판단과 기술에 의존하게 된다.

⑤ 목표의 모호성

사회복지조직의 목표는 구체적인 숫자로 표현되는 것은 아니기 때문에 다소 추상적인 성격을 갖는다. 또한 정부의 정책 방향, 후원자, 서비스의 이용자 및 가족, 전문가, 타 기관과의 관계 등 여러 이해관계 속에서 타협하며 목표가 설정되기도 한다.

⑥ 결과(성과)의 무형성

사회복지서비스의 제공에 따른 결과는 클라이언트의 변화 양상이라고 할 수 있는데, 그러한 결과가 형태를 갖고 있는 것이 아니기 때문에 결과가 성공적인 것인지의 여부를 판단하는 기준이 모호하다.

⑦ 효과성, 효율성 척도의 부재

인간을 원료로 하고, 도덕적 가치를 고려해야 하며, 제공하는 기술에 대한 확신을 갖기도 어렵고, 결과에 대한 평가 기준도 모호하다. 이로 인해 서비스의 효과성이나 효율성을 평가하는 것이 사실상 어렵고, 평가에 적합한 척도도 부재한 실정이다.

한걸음 더 | 사회복지행정의 주요 가치

- 효과성: 클라이언트에게 제공된 서비스가 욕구를 충족시키고 목표를 달성할 수 있어야 함
- 효율성: 최소한의 자원으로 최대의 효과를 산출할 수 있어야 함
- 공평성(형평성): 서비스를 받을 기회, 내용 등에 있어 동일한 욕구를 가진 클라이언트에게 동일한 서비스가 제공되어야 함
- 접근성(편익성): 물리적(거리), 정보적, 심리적 차원을 포괄하여 클라이언트가 서비스를 쉽게 이용할 수 있어야 함
- 대응성: 클라이언트의 욕구를 정확하게 파악하여 그 욕구에 맞는 서비스를 제공해야 함
- 책임성: 효율성과 효과성 등 다른 가치들을 포괄하는 동시에 조직의 활동 및 서비스 제공에 대한 정당성을 확보해야 함

보충자료

사회복지조직에서
행정이 없다면?

2. 사회복지행정의 필요성

(1) 복잡한 현대사회

산업화 · 도시화에 따른 사회변동은 빈곤 · 의료 · 주택 등 다양한 사회문제를 야기하였고, 사회 전체에 사회복지와 관련된 제도적 · 정책적 개입이 필요하게 되었다.

(2) 인간과 사회의 상호연관성

인간은 사회적 체계와 관계 속에 존재하고 있으면서도 한편으로는 홀로 존재할 수밖에 없는 측면도 있다. 이로 인해 지역사회 내 네트워크를 통한 인적 · 물적 자원의 효율적인 연계에 주목하기 시작했고, 이러한 네트워크의 측면에서 합리적인 행정 과정이 강조되고 있다.

(3) 재정의 효과성 및 효율성 향상

사회복지조직의 내외부적 자원은 한정되어 있기 때문에 클라이언트에게 필요한 서비스를 적절히 제공하고 효율성을 배가시키기 위해서 전문적인 행정의 발달이 요구된다.

2 사회복지행정의 과정 등

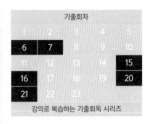

기출회차

1				5
6	7			10
11	12	13	14	15
16	17		19	20
21	22	23		

강의로 복습하는 기출회독 시리즈

Keyword 190

1. 사회복지행정의 과정(L. Gulick)

중요도 ★

행정의 과정을 따라가며 각 기능을 살펴보자.

사회복지행정의 기본적인 과정은 일반적으로 '기획(P) → 조직(O) → 인사(S) → 지시(D) → 조정(Co) → 보고(R) → 재정(B) → 평가(E)'로 정리한다. 각 영문의 앞글자를 따서 'POSDCoRBE'로 표현된다.

(1) 기획(Planning)

목표의 설정과 목표를 달성하기 위한 과업 및 활동, 과업을 수행하기 위해 사용되는 방법을 결정하는 단계이다. 과업을 달성하기 위한 방법은 변화하는 목표에 따라 달라질 수 있으며, 사회복지행정가는 변화하는 목표에 맞춰 과업을 계획하고 방법과 기술을 결정해야 한다.

(2) 조직(Organizing)

조직구조를 설정하는 과정으로, 과업이 할당·조정된다. 조직 구성에 있어서 구성원들의 역할과 책임이 분명하지 않으면 직원들 간의 갈등이 초래되고, 비효율적이고 비효과적인 조직이 된다.

(3) 인사(Staffing)

직원의 채용과 해고, 직원의 훈련, 우호적인 근무조건의 유지 등이 포함되는 활동이다. 사회복지행정에서 책임자는 직원의 임면(임명, 면직)뿐만 아니라 훈련과 교육, 직원의 적절한 근무 환경의 유지에 대해서도 책임을 진다.

(4) 지시(Directing)

기관의 효과적인 목표달성을 위한 행정책임자의 관리·감독의 과정으로, 행정책임자는 합리적인 결정, 능동적인 관심, 헌신적인 태도로 직원의 공헌을 칭찬하고 책임과 권한을 효과적으로 위임하며 개인과 집단의 창의성을 고려하고 지시하는 지도자가 되어야 한다.

잠깐!

조직과 조정의 차이
• 조직: 과업의 조정
• 조정: 의사소통의 조정

(5) 조정(Coordinating)

조직 활동에서 구성원들을 연결하는 기능으로, 사회복지행정가는 부서 간에, 직원들 간에 효과적인 의사소통의 망을 만들어 유지하고 조정해야 한다. 프로그램, 인사, 재정 및 긴급한 문제상황, 임시적인 활동 등을 위해 조직되는 각종 위원회는 이러한 조정 기능을 수행한다.

(6) 보고(Reporting)

사회복지행정가가 직원, 이사회, 지역사회, 행정기관, 후원자 등에게 조직에서 일어나는 상황을 알려주는 과정이다. 주요 활동은 기록, 정기적인 감사, 조사연구가 있다.

(7) 재정(Budgeting)

사회복지조직은 재정을 투명하게 사용할 수 있어야 하며, 조직의 재정 행정가는 현재를 포함하여 중·장기적인 재정계획을 수립해야 하고 회계 규정에 따라 재정 운영에 대한 책임을 갖는다.

(8) 평가(Evaluating)

서비스의 적절성, 효과성, 효율성 등을 평가한다. 평가의 기능을 효과적으로 수행하기 위해서는 직원들의 자유로운 평가활동이 이루어질 수 있도록 분위기가 조성되어야 한다.

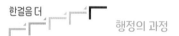

한걸음 더 — 행정의 과정

여기서 제시된 행정의 과정은 본래 일반행정학에서 출발한 것으로, 사회복지행정의 특수성을 담아내지 못한다는 비판과 함께 여러 학자들이 평가(Evaluating), 의사소통(Communication), 정보관리 등을 행정의 과정 속에 첨가하기도 하였다(우리 책에서는 '평가' 단계까지 소개하고 있는데, 이 '평가' 단계도 이후에 첨가된 것으로 일반행정학 교재에서는 재정 과정까지만 소개되고 있는 경우도 많다). 그럼에도 불구하고 여전히 행정의 동태적 과정을 드러내지 못한다는 문제점을 지적하면서 행정과정과 행정조직, 환경 간의 상호작용에 기초한 새로운 사회복지행정의 과정이 제시되기도 한다. 그 예로 박동서, 박차상, 김경우 등이 제시하고 지지했던 사회복지행정의 과정을 간략하게 소개하면 다음과 같다.

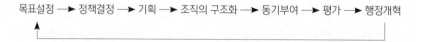

목표설정 ➡ 정책결정 ➡ 기획 ➡ 조직의 구조화 ➡ 동기부여 ➡ 평가 ➡ 행정개혁

※ 참조: 박동서, 2005: 79; 박차상, 2008: 34-40; 김경우, 2007: 31-34.

2. 사회복지행정의 실천원칙

사회복지조직은 궁극적으로 클라이언트의 삶의 질 향상을 궁극적인 목적으로 하며, 이를 위한 행정적 차원의 실천원칙으로 다음의 사항을 살펴봐야 한다.

사회복지 가치의 원칙	사회복지의 가치는 서비스의 개발과 제공의 근본이다.
지역사회와 서비스 수요자의 욕구 원칙	지역사회와 서비스 수요자의 욕구는 사회복지기관과 기관이 제공하는 서비스의 존립근거이다.
기관 목적의 원칙	기관의 사회적 목적은 명확하게 설정되고, 제시되고, 이해되며, 실제로 활용되어야 한다.
문화적 장의 원칙	지역사회 욕구가 표현되고, 그에 대한 서비스가 제공되고 이용되는 방식에 영향을 미치는 지역사회의 문화에 대한 이해가 필수적이다.
목적의식이 있는 관계의 원칙	행정가와 이사회, 직원, 그리고 지역사회 구성원들 간에 효과적이고 목적의식이 충만한 관계가 형성되어야 한다.
기관의 정체성 원칙	기관은 전체로서 그리고 일체로서 이해되어야 한다. 기관은 서로 관련된 부분들로 구성된 생동하는 하나의 총체적인 수단으로 인식되어야 한다.
전문적 책임성의 원칙	행정가는 전문적 서비스의 기준에 부합하는 고품질의 전문적 서비스를 제공할 책임이 있다.
참여의 원칙	역동적이고 지속적인 참여의 과정을 통해 이사회, 직원, 지역사회 구성원들이 기여할 수 있어야 한다.
소통의 원칙	열린 소통은 사람들의 기능을 최대로 가능케 하는 중요한 요소이다.
리더십의 원칙	행정가는 기관의 목적 성취와 전문적인 서비스의 제공을 위해 리더십을 발휘할 책임이 있다.
기획의 원칙	효과적인 서비스를 위해서는 지속적인 기획이 핵심적이다.
조직화의 원칙	조직 구성원들의 책임과 관계가 명확히 정의되기 위해서는 직원들의 직무가 체계적으로 정리되고 구조화되어야 한다.
위임의 원칙	사회복지사와 같은 전문직에게는 책임과 권위의 위임이 필수적이다.
조정의 원칙	기관이 미션을 달성하고 중요한 과업들을 성공적으로 완수하기 위해서는 조직 구성원들에게 맡겨진 직무들이 조정되어야 한다.
자원 활용의 원칙	사회가 기관에 부여한 신뢰에 부응하기 위해서는 예산, 시설, 인력 등의 자원들을 개발하고 보호하며 활용하는 데에 신중을 기해야 한다.
변화와 혁신의 원칙	기관과 지역사회 내에서의 변화의 과정은 지속적이다.
평가의 원칙	기관의 목표 성취를 위해서는 과정과 프로그램에 대한 지속적인 평가가 필수적이다.
성장의 원칙	행정가는 도전적인 직무를 부여하고, 사려 깊은 슈퍼비전을 제공하며, 개인과 집단에 학습의 기회를 부여함으로써 모든 조직 구성원들의 성장과 발전을 지향해야 한다.

※ 출처: 이봉주 · 이선우 · 백종만, 2012: 24-25.

잠깐!

사회복지행정가는 행정가로서의 자질과 사회복지실천가로서의 자질을 두루 갖춰야 한다는 점을 생각하면서 읽어보자.

3. 사회복지행정가로서의 자질[4]

(1) 사회복지행정가의 자질 및 역할

- 수용: 직원, 클라이언트 및 자신의 직무와 관련된 타 전문직을 있는 그대로 받아들이며 독특한 개인으로서 존중하도록 한다.
- 관심: 친절함, 소속감을 통해 직원들의 성장과 발전을 도모한다.
- 창의성 발휘: 자신과 직원 및 직원들 사이의 관계를 향상시킬 수 있는 개혁적인 정책, 방법, 절차들을 창의적으로 개발·시행할 수 있어야 한다.
- 민주성 발휘: 가능한 모든 직원을 의사결정에 참여시켜 다양한 의견을 수렴하여야 한다.
- 신뢰: 행정가의 활동은 직원들에 대한 신뢰를 바탕으로 수행되어야 한다.
- 인정: 직원들의 사기를 향상시킬 수 있는 칭찬, 적절한 보상과 인정을 적극 활용해야 한다.
- 기획: 욕구에 맞는 서비스를 마련할 수 있는 능력을 갖춰야 한다.
- 조직화: 사회복지서비스의 수행을 위해 조직을 어떻게 만들고 기능하게 할 것인지와 관련하여 효과적인 조직구조를 형성해야 한다.
- 우선순위 결정: 기관의 목표달성에 필요한 활동들의 중요성을 이해한 후 대안을 결정하고, 가치평가를 한 후 우선순위에 따라 결정을 내린다.
- 권한의 위임: 다른 직원에게 과업과 권한을 적절히 위임해야 한다.
- 의사결정: 유익한 결정과 효과적인 집행을 위해 의사결정의 과정을 깊이 이해하고 있어야 하며, 정확한 의사전달이 필요하다.
- 동기부여: 직원들의 능력을 최대한 발휘할 수 있도록 동기를 부여하고 구성원을 격려한다.
- 행동촉진: 직원들의 성장과 발전을 지지하고 적극적으로 후원해야 한다.
- 그 밖에 서비스의 통합성과 포괄성을 위해 지역사회 및 타 전문직과의 관계를 유지하고, 조직원들의 발전 및 유지를 위해 경력개발 등 역량을 강화시킬 수 있어야 한다.

(2) 사회복지행정가에게 요구되는 지식

- 기관에서 제공되고 있는 서비스에 관한 전문적 지식
- 인간발달, 정신역동, 인간행동 등 인간 속성에 관한 지식
- 자신의 조직에 도움을 줄 수 있는 공공/민간 조직에 대한 정보
- 개별사회사업, 집단사회사업, 지역사회조직, 지역사회조사 등 사회복지방법론에 대한 기본적 지식
- 조직, 인사, 재무/회계, 기획 등 조직관리에 필요한 지식

- 사회복지 관련 이슈에 관한 민감성
- 조직의 구조와 기능에 관한 지식 및 이와 관련하여 현재의 조직구조가 적합한지에 대해 판단하고 변화시킬 수 있는 지식
- 사회복지활동에 대한 평가기법에 관한 지식
- 사회복지전문가로서의 윤리에 대한 지식, 인권에 대한 관심

한걸음 더

사회복지행정가가 갖춰야 할 기술(NASW)

- 현실에 근거하여 계획하고 그 실행가능성을 사정하는 기술
- 각종 대안을 개발하고 각 대안이 가져올 영향을 예견하고 평가하는 기술
- 평가결과에 따라 우선순위를 정하고 최적 대안을 결정하는 기술
- 개인적 균형을 유지하면서 다양한 역할과 과업을 처리하는 기술
- 조직이론의 기능에 입각하여 기관의 목표를 달성하는 기술
- 능률성 향상을 위해 조직 내 개인과 집단의 특수한 능력을 활용하는 기술
- 적절한 권한의 위임과 의사소통 기술

2장 사회복지행정의 역사

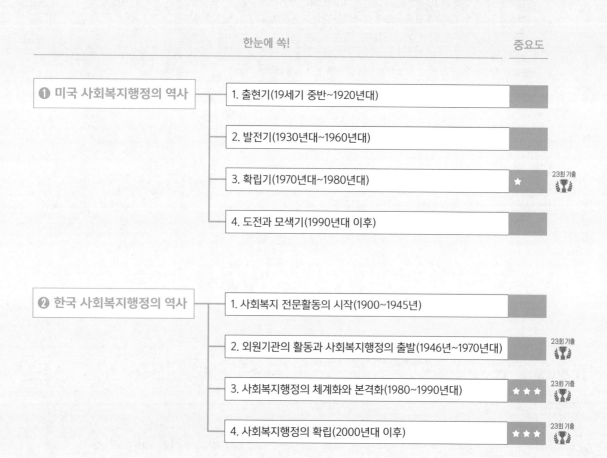

한눈에 쏙!   중요도

❶ 미국 사회복지행정의 역사

1. 출현기(19세기 중반~1920년대)

2. 발전기(1930년대~1960년대)

3. 확립기(1970년대~1980년대) ★ 23회 기출

4. 도전과 모색기(1990년대 이후)

❷ 한국 사회복지행정의 역사

1. 사회복지 전문활동의 시작(1900~1945년)

2. 외원기관의 활동과 사회복지행정의 출발(1946년~1970년대) 23회 기출

3. 사회복지행정의 체계화와 본격화(1980~1990년대) ★★★ 23회 기출

4. 사회복지행정의 확립(2000년대 이후) ★★★ 23회 기출

기출경향 살펴보기

이 장의 기출 포인트

우리나라 사회복지행정의 역사에 관한 내용은 매회 1문제 이상 빠지지 않고 출제되고 있다. 시기별 특징을 파악하는 문제, 주요 사건을 순서대로 나열하는 문제, 특정 사건이 가진 의미를 파악하는 문제 등 다양한 유형으로 출제되고 있다. 미국의 역사는 출제비중이 낮기는 하지만 1980년대 작은 정부, 민영화 등을 중심으로 정리해 둘 필요가 있다.

최근 5개년 출제 분포도

연도별 그래프

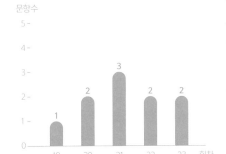

문항수

평균출제문항수

2.0 문항

2단계 학습전략

데이터의 힘을 믿으세요!
강의로 복습하는 **기출회독 시리즈**

3회독 복습과정을 통해
최신 기출경향 파악

최근 10개년 핵심 키워드

| 기출회독 191 | 한국 사회복지행정의 역사 | 15문항 |
| 기출회독 192 | 미국 사회복지행정의 역사 | 2문항 |

기본개념 완성을 위한 학습자료 제공

기본개념 강의, 기본쌓기 문제, O X 퀴즈, 기출문제, 정오표, 묻고답하기, 지식창고, 보충자료 등을 **아임패스**를 통해 만나실 수 있습니다.

미국 사회복지행정의 역사

기출회차

1	2	3	4	5
6	7	8	9	10
11	12	13	14	15
16	17	18	19	20
21	22	23		

강의로 복습하는 기출회독 시리즈

Keyword 192

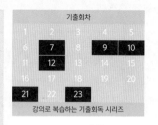

미국은 사회복지행정이 사회복지학에서 하나의 독립된 분야로서 가장 먼저 발전된 국가이다. 따라서 미국 사회복지행정의 역사를 살펴보는 것은 사회복지행정이 어떠한 역사적 배경에서 발전되었는지를 살펴본다는 의의가 있다.

1. 출현기(19세기 중반~1920년대)

- 남북전쟁 이후 미국 사회는 가속화된 산업화, 유럽에서 온 이민자들, 노예해방 이후 인종문제 등 사회구조적인 변화를 겪게 되었다. 이로 인해 빈곤, 실업, 도시의 슬럼화, 범죄 등 다양하고 복합적인 사회문제가 나타났고, 이러한 문제는 더 이상 가족이나 지역사회에서 해결될 수 없게 되었다.
- 이러한 사회문제를 해소하기 위한 민간 차원의 자발적 노력이 자선조직협회(1877년) 및 인보관(1886년 Neighborhood Guild, 1889년 Hull House) 설립으로 이어졌다. 한편, 주정부에 의해 운영되는 각종 수용시설들도 등장하였는데, 사회적 일탈자에 대한 통제 목적이 강했다.
- 20세기 초에는 지역공동모금회(Cummutinty Chest)와 지역사회복지기관협의회(Council of Social Agencies)의 창설로 행정가의 역할이 증대되었다.
- 1914년 사회사업 교과과정에 최초로 사회복지행정이 등장하였고, 1923년 미국 사회사업대학협의회가 채택한 교과과정에 사회복지행정이 선택과목으로 포함되었다.
- 사회복지행정은 1929년 밀포드(Milford) 회의에서 개별사회사업, 집단사회사업, 지역사회조직, 사회사업조사 등과 함께 기본적인 실천방법으로 인정되었다.

잠깐!

미국의 역사에서 사회보장법의 제정은 공공부조 제도의 창설이라는 의의를 갖는 동시에 사회복지행정이 발전할 수 있는 제도적 토대가 되었다.

2. 발전기(1930년대~1960년대)

- 1935년 사회보장법(Social Security Act)이 제정되면서 공공기관에서는 공

공부조 관련 프로그램들을 시행하게 되었다. 이에 따라 공공기관에서는 프로그램을 기획, 지도·감독, 운영할 수 있는 전문 인력 및 조직 구성에 대한 관심이 커졌고 행정에 대한 교육이 확대되었다. 그러나 2차 대전이 끝난 후에야 사회사업에 행정을 적용하는 작업이 본격적으로 진행될 수 있었다. 한편, 민간기관에서는 빈민에 대한 구호·구조 프로그램들을 축소하고 다른 서비스를 모색하게 되었다.

- 1950년대에는 공동모금이 전국적인 범위로 확장되면서 미국 사회복지공동모금협의회로 발전되었다.

- 1952년 미국 사회복지교육협의회에서는 대학원 교과과정에 사회복지조직과 행정절차에 관한 교육을 포함시킴에 따라 학문적으로 사회복지행정의 개념과 기초가 정립되고 독립적인 영역으로 자리매김하기 시작하였다.

- 미국사회복지사협회(NASW)는 1960년 사회복지행정에 관한 보고서를 출간하기 시작하였고, 1963년에는 산하기구인 사회복지행정위원회를 설립하였다. 또한 사회사업교육협의회는 1961년 사회복지행정을 교과과정으로 인정하면서 사회복지행정에 관한 교육을 강화하였다. 이러한 흐름에 따라 1960년대에는 사회복지행정이 학문적으로 발전할 수 있는 계기가 마련되었다.

- 1960년대에는 인권운동, 반전운동, 복지권운동 등을 진행하는 지역사회운동 기관들이 생겨났고, '빈곤과의 전쟁'이라는 정부 시책에 따라 민간기관에 대한 각종 지원이 이루어졌으며, 지방정부의 후원으로 다양한 형태의 기관이 나타났다. 이러한 영향으로 지역사회복지가 발달하고, 새로운 조직 방식이나 다양한 프로그램 기획, 관리, 운영을 시도하는 기회가 되기도 하였다. 그러나 사회문제가 적절히 해결되지 못한 것과 관련하여 정부 및 기관 활동에 대한 불신과 비판도 일어났다. 또한 사회적으로 수급자의 의존성이 심화된다는 우려도 제기됨에 따라 실제 사회복지행정의 발달이 다소 정체기를 맞기도 하였다.

3. 확립기(1970년대~1980년대) 23회 기출

'1960년대 빈곤과의 전쟁' 이후 효과성, 효율성의 문제가 제기됨에 따라 '1980년대 작은 정부'로 넘어가면서 신보수주의, 민영화 경향이 1990년에도 이어지게 되는데 이러한 흐름을 기억해두자. 23회 시험에서는 신공공관리론의 특징을 묻는 문제가 출제되었다.

- 1960년대 기관 및 프로그램의 급격한 양적 팽창에 따라 지적된 문제점을 해결하기 위해 공공·민간 기관 및 프로그램에 대한 효율성, 효과성, 책임성 문제가 대두되었다. 이에 따라 1970년대에는 관리·운영에 관한 행정적 발달이 본격화되었고, 사회복지행정가의 역할이 증대되었으며, 사례관리를 통한 서비스 통합과 효율화 방식이 등장하였다.

- 1970년대는 사회복지행정의 발전에 기여한 논문들이 다수 발표되었고, 여러 대학들에서는 사회복지행정 과목을 설치하기 시작했으며, 1976년에는 사회복지행정에 관한 전문학술지인 'Administration in Social Work'가 발간되었다. 이러한 흐름에 따라 원칙, 이론, 역할, 모델 등 학문적 체계가 확립되었다.
- 레이건 정부(1981.01.~1989.01.)가 '작은 정부'를 표방하면서 사회복지 분야에서도 연방정부의 역할을 축소하고 공공 서비스의 민영화가 시작되었다. 이와 함께 사회복지의 효율성과 효과성 문제가 더욱 강조되면서 사회복지 기관 및 프로그램을 효율적으로 관리할 수 있는 사회복지행정에 관한 관심도 더욱 증대되었다.

한걸음 더

신공공관리론과 신공공서비스론

1. 신공공관리론
- 신공공관리론은 1970년 시작되어 1980년대에 활발하게 일어난 미국의 레이건 정부, 영국의 대처 정부 등에서 나타난 신보수주의, 신자유주의 경향을 따라 개발된 이론이다.
- 민영화의 흐름에서 공공영역에 기업경영론, 특히 경쟁원리와 고객주의를 도입하고자 한 것으로, 기업경영 기법을 공공에 도입하자는 신관리주의에 공공 서비스 생산에 시장원리를 도입하자는 시장주의가 더해진 것이다.
- 성과, 고객, 경쟁이 대표적인 키워드이다. 구체적으로는 정부의 기능 및 규모 축소, 공무원의 조정자로서의 역할, 시장기법 도입을 통한 행정의 효율화, 성과중심의 행정, 분권화 조직 추진, 고객지향(시민을 고객으로 보고 시민의 서비스 선택권 강화), 서비스 공급 경쟁, 문제의 예방 강조 등을 특징으로 한다.
- 단일한 이론으로 등장한 것이 아니라 여러 국가들이 작은 정부를 기조로 변화를 추진하는 과정에서 나타난 개념들을 체계화하며 형성된 이론이기 때문에 실제 각 국가들의 적용양상이 다르다. 능률성에 치중한 나머지 민주성을 간과한다는 점, 부처들 간의 협력과 소통 상실, 적절한 성과평가 지표의 부재 등이 한계로 꼽히기도 한다.

2. 신공공서비스론
- 신공공서비스론은 신공공관리론을 비판하며 등장한 이론이다.
- 공공행정은 정부조직의 효율적 운영뿐만 아니라 공적 가치인 공평성, 책임성, 시민적 권리 등을 보존해야 함을 역설한다. 특히 시민참여는 비용이나 효율성 측면보다 우선시되어야 한다고 강조한다.
- 신공공관리론이 시민을 고객으로 보고 시장논리를 도입했다면, 신공공서비스론은 시민은 고객이 아닌 시민이어야 한다고 본다. 정부는 시민에게 봉사하는 정부여야 하며, 공익 자체를 목적으로서 강조한다. 전략적 사고, 민주적 행동, 사회공동체, 시민사회, 인도주의, 지역사회 거버넌스, 대화와 토론 등을 특징으로 한다.

※ 최칠성 외, 2022: 60-61; 강종수, 2021: 61-62.

4. 도전과 모색기(1990년대 이후)

- 1990년대의 사회복지정책은 복지의존도를 감소시키고 개인의 책임과 근로를 통한 자립을 강조하였다. 복지서비스를 민영화, 지방화, 시장화(영리화)하려는 신자유주의적 기조가 유지되었다. 공적 사회복지가 점차 축소됨에 따라 민간기관의 역할은 더욱 확대되었다.
- 사회복지서비스를 제공하는 공공 및 민간 기관들은 한정된 자원을 효율적이고 효과적으로 관리하기 위한 다양한 재정관리 및 마케팅 방식을 도입하게 되었으며, 민간에서는 다른 조직들과의 연합 · 합병 등 영리기업의 경영방식을 적용하기 시작했다.
- 민영화와 함께 공공서비스의 민간 위탁, 혼합소유(공동소유) 등 민간과 공공이라는 이분화된 체계로 구분할 수 없는 다양한 민관 혼합체계가 등장했다.
- 사회복지행정가들은 단순한 내부관리가 아닌 외부환경에 대한 모니터링, 조직 간 네트워크 등에도 초점을 두게 되었다.
- 1990년대 후반 컴퓨터가 발달함에 따라 전자정부가 구축되고 사회복지행정정보시스템이 만들어졌다.
- 사회복지서비스를 제공하는 조직이 다양해면서 경쟁력 확보가 중요해졌다. 이러한 흐름에서 환경변화에 대응하는 리더십의 역할 및 사회복지사의 직무만족, 소진, 역량강화 등 인적자원관리가 강조되었다.

미국 사회복지행정의 발달 흐름

1. 출현기 (19세기 중반~1920년대)	• COS 및 인보관 등장 • 지역공동모금회 • 지역사회복지기관협의회 조직 • 사회복지행정 교과목 신설
2. 발전기 (1930~1960년대)	• 공공 사회복지행정의 확대 • 사회복지행정 교육 활발 • '빈곤과의 전쟁'으로 민간에 대한 정부지원 확대 → 서비스의 효율성, 효과성에 대한 비판, 의문 제기로 사회복지행정의 발달이 주춤해짐
3. 확립기 (1970~1980년대)	• 사회복지행정가의 역할 증대 • 사례관리를 통한 서비스의 통합화 강조 • 사회복지행정의 학문직 체계 확립 • '작은 정부' 정책으로 국가 역할 축소 → 민영화 확대로 이어짐
4. 도전과 모색기 (1990년대 이후)	• 사회복지 부문의 민영화 • 재정관리와 마케팅 강조 • 외부환경의 중요성 부각 • 인적자원관리, 리더십 등에 대한 관심 증대 • 전자정부: 사회복지행정정보시스템 구축

기출회차

1	2	3	4	5
6		8	9	10
11	12	13	14	15
16	17	18	19	20
21	22	23		

강의로 복습하는 기출회독 시리즈

Keyword 191

2 한국 사회복지행정의 역사

우리나라는 경제적 발전을 중심으로 한 국가 정책적 특징으로 인해 행정의 효율성과 사회복지의 형평성이라는 이념이 쉽게 접점을 찾지 못하며 사회복지행정의 발전이 다소 더디게 이루어졌으며, 학문적으로는 주로 미국에서 발달된 이론을 다소 무비판적으로 수용한 측면이 있다. 한편, 2000년 이후에는 지방분권화 도입의 영향 및 급격한 인터넷 발달로 인해 공적 전달체계의 변화가 복잡하게 이루어지고 있기도 하다.

1. 사회복지 전문활동의 시작(1900~1945년)

시기적 특징

• 1945년 이전의 사회복지행정은 전문화의 기틀이 마련되기 이전으로 단순한 자선이나 시혜 정도의 성격이 강하였다.
• 이 시기의 민간 사회복지기관은 주로 종교적 동기·봉사정신에 의해 설립·운영되었다. 조선총독부는 식민지 지배통치의 일환으로 사회복지사업을 활용하고자 하였다.

보충자료

반열방과 태화여자관

보충자료

조선구호령

• 19세기 말 외국인 선교사에 의한 아동 양육 활동 등이 선교활동의 일환으로 전개되었다.
• 1905년: 경성고아원 설립(유학자 이필화)
• 1906년: 인보관 성격의 반열방이 미국 감리교선교사에 의해 원산에서 설립
• 1910년: 한일병합과 함께 조선총독부 내무부 지방국 지방과에서 구휼 및 자선사업에 관한 사항을 담당, 이후 여러 차례 행정조직의 개편을 거쳐 1921년 내무국 사회과, 1932년 학무국 사회과로 사회복지 업무를 통합
• 1921년: 태화여자관(지금의 태화종합사회복지관) 설립
• 1921년: 조선사회사업연구회 조직(민간 사회복지조직들의 상호 교류와 사회복지사업에 대한 조사·연구), 1929년 재단법인 조선사회사업협회로 확대 개편
• 1920년대 이후 조선총독부의 식민지 통치 전략의 일환으로 사회사업이 전개되었고, 외국인들의 선교 활동에 따라 다수의 인보관, 사회관, 아동시설 등 민간 사회복지기관들이 일본인, 외국인 선교사, 조선인 등에 의해 설립되었다.
• 1927년 이후 자선조직협회의 우애방문원과 유사한 방면위원(方面委員) 제도를 도입하여 지역 내 빈민들에 대해 개별사회사업(Casework)을 제공하도록 하는 반민간·반공공에 의한 구빈제도를 시행하였다.
• 1944년 조선구호령이 제정되었으나 실질적인 급여는 형식적인 수준에 그쳤다.

2. 외원기관의 활동과 사회복지행정의 출발 ^{23회 기출}
(1946년~1970년대)

- 해방 이후 미군정에 의해 긴급구호 차원의 공공복지가 제공되었고, 이를 담당할 행정기관으로 군정청 설립과 함께 위생국이 설치되고 곧이어 이를 보건후생국으로 확대 개편하였다.
- 미군정 하에서는 복지행정이 일방적이고 임시적인 수준에 그쳤다.
- 1946년 후생국보 3A호, 후생국보 3C호 등 긴급구호에 관한 규정을 발표하였다.
- 1948년 대한민국 정부수립과 함께 보건위생부와 노동부 업무를 합하여 사회부를 설립, 보건·복지·노동·여성 등에 관한 행정업무를 모두 관장하였고, 1949년 보건부가 독립하였다가 1955년 다시 보건사회부로 통합되어 사회복지에 관한 전반적인 업무를 관장하였다.
- 6.25 전쟁 이후 외국 원조기관들이 대거 들어와서 수용시설 위주의 긴급구호와 시설보호를 주된 내용으로 사회복지사업을 전개하였다. 이들 기관과의 관계가 중요시된 반면, 사회복지행정의 중요성은 별로 인식되지 못했다.
- 외원기관이 활동하던 시기에는 절대적인 자원부족이 시급한 문제였으며, 수용시설의 운영과 유지에 초점을 맞췄다.
- 1947년 이화여자대학교를 시작으로 1953년 중앙신학교(현 강남대학교), 1958년 서울대학교 대학원 등에 사회복지 교육과정이 수립되었고, 이들 학교에서 1960년대부터 사회복지행정에 관한 교육을 시작하였다.
- 1956년에는 사회복지전문인력을 양성하는 국립 중앙사회사업종사자훈련소가 설립되었다(이후 1960년 8월 사회사업지도자의 교육·연수기관인 국립 사회사업지도자연구원으로 개편 → 1977년 국립사회복지연수원으로 명칭 변경 → 1999년 폐지, 사회복지요원 교육훈련기능을 국립보건원 훈련부로 이관).
- 1967년 한국사회사업가협회가 창립되었다(1977년 사단법인으로 발전).
- 1970년대에 사회복지학과를 개설한 대학들은 대부분 사회복지행정을 교과목으로 채택하였지만 이 시기에 사회복지행정에 관한 체계나 전문성이 확립되었다고 보기는 어려우며, 민간 사회복지기관에서도 아직 조직 운영 및 관리가 체계화되지는 못했다.
- 1970년에는 사회복지사업법이 제정·시행되면서 공공 복지행정을 통해 민간 사회복지기관에 대한 보조금 지급 등의 지원과 지도·감독을 할 수 있는 근거가 마련되었다.

시기적 특징

1970년대에 이르기까지 사회복지행정은 외국으로부터 받은 구호물자를 배분하는 것과 사회통제의 목적이 강한 수용시설의 유지와 운영에 초점이 맞추어져 있었다.

외국민간원조단체 한국연합회

KAVA로 불리는 이 기관은 우리나라에 사회복지사업을 진행하기 위해 1952년 조직되었다. 외국에 본부를 두어 서비스 제공의 중복을 조정하기도 했으며 우리나라에 사회복지라는 학문이 소개된 계기가 되기도 했다.

사회복지전문요원 → 사회복지
전담공무원 제도 도입, 시설평가
제도 도입 등은 자주 출제되는
내용이므로 그 연도까지 기억해
둘 필요가 있다. 1997년 사회복
지사업법 개정 내용은 단독으로
출제되기도 했다. 23회 시험에
서는 한국 사회복지행정의 역사
흐름을 묻는 문제에서 1997년
사회복지사업법 개정에 관한 내
용과 1998년 사회복지공동모금
회 설립과 관련된 내용이 선택지
로 출제되었다.

시기적 특징

1980년대 후반에는 공공 및 민간
부문에서의 변화가 두드러졌다.
1990년대 지방자치가 전면적으로
실시되면서 사회복지서비스 전달
이 보다 체계적으로 관리되어야
할 필요성이 대두되었다.

3. 사회복지행정의 체계화와 본격화(1980~1990년대) ^{23회 기출}

- 1980년대 이후 여러 가지 사회문제가 증가하고, 민주화가 진행되면서 사회복지 관련 법률들이 신설되거나 개정되면서 사회복지 전반에 큰 변화가 나타났다.
- 이 시기에는 사회복지 관련 시설·기관이 급속도로 증가했다.
- 1982년 한국사회사업가협회(현 한국사회복지사협회)가 사회복지사 윤리강령을 제정(1988. 4. 공포)하여 사회복지사의 전문직으로서의 기본 요소를 정리하고, 사회복지 영역에서 전문가의 책임과 역할에 대한 인식이 확산되기 시작하였다.
- 1987년에는 사회복지전문요원이 임용되었다. 지방자치단체의 장이 사회복지사 자격을 갖춘 사람 중에 선발하여 저소득층 밀집지역의 동사무소 등에 배치한 별정직 공무원이었다. 이와 함께 공공복지행정의 체계가 마련되기 시작했다.
- 1992년에는 사회복지사업법 개정을 통해 사회복지전담공무원에 관한 규정과 복지사무전담기구 도입에 관한 법적 근거를 마련하였다.
- 1995년부터 전국 5개 지역에서 보건소에 사회복지 기능을 통합하여 보건복지사무소를 시범운영하였으나 1999년 종료되었다.
- 1997년 사회복지사업법 개정으로 사회복지 시설평가 제도 도입, 사회복지시설 설치의 신고제, 사회복지사 1급 시험에 관한 규정 등이 마련되었다.
- 1998년 11월에는 사회복지공동모금회가 설립되었다.
- 1999년에는 사회복지행정학회가 창립되어 전문 학술지를 발간하였다.

한걸음더

 사회복지전문요원 → 사회복지전담공무원 전환 과정

- 1987년 사회복지전문요원 배치
- 1991년 사회복지전문요원 직무 및 관리운용에 관한 규정 마련
- 1992년 사회복지사업법 개정으로 사회복지전담공무원 및 복지사무전담기구의 도입에 대한 법적 근거 마련
- 1999년 행정자치부 사회복지전문요원 일반직 전환 및 신규채용지침에 따라 별정직에서 사회복지직(사회복지전담공무원)으로 전환 시작
- 2000년 신규 채용자들이 일반직 사회복지전담공무원으로 임용됨

※ 1999년 말부터 별정직 사회복지전문요원의 일반직 전직이 시작되었지만 일반직 사회복지전담공무원으로서 신규 임용이 이루어진 때는 2000년부터이다. 이로 인해 교재에 따라 1999년부터 일반직 전환이라고 설명하기도 하고, 2000년부터 일반직 전환이라고 설명하기도 한다. 공식적으로는(보건복지부 자료) 2000년부터라고 본다.

4. 사회복지행정의 확립(2000년대 이후)

- 2000년 우리나라의 대표적인 공공부조 정책인 국민기초생활보장법의 시행(1999년 제정)으로 행정 환경의 변화를 맞이하게 되었으며, 사회복지전문요원이 사회복지전담공무원으로 전환되었다.
- 2003년에는 제1회 사회복지사 1급 자격 국가시험이 시행되었다(국가시험에 관한 규정 마련은 1997년).
- 2004년에는 보건복지사무소가 종료된 이후 새로운 공공 사회복지 전달체계로서 사회복지사무소 시범사업이 실시되었으나 이 역시 2년 후 종료되었다.
- 2005년부터 사회복지 관련 사업의 지방이양을 위한 분권교부세가 한시적으로 시행되었다(2015년부터 보통교부세로 통합).
- 2003년 사회복지사업법 개정을 바탕으로 2005년에는 지역사회복지서비스에 대한 민·관 협력을 추진하기 위한 시·군·구 지역사회복지협의체가 설치되었다(→ 2015년 지역사회보장협의체).
- 2006~2007년에는 주민생활지원서비스 전달체계가 단계별로 실시되면서 동사무소를 동주민센터로 명칭을 변경하고, 보건·복지·주거·고용·평생교육·생활체육·문화·여가 등 8개 분야의 서비스 및 관련 정보를 종합적으로 제공하는 데 초점을 두었다.
- 2007년에는 전자바우처 사업이 장애인활동보조, 노인돌봄, 지역사회서비스투자사업 등의 부문에서 본격적으로 시행되었다.
- 2009년에는 사회복지서비스 제공의 효율화 및 수요자 중심의 통합적 서비스 제공이라는 목표 하에 사회복지서비스 공공 부문·민간 부문의 전달체계를 개편하고, 사회복지통합관리망 구축을 위한 희망복지 전달체계를 마련하는 데 초점을 두었다.
- 2010년 1월부터 사회복지시설의 신고·변동 관리, 온라인 보고, 보조금 및 각종 복지급여 지급에 대한 전자적 처리가 가능한 사회복지통합관리망(행복e음)이 출범하였다.
- 2011년에는 사회서비스 이용 및 이용권에 관한 법률이 제정되었다.
- 2012년에는 사회보장정보원이 결제승인·카드발급·단말기 관리기능을 일괄 수행하는 차세대 전자바우처 운영체계로 전면 전환하였다.
- 2012년 5월 시·군·구 단위에 희망복지지원단이 출범하여 공공 사회복지 전달체계 내 통합사례관리 업무를 수행하게 되었다.
- 2013년 2월 18일부터 전 부처 복지사업 정보를 연계하여 개인별·가구별 복지서비스 이력관리, 중복·부적정 수급 방지, 중앙부처 복지사업 정보제공, 복지사업 업무처리 등을 위한 '사회보장정보시스템'을 개통하였다.

중요도 ★ ★ ★

희망복지지원단, 사회복지통합관리망, 사회보장정보시스템, 읍면동 복지허브화 사업 등 공공 전달체계의 변화에 관한 내용을 정리해두어야 한다. 23회 시험에서는 한국 사회복지행정의 역사 흐름을 묻는 문제에서 2008년 노인장기요양보험제도 도입으로 인한 변화에 관한 내용이 선택지로 출제되었다.

잠깐!

시기적 특징

2000년대에 들어서면서 전달체계의 개편, 지역사회복지계획 수립, 지역사회복지협의체 운영 등 지역중심의 복지가 강화되고 있으며 바우처, 노인장기요양보험 등 사회서비스의 민영화가 진행되었다. 사회복지행정의 책임성이 더욱 강조되고 있다.

보충자료
보건복지사무소와 사회복지사무소

잠깐!

희망복지지원단

복합적 욕구를 가진 대상자에게 통합사례관리를 제공하고, 지역 내 자원 및 방문형 서비스사업을 총괄 관리함으로써 지역단위 통합서비스 제공의 중추적 역할을 수행하는 시·군·구 단위의 사회복지 전담조직이다.

- 2015년 국가바우처 운영체계를 도입하여 국민행복카드를 출시했다.
- 2016년 읍·면·동 주민센터를 행정복지센터로 전환하며 '복지허브화' 사업을 추진하였다. 선제적인 복지 사각지대 발굴, 맞춤형 서비스 제공, 민·관 연계·협력 등을 강조하였다.
- 2017년 주민자치형 공공서비스 추진으로 읍·면·동에 찾아가는 보건복지팀을 설치하여 찾아가는 보건복지서비스를 확대하고, 주민참여를 확대하기 위한 기반을 마련하는 데 초점을 두었다.
- 2018년 11월에는 초고령사회에 대한 대비로서 '지역사회 통합돌봄 기본계획'을 발표하여 2019년부터 전국 16개 기초자치단체에서 통합돌봄 선도사업을 실시하였다. 노인 외에 장애인, 정신장애인 등을 포함한 사업으로 확장하고 있다.
- 2019년에는 사회서비스원이 출범하였다. 이는 요양보호사, 장애인 활동보조원, 어린이집 교사 등 사회서비스 근로자를 공공에서 직접 고용하여 이들에 대한 처우를 개선하고, 사회서비스를 공공에서 직접 제공함으로써 서비스의 질을 개선하기 위한 목적을 갖는다.
- 2020년 사회보장급여법에 따라 기존의 사회보장정보원이 한국사회보장정보원으로 새출발하였다.
- 2022년 기존의 사회보장정보시스템을 차세대 사회보장정보시스템으로 개편하였다.

한걸음 더 | 사회보장정보시스템 구축 및 개편 과정

1. 2010년 사회복지통합관리망 행복이음
5개 부처의 사회복지 급여, 서비스 지원 대상자 및 서비스 수혜 이력을 통합적으로 관리하는 지자체의 복지업무 처리지원 시스템으로 개통하였다.

2. 2013년 사회보장정보시스템
전 부처의 복지 관련 사업을 대상으로 누락이나 중복 없이 국민에게 맞춤형 서비스를 제공하고, 정보를 공동으로 활용함으로써 복지행정의 업무처리를 효율화하기 위해 개통되었다.

3. 2022년 차세대 사회보장정보시스템(운영: 한국사회보장정보원)
사회보장정보시스템 개통이 10년차에 접어들며 2022년 노후화된 시스템의 개편이 추진되었다.
- 행복이음 사회보장정보시스템: 기존의 행복이음과 범정부 시스템을 통합 (공무원용)
- 희망이음 사회서비스정보시스템: 기존의 시설정보시스템, 전자바우처시스템, 기타 개별 시스템을 통합 (서비스 제공기관용)
- 복지로 (국민용)

공공 사회복지서비스 전달체계 연혁

1987~1999년 사회복지전문요원	전국 5대 광역시의 취약 읍면동에 별정직 사회복지전문요원 배치
2000년 사회복지전담공무원	기초생활보장제도 실시와 함께 사회복지전문요원을 일반직 사회복지직으로 전환
1995~1999년 보건복지사무소	5개 시군구 보건소에 복지서비스 전담과를 설치하여 지자체 보건복지서비스의 연계 통합 제공을 추진
2004~2006년 사회복지사무소	9개 시군구 본청에 복지기능 전담기구를 설치하여 복지업무의 효율화, 전문화를 추진. 시군구와 읍면동의 전달체계를 조정
2007년 주민생활지원서비스	동사무소→동주민센터 시군구 주민생활지원과에서 급여조사 · 결정, 읍면동 주민생활지원팀에서 현장방문 및 신청접수. 복지, 고용, 교육 등에 관한 서비스의 통합 제공을 추진
2012년 희망복지지원단	시군구 서비스연계팀을 확대 · 개편하여 복지종합상담 및 통합 사례관리
2016~2017년 읍면동 복지허브화	동주민센터→행정복지센터 읍면동 맞춤형 복지전담팀을 구성하여 선제적 대응, 지속적인 사례관리 추진
2017년 주민자치형 공공서비스	읍면동 찾아가는 보건복지팀 설치: 찾아가는 보건복지서비스 확대, 보건복지 통합사례관리, 주민참여형 서비스 제공

우리나라 사회복지행정 발달의 주요 역사

1. 1900~1945년	• 1906년 반열방 설립, 1921년 태화여자관 설립 • 일제시대에는 조선총독부의 식민통치 전략의 일환으로 사회사업 전개 • 외국인들의 선교 활동에 따른 민간 사회복지기관 설립 • 1944년 조선구호령 제정
2. 1945년~1970년대	• 해방 이후 미군정에 의한 긴급구호 차원의 공공복지 제공 • 6.25 전쟁 이후 외국 원조기관들에 의한 긴급구호 및 시설보호 활성화 • 1960년대 들어 사회복지행정에 관한 대학 강의 마련 • 1970년 사회복지사업법 제정
3. 1980~1990년대	• 1980년대 각종 사회복지 관련 법률들의 제 · 개정 및 관련 시설 증가 • 1982년 사회복지 윤리강령 제정(1988년 공포) • 1987년 사회복지전문요원 제도 시행 • 1992년 사회복지전담공무원 규정, 복지사무전담기구 도입 규정 • 1997년 시설평가제 도입, 시설의 설치를 신고제로 변경 • 1999년 사회복지행정학회 창립
4. 2000년대 이후	• 2005년 시 · 군 · 구 지역사회복지협의체 운영 • 2006~2007년 주민생활지원서비스 전달체계 실시 • 2010년 사회복지통합관리망(행복e음) 마련 • 2012년 희망복지지원단 출범 • 2013년 사회보장정보시스템 완전 개통 • 2016년 읍 · 면 · 동 복지허브화 • 2017년 읍 · 면 · 동 찾아가는 보건복지서비스 추진 • 2018년 지역사회 통합돌봄 기본계획 발표 • 2019년 사회서비스원 출범 • 2022년 차세대 사회보장정보시스템 개편

3장 사회복지행정의 이론적 배경

기출경향 살펴보기

이 장의 기출 포인트

3장은 매회 평균 3문제 이상 출제되는 중요한 장이다. TQM의 특징에 관한 내용이 가장 많이 출제되고 있으며, 최근에는 서비스 질 관리가 강조되면서 서브퀄 구성요소에 관한 내용도 상세히 출제되고 있다. 현대조직이론뿐만 아니라 관료제이론, 과학적 관리론, 인간관계이론, 상황이론, 정치경제이론, 학습조직이론 등 사회복지행정에 영향을 미친 다양한 이론들이 한 문제에서 이론을 비교하는 종합형 문제로도 출제되고 있다.

최근 5개년 출제 분포도

연도별 그래프

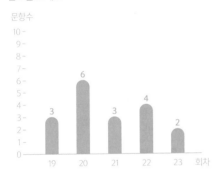

문항수

평균출제문항수

3.6 문항

2단계 학습전략

데이터의 힘을 믿으세요!
강의로 복습하는 **기출회독 시리즈**

3회독 복습과정을 통해
최신 기출경향 파악

최근 10개년 핵심 키워드

기출회독 193	현대조직이론	13문항
기출회독 194	조직환경이론	7문항
기출회독 195	고전이론	7문항
기출회독 196	인간관계이론	4문항
기출회독 197	체계이론	1문항

기본개념 완성을 위한 **학습자료 제공**

기본개념 강의, 기본쌓기 문제, O X 퀴즈, 기출문제, 정오표, 묻고답하기, 지식창고, 보충자료 등을 **아임패스**를 통해 만나실 수 있습니다.

1

고전이론

기출회차

1	2	3	4	5
6	7	8	9	10
	12		14	15
16	17	18	19	20
21	22	23		

강의로 복습하는 기출회독 시리즈

Keyword 195

산업사회에서는 관료제이론과 과학적 관리론이 주요하게 적용되어 왔으나, 오늘날의 지식기반 사회에서는 민주적 구조와 절차를 통한 의사결정, 직원능력개발, 창의적 사고 등이 강조됨에 따라 상대적으로 적용가능성이 낮다. 또한 고전이론을 사회복지조직에 적용할 때에는 비인간적 관계 등의 단점으로 인해 활용성이 낮다. 그럼에도 불구하고 조직이론은 조직이 처한 내외부적 환경 조건 및 상황에 따라 선택적으로 활용될 수 있다('고전이론은 현대 사회복지조직에 적용되지 않는다'는 식으로 비약해서 공부해서는 안 된다).

고전이론과 관련하여서는 규칙, 체계화, 위계, 분업, 보상(보수) 등의 키워드와 이론의 한계점 등을 살펴보자.

중요도

규칙, 위계, 분업, 합리성 등을 강조했다는 주요 특징은 기억해 둘 필요가 있다. 23회 시험에서는 사회복지조직 이론의 내용을 비교하는 문제에서 관료제이론에 관한 내용이 선택지로 출제되어 있다.

1. 관료제이론(bureaucracy theory) 🏆 23회기출

베버(Max Weber)에 의해 처음으로 체계적으로 연구되고 분석된 관료제는 고도로 전문화된 지식을 바탕으로 합법적 · 합리적인 규칙과 최대한의 효율성을 목적으로 한 체계이다.

(1) 특징

베버는 행정의 관료화가 완전히 성취되는 것이 사회체계 내에서 자원과 권력을 동원하는 가장 효율적인 도구라고 보았으며, 관료제의 속성은 현대사회의 특성을 반영한 합법적이고 합리적인 규칙과 최대한의 효율성에서 찾을 수 있다고 했다.

- 인간의 개성보다 공적인 지위에 기반을 둔 위계적인 권위구조(계층제)
- 지위에 따른 권위를 규정하는 규칙의 체계
- 명확하고 고도로 전문화된 분업 체계
- 인간관계에 대한 무관심(사적 감정 배제)
- 연공서열, 실적, 기술에 기반을 둔 승진 및 지위 보장(경력지향)

잠깐!

관료제에서의 권위

전통적 권위는 군주제와 봉건제에서 나타나는 세습되고 답습된 권위를 말한다. 베버가 관료제에서 말한 권위는 이러한 전통적 권위가 아니라, 조직의 규정과 제도에 따라 전문성과 능력을 인정받아 지위를 갖고 그 지위에 따라 부여되는 합법적 권위이다.

(2) 사회복지조직에의 적용 [5]

- 법칙과 규제에 대한 과도한 의존, 서비스 전달과정에서 조직 구성원과 클라이언트 간의 비인간적인 관계, 서비스 제공 과정에서의 융통성 결여, 구성원들에 대한 비인격적인 평가 등에 대한 비판이 있다.
- 관료제는 틀에 박힌 듯한 업무를 수행하는 데 효과적이고 합리적인 모형이지만, 사회복지조직에서는 다양한 욕구를 지닌 클라이언트를 대상으로 개별화된 서비스를 제공하기 때문에 획일적이고 일률적인 업무를 강조하는 관료제이론이 적절하지 않을 수 있다.
- 사회복지조직에서는 일련의 규칙과 법규보다는 사회복지 전문직의 규범에 따라, 도덕적·윤리적 가치 내지는 조직의 이념 등에 따라 행동한다.
- 사회복지조직의 관료제화는 서비스의 합리성·효율성의 증대, 서비스 기술의 개선 등에 이바지했지만 서비스 대상자들을 소외시키는 결과도 가져왔다. 따라서 둘 사이에 적절한 균형이 중요하다.

2. 과학적 관리론(scientific management) 23회 기출 🏆

(1) 주요 내용

- 과학적 관리법은 Midvale 철강회사의 엔지니어였던 테일러(F. W. Taylor)가 산업현장에서 일어난 자신의 경험을 바탕으로 당시에 새로 대두되고 있던 경영 및 생산의 기술들을 종합하면서 만들어진 것이다.
- 테일러는 일에 관한 기획은 관리자의 몫이고, 실행은 노동자들의 몫이라고 보았다. 즉 과학적 관리법은 기획과 실행의 분리를 전제로 한다.
- 테일러는 노동은 집단이 아닌 개인적 활동이며, 또 그렇게 취급되어야 한다고 보았다. 때문에 과학적 관리법은 동기부여 및 유인 제도에 있어 개인의 물질적 이익에 호소하는 차별적 성과급 제도를 원칙으로 한다.
- 테일러는 과학적 분석을 바탕으로 한 능률적 작업방법은 기업의 생산성을 증대시켜 노동자들에게 적절한 보상을 확보해줄 수 있다고 보았기 때문에 과학적 관리법을 중심으로 노사협력이 가능하다는 낙관적 견해를 가지고 있었다.

(2) 기본단계 및 특성

① 기본단계
조직을 과학적으로 관리하는 단계는 총 4단계로 이루어진다.

중요도 ★

관료제이론과 과학적 관리론의 특징을 구분해야 하는 문제에서 정답률이 많이 흔들리는 양상을 보이기 때문에 이에 주의해서 살펴보자. 과학적 관리론의 핵심 단어는 과학적 분석을 통한 분업체계 확립, 성과에 따른 차별적 보상, 관리자와 노동자의 분리 등이다. 23회 시험에서는 사회복지조직 이론의 내용을 비교하는 문제에서 과학적 관리론에 관한 내용이 선택지로 출제되었다.

잠깐!

과학적 방법
(scientific method)

연역과 귀납의 논리학을 바탕으로 관찰-이론-실험-재현을 따르는 과학, 즉 자연과학의 방법론을 통칭한 말이다. 증거(근거) 없이는 믿지 않는다는 원칙을 따른다.

- 1단계: 조직이 달성하고자 하는 객관적인 기준과 목표를 규정한다.
- 2단계: 목표성취에 필요한 조직 내 활동을 분석하여 최적의 모델을 구축한다.
- 3단계: 조직 내 목표달성을 위한 활동을 수학적으로 재분석한다.
- 4단계: 목표달성을 위한 최선의 해결책에 일치하도록 조직활동을 재구성한다.

② 특성
- 개개인의 동작을 분석하여 소요시간을 표준화하여 분업 체계를 확립한다.
- 작업의 효율은 노동의 분업에 의해 얻어질 수 있다.
- 과업을 달성한 정도에 따라 임금을 지불한다.
- 권한과 책임은 행정관리자에게만 주어진다.

(3) 과학적 관리론에 대한 비판
- 과학적 관리론은 경제적 인간관과 기계적 · 폐쇄적 조직관이라는 일면적인 가정을 바탕으로, 조직에 기술주의적 사고방식을 부당하게 확대 적용함으로써 권위주의적 조직관을 발전시켰다는 비판을 받고 있다. 조직의 핵심적인 요소가 사회 · 심리적 존재인 인간임에도 불구하고 이러한 측면에 대해서는 거의 관심을 기울이지 않았다.
- 과학적 관리론에서는 노동자들의 업무 성과가 그들의 임금이 높을수록 좋고, 노동에 소요되는 비용이 적을수록 좋다고 암묵적으로 정의하고 있다. 그러나 실제적으로 금전적인 요인만이 업무의 성과를 담보하는 것은 아니다.
- 테일러는 '노동자(Employee)'를 '기계(Machine)'와 '경쟁자(Competitor)', '임금(Wage)'이라는 단어와 함께 사용하는 경우가 많았으며 노동의 결과에 중점을 두었다. 또한 그는 노동자와 관리자의 협력을 중시하는 것처럼 보였으나 실제로는 노동자와 관리자를 따로 분리함으로써 사실상 노동자의 위치를 격하시킨 듯한 결과를 가져왔다. 테일러의 치명적 문제는 협력을 주장하면서도 "일에 관한 계획은 관리자의 몫이고 이것의 실행은 노동자들의 몫이다"라고 함으로써 의사결정과 의지로 행해지는 일에 대한 권리를 '관리자'에게만 부여했다는 점이다.

(4) 사회복지조직에의 적용
- 과학적 관리론은 폐쇄체계적 이론으로 사회복지조직이 외부환경으로부터 받는 많은 외적 영향, 즉 지역사회 내 다른 조직 및 사람들과의 관계를 무시한다.

- 과학적 관리론은 조직의 목적이 분명이 정해져 있다고 간주하는데, 사회복지조직의 목표는 모호하고 불확실한 경우가 많기 때문에 적용이 어려울 수 있다.
- 의사결정이 상의하달식 형태를 취하여 행정관리자에게만 조직의 목표를 설정할 수 있는 책임을 부여하기 때문에 엘리트주의적이라 할 수 있다. 이러한 특성은 의사결정 과정에서 전 직원의 참여를 통한 민주적 절차를 지향하는 사회복지조직과 어긋날 수 있다.
- 조직 구성원들 사이의 권력 배분에 영향을 미치는 내/외적, 정치적 과정을 무시하고 조직을 갈등과 불화가 없는 협력체제로 본다.
- 구성원들은 오로지 금전적인 요인에만 반응한다고 가정함으로써 인간에 대한 기계적인 견해를 갖게 한다.

한걸음 더 ┌ 관료제이론과 과학적 관리론의 공통점과 차이점

관료제이론과 과학적 관리론은 모두 인간의 합리성과 기계적 행동을 전제로 하며, 조직을 특정한 목적을 추구하기 위해 정형화된 구조를 갖는 집단으로 본다. 즉, 이들 두 이론에서 조직은 명확하고 구체적인 목적을 가지고 있으며, 조직의 구조와 과정은 그러한 목적을 성취하기 위해 합리적으로 디자인된 것이라고 보는 공통된 특징이 있다.

그러나 관료제이론이 개인의 동기나 인간관계를 배제하고 조직의 합리성에 더 집중한 반면, 과학적 관리론은 인간을 보상을 받기 위해 일하는 경제적 동기에 의해 행동하는 생산을 위한 도구로 보았다는 점에서 주된 차이가 있다.

3. 행정적 관리론

(1) 주요 내용
- 생산성에 기초한 행정의 원리, 원칙, 행정의 관리적 기능을 강조한다. 모든 조직에 공통적으로 적용될 수 있는 가장 능률적인 조직 원리를 찾으려고 했다는 점에서 '원리주의 이론'이라고도 한다.
- 페이욜(H. Fayol), 귤릭(L. Gulick), 어윅(L. Urwick) 등이 대표적인 학자이다.
  - 귤릭과 어윅은 「행정과학론」을 통해 행정의 능률성을 위해서는 행정의 과학적 원리를 발견해야 한다고 주장했다.
  - 페이욜은 행정의 원칙으로 노동의 분업, 권위와 책임감, 훈육, 명령의 통일, 지도의 통일, 일반적 이익을 위한 개인의 이익 종속, 보수, 중앙

집권화, 명령체계, 질서, 형평, 직원의 안전보장, 주도력, 단결력 등을
제시했다.
- 귤릭은 행정관리의 기능을 POSDCoRBE로 제시하였다.

(2) 비판

- 원칙을 중요하게 여겼지만, 그 원칙이 적절하지 않은 때에 어떻게 대응할
  것인가의 문제, 즉 융통성이 부족하다는 측면이 있다.
- 관리에 있어 사회적 요소와 심리적 요소를 등한시했다.
- 관리상황은 조직마다 다르기 때문에 보편적으로 적용할 수 있는 관리원칙
  이 있는가라는 문제가 제기된다.

2 인간관계이론

기출회차

1	2	3	4	5
6	7	8	9	10
11	12	13	14	15
16	17	18	19	20
21	22	23		

강의로 복습하는 기출회독 시리즈

Keyword 196

1. 인간관계이론 ^{23회기출} 🏆

(1) 등장배경

메이요(Mayo)의 호손실험을 통하여 생산과 관리에서 인간적인 요소와 감정의 중요성이 제기되었다. 인간의 사회적·심리적 욕구와 구성원의 사회적인 상호작용이 생산성에 중요한 영향을 미친다는 호손실험의 연구결과로부터 인간관계이론이 출발하였다.

한걸음 더
호손실험

1. 호손실험의 주요 내용
- 환경조성과 생산성 간의 관계를 규명하기 위해, 조명을 조작한 실험집단과 조명을 변화시키지 않은 통제집단의 생산성을 비교하였다. 그 결과 실험집단에 대해 조명을 높였을 때 양 집단의 생산성은 동시에 증가하였고, 실험집단의 조명을 낮추었을 때에도 생산성은 계속 증가하는 결과를 보였다. 결국 달빛정도의 수준으로 낮추자 생산성이 감소하기 시작하였다.
- 사이가 좋은 두 직원에게 그들이 좋아하는 네 명의 직원을 선발하게 하였다. 그리고 그 여섯 명이 1조로 계전기 조립 작업팀을 만들어 일반 직원들이 일하는 작업현장 옆의 별실에서 일하게 하였다. 그 후 일반직원들과의 작업능률의 차이를 비교 분석하였다.

2. 호손실험의 결과
- 인간의 사회적·심리적 욕구는 금전적인 동기 못지않게 효과적이며, 구성원의 사회적 상호작용은 작업과업의 조직만큼이나 영향력을 지니며, 인간적 요인은 어떠한 관리에 있어서도 무시될 수 없다는 것을 입증하였다.
- 이에 따라 인간관계론은 구성원의 사기와 생산성, 동기와 만족, 리더십, 조직 내 비공식 집단의 역동성 등 구성원의 상호작용에 초점을 맞추고 있다.

(2) 주요 내용 ^{꼭!} ⭐
- 구성원의 사기와 생산성, 동기와 만족, 리더십, 조직 내 비공식 집단의 역동성 등 구성원의 상호작용에 초점을 둔다.
- 조직 구성원의 자율성과 책임성을 강조한다.

중요도 ★★ ★

인간관계이론은 환경을 고려하지 못했다는 비판도 있지만, 처음으로 인간관계, 정서적 요소, 비공식조직의 중요성을 고려했다는 점에서 여전히 의미가 있는 이론이다. 호손실험에서 출발했다는 점, Y이론과 유사한 맥락의 인간관을 갖는다는 점도 같이 기억해두자. 23회 시험에서는 사회복지조직 이론의 내용을 비교하는 문제에서 인간관계론에 관한 내용이 선택지로 출제되었다.

합격자의 한마디

인간관계론이 조직 내 인간관계에 주목한 이유는 바로 생산성 향상이다!

(2) 인간관계이론의 특성 ★

- 작업능률과 생산성은 인간관계에 의해 좌우된다.
- 조직 내 비공식조직은 개인의 생산성에 영향을 미친다.
- 근로자는 개인으로서가 아니라 집단의 일원으로서 행동한다.
- 집단 내의 인간관계는 정서적인 것과 같은 비합리적 요소에 따라 이루어진다.

(3) 사회복지조직에의 적용

- 대인관계 기술, 클라이언트의 노력과 동기부여 등 사회복지조직에서 중요시하는 요소들과 인간관계이론의 기본 관점이 부합한다.
- 사회복지조직의 효과성은 조직목표에 대한 클라이언트의 동기 · 태도 및 헌신 여하에 달렸는데, 여기서 인간관계가 중요한 역할을 한다.
- 구성원 간의 관계는 구성원과 클라이언트 간의 관계에 영향을 미친다는 점에서 인간관계이론을 적용할 수 있다.

한걸음 더

과학적 관리론과 인간관계이론

1930년을 전후하여 미국은 경제 대공황을 맞이하게 되었으며, 기업들은 노조측의 강력한 저항에 부딪히게 되었다. 또 한편으로 과학적 관리에 의한 생산성 향상이 한계에 도달하였다. 기업들은 이러한 상황에서 노동자들의 능률향상 문제를 고민하게 되면서 기업의 합리적 경영을 위한 새로운 경영 전략으로 인간관계이론이 대두되게 되었다.

1. 과학적 관리론과 인간관계이론의 공통점

- 조직을 둘러싼 외부환경을 무시한다. 즉, 조직을 폐쇄체계로 이해한다.
- 노동자의 생산성, 능률향상을 궁극적인 목적으로 개발되었다.
- 관리자층과 노동자층을 분리하여, 실제 작업계층인 노동자층에 대한 연구만이 이루어졌다.
- 노동자를 스스로 동기부여할 수 있는 독립된 개체로 보지 않았다.

2. 과학적 관리론과 인간관계이론의 차이점

	과학적 관리론	인간관계이론
시기	1930년대 이전	1930년대 이후
중심 요소	직무 중심	인간 중심
구조	공식적 구조를 분석	비공식적 구조를 분석
인간관	노동자의 기계화, 부품화 정태적 인간관	노동자를 감정적 인간으로 인식 동태적 인간관
X · Y이론	X이론과 연결됨	Y이론과 연결됨
능률성	기계적 능률성 강조	사회적 능률성 강조
동기 요인	물질적, 경제적 동기	비경제적, 인간적 동기

(4) 인간관계이론의 한계

- 심리사회적 변수 이외의 조직에 중요한 영향을 미치는 환경, 자원, 조직 규모, 클라이언트 요인들, 임금과 활동조건 등의 변수들을 고려하지 못한다.
- 업무수행에 영향을 미치는 조직 내의 정치·경제적 과정을 무시하는 경향이 있다.
- 사회복지조직에서 인간관계적 기술을 사용할 때 실천가들이 자신의 활동을 조작하는 결과를 초래할 수도 있다.
- 인간관계를 지나치게 강조하여 사회복지실천가들과 분석가들의 관심을 조직문제의 실제 요인으로부터 멀어지게 하고 연구결과를 잘못 해석하게 할 수도 있다.

2. 맥그리거의 X · Y이론

- 맥그리거(McGregor)는 인간의 본성과 행위에 관해 각각 상이한 가정을 바탕으로 X이론과 Y이론을 발전시켰다.
- X이론은 지시와 통제가 행해지는 전통적 관리이론과 관련이 깊다. 인간관계론의 관점을 갖고 있는 Y이론은 인간의 권리와 제안이 고무되고 지지되며, 민주적인 참여가 이루어지는 작업상황과 분위기를 강조한다.

합격자의 한마디

"사람들은 본래 일하기 좋아하는가"에 대한 답이 "Yes"라면 Y이론, "No"라면 X이론으로 기억해두자.

(1) X이론

- 사람은 본래 일하는 것을 싫어하며, 가능하면 일을 하지 않으려고 한다.
- 이러한 속성 때문에 조직의 목표를 성취하기 위해서 통제와 지시는 필수불가결하다.
- 사람은 지시받기를 좋아하고, 야망이 적고 책임을 회피하려고 하며, 안정을 원한다.

(2) Y이론

- 사람은 본래 일하기 좋아하는 존재이며, 육체적·정신적 노력의 지출은 놀이나 휴식과 같이 자연스러운 것이다. 오락이나 휴식과 마찬가지로 일에 심신을 바치는 것은 인간의 본성이다.
- 조직의 목표가 주어지면 그에 맞추어 스스로 자기통제와 자기지시를 할 수 있다.
- 대부분의 사람들은 조직의 문제해결에 있어 비교적 높은 수준의 상상력과 창의력을 발휘할 능력이 있다.

잠깐!

인간관계이론과 X·Y이론

인간관계이론은 맥그리거의 X·Y이론 중 Y이론과 유사한 관점을 취한다.

- 목표에 대한 헌신은 보상의 기능을 하며, 자기만족과 자기실현의 욕구가 중요한 보상이 될 수 있다.
- 사람은 책임을 받아들이고 책임성을 가지려고 노력한다. 책임의 회피, 야심의 결여, 안전제일주의는 인간의 본성이 아니다.
- 사람의 지적 가능성은 단지 부분적으로 활용되고 있으므로, 개인이 무한한 잠재력을 발휘하도록 지원할 필요가 있다.
- 조직의 효과와 생산성은 구성원들이 자아실현을 할 수 있는 조직의 구조와 과정이 마련될 때 극대화될 수 있다.

X · Y이론과 매슬로우의 욕구단계이론의 관계

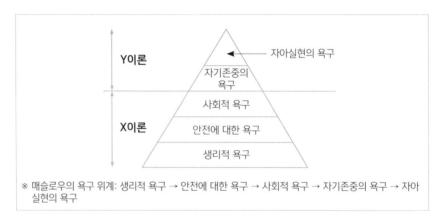

※ 매슬로우의 욕구 위계: 생리적 욕구 → 안전에 대한 욕구 → 사회적 욕구 → 자기존중의 욕구 → 자아실현의 욕구

3. 룬트슈테트의 Z이론

- 룬트슈테트(Lundstedt)는 X · Y 이론의 결함을 보완하기 위해 Z이론을 제시하였다.
- 이 이론은 X이론과 Y이론에 포함시킬 수 없는 인간의 또 다른 한 측면을 부각시키기 위하여 제기한 이론이다.
- 이 이론은 특수분야에 종사하는 사람, 예를 들면 과학자나 학자들에 관한 관리이론으로서 이들은 자유방임적이고 고도로 자율적이며, 관리자는 오로지 구성원의 자유의지에 따라 행동하도록 분위기만 조성할 뿐 인위적인 동기부여는 가능한 억제한다는 것이다.

3

체계이론

기출회차

1	2	3	4	5
6	7	8	9	10
11	12	13	14	15
16	17	18	19	20
21	22	23		

강의로 복습하는 기출회독 시리즈

Keyword 197

1. 특징

• 고전이론, 인간관계이론, 구조주의 이론이 하나로 통합될 수 있다.

• 조직은 각각의 기능을 수행하는 하위체계로 구성된 복합체이다. 하위체계는 생산 하위체계, 유지 하위체계, 경계 하위체계, 적응 하위체계, 관리 하위체계로 구성된다.

• 체계이론은 조직의 문제를 체계를 통해 분석할 수 있기 때문에 관리자에게 유리한 이론이다.

• 이 이론은 조직의 어느 부분이 잘못 기능하고 있는지를 찾아내어 고치도록 사용될 수 있다. 즉, 조직 내 각각의 하위체계들이 어떠한 기능, 역동성 및 기제를 수행하는가에 대한 표준을 제시함으로써 특정한 조직의 성과를 그 표준과 비교하며 평가해볼 수 있다.

• 하위체계는 역동적이며, 하위체계 간의 갈등은 불가피하며, 하위체계 간의 업적을 비교·평가할 수 있다(고전주의 관점).

2. 폐쇄체계와 개방체계

(1) 개념

• 폐쇄체계는 다른 외부체계들과 상호교류가 없거나 교류할 수 없는 체계를 말한다. 폐쇄체계에서는 체계 안의 에너지 정보, 자원 등이 외부로 나갈 수가 없으며, 이는 엔트로피 개념으로 설명된다.

• 개방체계는 다른 체계와 에너지, 정보, 자원 등을 상호교류하는 체계이다. 즉, 체계 내 사람들이 환경 또는 다른 체계들과 빈번한 상호작용을 하는 경우를 말한다.

• 체계는 개방적인 속성이 있다. 현실적으로 완전한 개방체계나 완전한 폐쇄체계는 존재하지 않으며 개방체계와 폐쇄체계의 연속선 사이에 위치한다.

중요도

한동안 개방체계이론과 폐쇄체계이론을 구분하는 문제가 자주 등장했는데, 최근에는 이런 유형의 문제는 출제되지 않고 있다. 하지만, 특정 이론이 개방체계와 폐쇄체계 중 어디에 속하는지를 파악하는 내용이 선택지 중 하나로 구성되어 등장하기도 한다.

합격자의 한마디

고전이론과 인간관계이론은 폐쇄체계, 이후에 공부할 조직환경이론들은 개방체계임을 기억하자.

(2) 조직이론에의 적용 ★^{꼭!}

- 사회복지행정과 관련된 이론은 환경에 대한 관점에 따라 크게 폐쇄체계적 관점과 개방체계적 관점의 2가지로 구분해볼 수 있다. 고전이론과 인간관계이론은 대표적인 폐쇄체계적 관점으로 볼 수 있고, 조직환경이론들은 개방체계적 관점으로 분류할 수 있다.
- 조직을 폐쇄체계적 관점으로 이해하면, 엄격한 조직의 경계 속에서 내부의 합리적인 의사결정과 관리활동 등이 주된 관심의 대상이 된다. 반면, 개방체계적 관점은 조직들 간의 상호의존적 성격을 강조하여 조직의 외부환경이나 조직들 간의 관계에 보다 많은 관심을 둔다. 또한 한 조직 영역 내에서의 역할들보다는 조직들 간의 관계를 관리하고 네트워킹하는 등의 역할들이 중요하게 다루어지고 있다.
- 최근에는 서비스 전달체계의 연계성과 복잡성이 확대되면서, 전달체계의 통합과 책임성에 대한 강조가 늘어나는 추세이다. 이런 상황 속에서 폐쇄체계적 관점에 의한 행정관리는 명백한 한계를 갖는다.

잠깐!~~

조직의 성장 단계에 따라
강조되는 하위체계
- 초기단계: 생산
- 안정단계: 생산, 유지, 관리
- 발전단계: 적응, 경계

3. 조직의 하위체계 ⁶⁾

체계이론에서 하위체계는 생산 하위체계, 유지 하위체계, 경계 하위체계, 적응 하위체계, 관리 하위체계로 구성된다. 관리 하위체계는 다른 하위체계들을 조정한다.

(1) 생산 하위체계(production subsystem)
- 모든 조직은 생산과 관련된 과업을 수행한다. 모든 조직은 결과물로서 '생산품'을 생산하기 위해 조직되고 운영된다.
- 조직의 역할과 과업을 설계하는 데 있어 숙련과 합리성의 중요성을 강조한다(고전이론의 가정에 기초).
- 기능: 클라이언트에게 서비스를 제공한다.
- 단점: 전문화를 추구하는 과정에서 기술을 지나치게 강조하여 기술이 클라이언트의 욕구를 대치하면 수단과 목적이 바뀌는 부정적인 결과를 초래할 수 있다.
- 숙련과 기술을 강조하는 전문화의 원리를 중요시하며, 다음 4가지 영역에 따라 조직화된다.
  - 목적의 전문화: 정신건강, 교정, 주택 등 각종 사회문제 해결을 위한 전문화 과정

- 과정의 전문화: 개별 사회사업, 집단 사회사업, 지역사회 조직사업, 정신의학과 같은 방법론적 기술에 따라 이루어지는 전문화
- 사람의 전문화: 아동, 청소년, 노인, 장애인 등 수혜대상에 따른 전문화
- 장소의 전문화: 클라이언트의 접근을 용이하게 하기 위해 지리적 구분에 따라 이루어지는 전문화

(2) 유지 하위체계(maintenance subsystem)

- 보상체계를 확립하고, 교육 · 훈련 등을 통해 조직의 안정을 추구한다.
- 활동의 공식화, 보상체계의 확립, 새로운 구성원의 사회화, 직원의 선발과 훈련을 중요시한다.
- 개인의 욕구를 조직의 욕구에 통합하는 데 강조를 두는 인간관계이론에 기초한다.
- 목적: 조직의 현재 상태대로 조직의 계속성을 확보하고자 한다(조직 내 안정 상태 유지).
- 기능: 직원들마다 각자의 목표를 조직의 목표에 통합하도록 촉진한다(직원들의 관심과 능력은 조직의 과업과 일치하지 않을 수 있다고 전제함).
- 조직의 궁극적 목표는 클라이언트의 욕구충족에 있다. 따라서 직원들에 대한 관심은 어디까지나 클라이언트의 욕구충족이라는 조직의 궁극적인 목표를 달성하기 위한 수단이다.

(3) 경계 하위체계(boundary subsystem)

- 조직과 환경적인 요인을 강조한다.
- 구조주의 이론과 관련된 가정에 기초한다.
- 환경과 환경에 영향을 미치기 위한 장치를 확립할 필요성을 강조한다.
- 목적: 조직의 외부환경에 영향을 미칠 수 있는 기반을 구축하고자 한다(정치 · 경제적 환경으로부터 오는 압력에 대항할 수 있어야 한다).
- 구성요소: 생산 지지체계, 제도적 지지체계
  - 생산 지지체계: 서비스 전달에 후원과 지지를 보내기 위해 필요한 활동들에 관심을 갖는다. 외부의 다른 조직과 교환 관계를 맺는다(조직 간 협력과 조정이 필수적이다). 동의와 조정 절차를 통해 다른 조직과 관계를 발전시킨다.
  - 제도적 지지체계: 조직이 지역사회의 지지와 정통성을 확보하도록 하는 것이다. 조직의 임무와 업적을 지역사회에 알린다.

(4) 적응 하위체계(adaptive subsystem)

- 연구와 계획을 강조한다.
- 조직의 업무수행 능력을 평가하고, 조직이 나아갈 방향을 제시한다.
- 고전이론과 구조주의 이론에 기초한다.
- 연구와 계획에 관련되어 있으며 조직의 지적인 부분에 해당한다.
- 기본적 도구: 체계적인 연구와 평가

(5) 관리 하위체계(managerial subsystem)

- 고전이론(통제 강조), 인간관계이론(타협 강조), 구조주의이론(환경 강조)에 기초한다.
- 목적: 다른 4가지의 하위체계를 조정하고 통합하기 위한 리더십을 제공한다.
- 기능: 권한의 활용을 통해 계층 간에 생겨나는 갈등을 해결하고, 타협과 심의를 통해 하위체계를 조정하며, 자원을 증진시키고 필요할 경우 조직의 재구조화를 위해 외부환경과의 조화를 꾀한다.
- 책임: 사회복지조직의 주요 목적인 클라이언트의 복지로 관심을 환기시키고자 한다.
- 갈등해소, 조정 등의 방법을 사용한다.

- 고전이론의 관점: 생산, 적응, 관리 하위체계
- 인간관계이론의 관점: 유지, 관리 하위체계
- 구조주의이론의 관점: 경계, 적응, 관리 하위체계

4 조직환경이론

기출회차

			4	5
6	7	8	9	10
11	12	13	14	15
16		18	19	20
21	22	23		

강의로 복습하는 기출회독 시리즈

Keyword 194

앞서 공부한 체계이론도 조직과 환경의 관계에 대해 인식하였지만, 본격적으로 조직과 환경 간의 밀접성, 중요성을 다룬 것은 여기서 배울 이론들이다.

1. 상황이론(contingency theory) 23회 기출

(1) 주요 관점 ★

조직을 둘러싼 상황(환경, 조건)이 달라지면 그에 적합한 조직의 구조도 달라진다고 본다. 즉 효과적인 조직은 다양할 수 있으며, 조직환경과 조직구조의 적합성(fit)이 조직의 성패를 좌우한다는 관점을 취한다.

(2) 특징 ★

- 모든 상황에서 동일하게 나타나는 유일한 최선의 조직화 방법은 없다고 전제한다.
- 기존의 조직이론이 환경과의 관계를 도외시했지만, 이 이론은 환경적 변수를 강조한다.
- 조직의 목적, 과업의 종류, 조직의 기술, 조직의 규모 등에 따라 적합한 조직구조는 달라질 수 있다.
- 동일한 조직 내에서도 직무가 다르다면 그에 대한 관리 기법도 달라야 한다.

(3) 한계

- 어떤 상황(환경)에서 어떤 조직구조가 적합한지에 대한 일정한 원칙을 제시하지 못했다.
- 이 이론에서 상정한 상황은 조직과 관련된 부분적인 것일 뿐, 전체적인 사회 · 문화 · 정치적 변수를 고려하지는 못했다.
- 환경에 따라 조직이 바뀐다는 환경결정론적 시각에서 접근하기 때문에 조직 내부 변화의 능동성을 간과했다.

중요도

최선의 조직화 방법은 상황에 따라 다르다는 관점을 취하며, 환경에 대해 수동적 입장이라는 점 등은 기억해두자. 23회 시험에서는 사회복지조직 이론의 내용을 비교하는 문제에서 상황이론에 관한 내용이 선택지로 출제되었다.

잠깐!~

구조-상황이론(구조적 상황이론)은 상황이론의 초기 형태이다.

중요도 ★ ★

정치경제이론은 단독으로도 종
종 등장하는 만큼 주목해서 살펴
봐야 하는 내용이다. 정치적·경
제적 측면에서 외부자원에 의존
하는 조직의 현실적인 측면을 설
명해준다는 특징은 중요하게 다
뤄지고 있다.

과업환경

과업환경은 조직과 직접적으로 상
호작용하게 되는 외부환경을 말한
다. 자세한 내용은 13장에서 살펴
보자.

정치경제이론과 자원의존이론

학자에 따라 자원의존이론을 정치
경제이론에서 파생된 이론으로 보
기도 하고, 이 둘을 별개의 이론으
로 다루기도 한다.

2. 정치경제이론(political economy theory) [7]

(1) 주요 관점 ★꼭!

- 정치경제적 관점이란 권력의 상호작용, 권력 행사자들이 성취하려는 목적 및 생산적 교환체계에 관한 연구이다.
- 조직과 환경 간의 상호작용을 중시하며, 그러한 상호작용이 조직 내부의 역학관계에 미치는 영향들에 초점을 둔 이론이다.

(2) 환경과 조직 ★꼭!

- 조직은 생존과 서비스 생산을 위해서 근본적으로 정치적 자원과 경제적 자원을 과업환경과의 관계에서 획득하게 된다.
  - 정치적 자원: 합법성, 세력
  - 경제적 자원: 서비스 생산을 위한 돈, 클라이언트, 후원자 등
- 합법성을 토대로 조직이 존립하게 되며, 세력은 조직 내 권위와 영향력이 배분되도록 하는 수단이 된다. 경제적 자원들은 조직의 설치와 운영에 필수적인 조건이다.
- 조직은 외부환경과의 관계 속에서 자신의 독립성과 자율성을 확보하기 위해 경쟁, 협력, 갈등, 계약 등 다양한 전략을 사용한다.

(3) 자원의존이론

과업환경의 요소들이 조직에 대해서 힘과 영향력을 행사할 수 있을 정도의 정치적·경제적 자원을 보유하고 있다면, 조직의 입장에서는 정치·경제적으로 과업환경이 갖고 있는 반드시 필요한 자원을 확보해야 하기 때문에 조직이 환경에 의존하고 있다고 풀이된다. 이러한 특징으로 인해 정치경제이론을 자원의존이론(resource dependency model)이라고도 한다. [8]

(4) 사회복지조직에의 적용

이 이론은 조직의 행태를 금전적 측면과 정치적 측면, 즉 힘의 논리에 의거하여 설명하기 때문에 사회복지라는 이념적 측면을 바탕으로 한 사회복지조직에 적절하지 않을 수 있다. 그럼에도 불구하고 사회복지계에서도 경쟁조직 증가, 효율성의 가치 강조, 과업환경과의 연계 등이 중요해지면서 사회복지조직의 외부환경과의 관계 설정 및 자원관리에 있어 큰 함의를 준다.

3. (신)제도이론(institutional theory) [9]

중요도 ●●●○○

제도에 순응하고 동조함으로써 조직이 정당성을 획득함에 따라 생존할 수 있다고 본 이론이다.

(1) 주요 관점 ★꼭

기존의 조직환경이론들은 과업환경에 대해 관심을 집중시켰으나, 제도이론은 조직들이 갖는 기술적인 특성들보다는 제도적인 환경 속에 존재하는 규범이나 규칙들에 의해서 조직의 성격이 결정된다고 주장한다.

(2) 제도환경에의 순응 강조

• 개별 조직들이 그들이 수행하는 활동에 대한 지원과 정당성을 얻기 위해서 반드시 따라야만 하는 사회적 규범과 가치 및 문화적 규칙 시스템, 즉 제도환경에의 순응을 강조한다.

• 제도적 환경이야말로 조직의 행동과 구조에 영향을 미치는 핵심적 원천이며, 조직은 사회적 정당성을 확보하기 위해서 제도환경에서 기대하는 요소·특성을 조직의 행동·구조에 반영해야 하며, 이러한 동조적인 방식을 통해 정당성을 확보해나간다고 보았다.

(3) 제도적 동형화 유형: 조직에서 제도적 규칙이 받아들여지는 과정과 방법

잠깐!

제도적 동형화는 조직의 장(field, 업계)에서 나타난다. 제도적 동형화는 경쟁, 효과성, 효율성 등에 의한 것이라기보다는 정치적 이해관계나 환경변화에 대응하기 위해 장 안에 위치한 조직들이 적절한 규범, 행동양식 등을 수용하면서 동질화되어가는 과정이다.

① 강압적 동형화

법률의 규정, 정치적 압력, 사회문화적 요구 등에 의해서 '강제'로 받아들여지는 규칙이다. 법률적 규정에 따라 특정 클라이언트를 의무적으로 서비스 대상자로 선정해야 하는 경우이다.

② 모방적 동형화(모형화, modeling)

성공적인 조직의 관행과 절차를 '모방'하는 방법이다. 우수기관의 조직체계와 프로그램을 도입하여 시행하는 경우로, 특히 환경이 불확실할 때 보편적이고 표준적인 대응책을 찾으려는 경향에서 나타난다.

③ 규범적 동형화

전문직의 '규범'으로 자연스럽게 그 절차를 수용하는 것이다. 과학적으로 효과성이 입증된 실천모델을 적용하는 이유는 사회복지실천에서 경험적 실천의 중요성이 강조되는 전문직의 요구가 있기 때문이다.

분석단위가 개별조직이 아닌 조직군이라는 점, 환경에 적합한 조직군이 피동적으로 선택된다고 본 점 등이 핵심 내용이다.

4. 조직군 생태이론(population ecology theory/ natural-selection theory) [10]

(1) 주요 관점 ★[꼭!]

조직과 환경과의 관계에서 환경의 조직선택이라는 환경결정론적인 시각으로 환경적 요인들이 그에 가장 적합한 조직특성들을 선택한다고 보는 이론이다. 즉, 변화하는 환경이 선택한 조직(군)은 살아남고 그렇지 않은 조직(군)은 도태된다는 점을 강조한다.

조직군은 특정 환경 하에서 생존을 유지하는 동종의 집합, 즉 유사한 조직구조를 갖는 조직들을 의미한다.

(2) 특징

• 분석단위는 개별조직이 아닌 조직군이다.

• 장기적 조직변동을 설명할 수 있다.

• 정치 · 경제적 조건에 관심을 둔다.

• '변이 → 선택 → 보전'의 과정을 거친다.

• 환경적 필요에 따라 조직군이 증가 혹은 감소하게 된다는 것이다.

> 예 1인 가구 증가에 따른 소형주택의 공급 증가 및 도시락 산업 팽창

> 예 인구 감소에 따른 산부인과 수 감소 및 학교 수 감소

한걸음 더 — 조직군 생태이론에서 말하는 조직변동의 3단계

1. 변이(variation)

조직변동의 첫 단계. 변이의 원천 그 자체에는 관심을 두지 않고, 변이에 대한 관심은 어디까지나 자연, 즉 환경의 선택이 이루어지는 대상으로서 국한된다.

2. 선택(selection)

변이가 나타난 다음 단계. 조직군 생태이론의 또 다른 이름인 자연선택이론이라는 명칭에서 드러나듯 선택은 이 이론에서 가장 중심이 되는 개념이다. 선택은 환경에 의해 특정한 기준에 의해 이루어지며, 이 과정에 있어서 조직은 능동적인 행위자가 아니라 단지 환경에 의해 선택되는 대상이다. 선택단계에서 어떤 변이가 성공적으로 선택되고 어떤 것은 탈락되는가의 여부에 가장 결정적인 기준은 환경이다. 조직은 환경에의 적합성 여부에 따라 성공적으로 선택되어 생존하거나 또는 조직 전체가 도태되게 된다.

3. 보전(retention)

환경에 의해 성공적으로 선택된 조직형태가 지속되고 계승되는 것이다. 조직보전과 관련하여 가장 중요하게 보는 기제는 교육이다. 조직군 생태이론에서는 환경이 가장 적합한 조직, 즉 최적의 조직을 선택하며 개별 조직들은 이러한 선택과정에 거의 어떠한 영향도 미치지 못하는 것으로 그려진다.

(3) 진화론의 영향

다윈의 진화론, 특히 적자생존이라는 개념에 영향을 받은 것으로서 조직과 환경 간의 관계에 있어 개별조직에 관심을 두지 않고 조직 무리(조직군) 또는 특정 범주에 대해서 관심을 둔다. 조직군을 둘러싸고 있는 환경적 욕구에 부합하는 조직군만이 선택되어 생존하게 되는 원리가 조직과 환경 간의 관계에서 적용됨을 주장한다.

(4) 환경에 의한 조직 선택

조직은 환경의 변화속도보다 조직의 변화속도가 느림에 따라 구조적 관성이 나타나게 된다. 또한 구조적 관성에 의해서 조직의 변화가 일어나기 어렵기 때문에 조직의 환경적응이 어렵게 된다. 이에 따라 조직은 환경에 의해서 선택당하게 됨을 설명하고 있다. 즉, 이 이론에서 조직은 환경에 대해 무기력한 존재이다.

한걸음 더 — 조직환경이론들의 입장 차이

상황이론, 정치경제이론, (신)제도이론, 조직군 생태이론 등은 모두 조직에 대한 환경의 영향력을 고려했지만, 각 이론마다 설정된 환경이나 환경에 대한 입장은 조금씩 다르다.

- 상황이론: 조직의 합리적인 선택에 의한 적응을 가정, 환경변화에 수동적 입장
- 정치경제이론: 조직과 환경과의 상호작용에 초점, 조직의 자발성 강조
- (신)제도이론: 과업환경이 아닌 법적 · 제도적 환경 강조, 조직의 생존을 위해 법적 · 제도적 환경에 순응
- 조직군 생태이론: 환경적 요인에 가장 적합한 조직이 피동적으로 선택된다는 조직의 적응을 가정

5

현대조직이론

강의로 복습하는 기출회독 시리즈

Keyword 193

1. 목표관리이론(MBO: Management by Objectives)

중요도

총체적 관리체계라고 하면 뒤에서 공부할 TQM을 떠올리는 경우가 많은데 총체적 관리체계라는 특징은 MBO, TQM 두 이론 모두에서 공통적으로 나타나는 특징이다.

잠깐!

MBO는 목표를 중심으로 한 기획 기법, 예산 기법 등으로 활용되기도 한다.

(1) 정의 ★꼭!

• 1954년 드러커(Drucker)에 의해 소개되었다.
• 목표관리는 참여의 과정을 통해 조직단위와 구성원들이 실천해야 할 생산활동의 단기적 목표를 명확하게 체계적으로 설정하고, 그에 따라 생산활동을 수행하도록 하며, 활동의 결과를 평가 · 환류시키는 관리체계이다.[11]
• MBO는 명확한 목표설정과 책임한계의 규정, 참여와 상하협조, 피드백을 통한 관리계획의 개선, 조직 구성원의 동기유발, 업적평가의 개선 등을 도모하고 궁극적으로는 조직의 효율성을 증진시키려는 총체적 관리체계이다.

(2) 3가지 기본요소

• 목표: 기간과 목표는 수량적으로 표시하여 측정할 수 있도록 설정해야 한다. 또한 현실적으로 성과를 낼 수 있어야 한다.
• 참여: 조직의 상위관리자뿐만 아니라 하위관리자도 목표설정에 참여해야 한다. 경우에 따라서는 조직 구성원 전체의 참여가 필요하다.
• 환류: 목표를 수행하는 과정뿐만 아니라 종료 후에도 구성원들에게 관련 정보를 제공하여 문제점을 검토함으로써 구성원들의 능력 신장에 기여함과 동시에 조직의 목표가 일관성 있게 추진될 수 있도록 해야 한다.

(3) 특징

• 목표를 어떻게 달성할 것인가를 결정하기 위한 계획이 필요하다.
• 전체 조직, 부서, 개인의 목표가 통합되도록 한다.
• 목표를 향한 진행상황은 정기적으로 검토되어야 한다.
• 목표달성을 위해 피드백과 보상이 반드시 이루어져야 한다.
• 목표를 수량적으로 설정하기 때문에 평가를 객관적으로 진행할 수 있다.
• 부서별 · 개인별 목표와 활동 내용을 명확히 하기 때문에 책임 한계가 뚜렷하게 나타나며, 이를 토대로 조직의 효과성과 효율성을 제고할 수 있다.

62 사회복지사 1급 사회복지행정론

- 상위관리자의 주관적 견해에 치중하지 않는다.

(4) 사회복지조직에 적용상의 한계

- 전체 구성원의 참여를 유도하기 때문에 시간, 노력이 과다하게 소요될 수 있으며, 운영 및 관리가 복잡하다.
- 사회복지서비스는 명확한 목표설정이 어렵고 인간을 대상으로 제공하기 때문에 목표와 성과를 수량적으로 표시하는 이 이론이 적합하지 않을 수 있으며, 특히 목표의 질적인 측면이 간과될 수 있다.
- 가시적인 성과를 내기 위해 단기적이고 계량적 측정이 가능한 업무에만 주력하게 되는 경향이 나타날 수 있다.
- 이 이론은 결과(성과)를 중요시하기 때문에 수단 및 과정에 대해 소홀할 수 있다.
- 관리상황이 유동적이기 때문에 MBO를 적용하는 과정에서 난항을 겪을 수 있으며, 실제 성과로 연결되기 어려울 수 있다.

2. 총체적 품질관리 🏆 [23회 기출]
(TQM: Total Quality Management) [12]

중요도 ★★★

TQM은 해마다 출제되고 있다. 품질은 전 과정에 걸쳐 관리되어야 한다는 점, 품질 판정자는 조직이나 관리자가 아닌 고객(클라이언트)이라는 점, 분권적 의사결정을 강조한다는 점 등이 핵심이다. 최근에는 품질관리가 강조되면서 주요 품질차원(서브퀄)의 출제율이 높아지고 있다. 23회 시험에서는 설명을 제시하고 이에 해당하는 패러슈라만 등의 서비스 질 구성 차원(SERVQUAL)을 찾는 문제가 출제되었다.

(1) 정의 ⭐ [꼭!]

- 1960년대 이후 크게 발전한 TQC(Total Quality Control)에서 발전된 개념이다.
- TQM이란 조직의 문화를 정의하는 것이며, 도구·기법·훈련 등의 통합 시스템을 통해 상시적으로 고객 만족을 추구하는 작업을 지원하는 것이다. 여기에는 고품질의 제품 및 높은 수준의 서비스를 실시하도록 지속적인 개선을 하는 조직적인 과정이 포함된다.
- TQM이 전통적인 관리기법과 구별되는 가장 큰 특징은 고객의 욕구나 필요에 따라 조직의 목표가 설정된다는 고객 중심의 관리를 강조한다는 점이다. 이러한 관점을 토대로 조직운영과 서비스 생산 및 제공에 있어 지속적인 개선을 통해 양질의 서비스를 산출하여 조직의 경쟁력을 증대시키고, 이를 위해 전체 조직 구성원들이 참여하여 노력하는 경영 시스템을 갖추고자 한다.
- TQM에서 품질은 지속적인 개선을 통한 결함 없는 서비스를 말하며, 서비스 전달 과정에 대한 고객의 요구사항을 충족하는 것으로 정의된다.
- 고객은 조직의 산출물을 직접 받는 조직 내·외부의 사람들이다. 즉 클라

이언트뿐만 아니라 내부 직원도 고객이 될 수 있다.

> **예** 주간보호 센터는 야근업무가 잦은 보호담당자를 대상으로 주간보호 시간을 연장할 수 있다. 이때 보호 담당자는 기관으로부터 '근무시간 조정'이라는 서비스를 받은 고객이 되는 것이다.

합격자의 한마디

TQM에서 최고관리층이 주도한다는 말이 집권적 체제라는 말은 아니다! 어느 조직이든 환경변화의 흐름을 파악하고 장기적 차원에서 조직 전체의 변화를 이끄는 역할은 최고관리층이 주도하기 때문에 조직이 TQM 방식을 도입할 때 최고관리층이 주도적 역할을 해야 한다는 것은 너무나 당연한 것!

합격자의 한마디

'지속적 개선'은 양질의 품질 유지를 위한 관리를 포함한다. 개선이라고 해서 무조건 뜯어고쳐야 한다는 것은 아니다.

(2) TQM의 주요 특징 ★꼭!

- 총체적 관리과정
- 인간의 존중, 고객의 요구 존중
- 최고관리층(기관장)의 강력한 의지로 주도됨
- 집단적 노력, 전체 구성원의 참여 유도
- 지속적 학습
- 품질의 확보 및 유지를 위한 지속적 개선 강조
- 경쟁력 확보 및 장기적 성장 추구
- 신뢰 관리
- 예방적 통제
- 분권적 조직 구성

(3) 3가지 기본요소

- 능력 있는 조직구성원: TQM은 양질의 서비스를 산출하기 위해 능력 있는 조직구성원을 강조한다. 단순히 유능한 직원을 선발한다는 것에 그치는 것이 아니라 지속적인 능력개발을 중요시한다.
- 합리적인 조직관리: TQM은 기존의 조직구조 및 경영 시스템 전반에 대한 혁신이 필요하다고 본다. 전통적인 상하관계의 조직구조에서 탈피해 조직을 분권화하여 조직의 민주화에 기여한 측면이 있다고 평가되기도 한다.
- 과학적인 품질관리: 품질에 관한 데이터를 구축하고 매뉴얼을 만들어 그에 따라 품질을 검사하고 유지해나간다.

(4) TQM의 7대 원칙 ★꼭!

- 고객은 최초의 그리고 가장 중요한 품질 판정자이다.
- 품질은 마지막에 추가되는 것(하향식)이 아니라 생산 초기부터 제품/서비스의 구성요소가 되어야(상향식) 한다.
- 변동 가능성을 방지하는 것이 고품질을 확보하는 비결이다.
- 품질은 개인의 노력이 아니라 시스템 내부에서 일하는 사람들로부터 나온다.
- 품질은 투입과 과정 상의 지속적인 개선을 요한다.
- 질적 개선은 작업자의 적극적인 참여를 요한다.
- 품질은 조직 전체의 책임을 요한다.

(5) 품질관리를 위한 10단계
기관장의 품질에 대한 강조 → TQM 업무추진팀 구성 → 품질향상을 위한 프로젝트 선택 → 기존 데이터 수집 → 사업과정과 서비스에 대한 정의 내리기 → 개선계획 수립 → 계획실행 → 변화추적 → 사업에 대한 표준화 작업 → 자축과 격려

(6) 주요 품질차원(SERVQUAL, Service+Quality) ⭐
패러슈라만 등(A. Parasuraman, V. A. Zeithaml & L. L. Berry)이 제시한 다음 다섯 가지 주요 품질차원은 서비스의 질을 판단하는 측정기준이 된다.
- 신뢰성(reliability): 서비스는 약속된 방식, 일관된 방식으로 제공되어야 한다. 품질에 대한 클라이언트의 기대를 만족시킬 수 있어야 한다.
- 즉응성/응답성(responsiveness): 필요한 시기에 짧은 시간 내에 제공되어야 한다.
- 확신성(assurance): 서비스에 관한 풍부한 지식과 친절을 바탕으로 클라이언트에게 신뢰와 자신감을 심어줄 능력을 갖춰야 한다.
- 공감성/감정이입(empathy): 클라이언트에 대한 개별화된 이해와 관심을 가져야 한다.
- 가시성/유형성(tangible): 시설 및 장비의 위생, 직원의 용모단정 등을 의미한다.

(7) 사회복지서비스의 속성과 품질관리 ⭐
- 영리/비영리를 막론하고 대부분의 서비스는 무형성, 이질성, 소멸성, 생산과 소비의 비분리성이라는 속성을 갖고 있으며, 이러한 속성으로 인해 재화와 구별된다. 즉, 서비스는 눈에 보이지 않고 만질 수 없으며(무형성), 표준화와 품질통제가 어려우며(이질성), 저장할 수 없어 재고로 남길 수 없으며(소멸성), 생산과 소비가 거의 동시에 이루어짐(비분리성)에 따라 대량생산이 곤란하다. 사회복지조직에서 제공하는 대부분의 서비스 역시 서비스로서 이러한 속성을 갖고 있다.
- 사회복지행정에서 서비스의 질은 서비스의 우수성, 프로그램 및 구성요소와 그 제공량, 이용자 만족도, 서비스 제공 과정, 비용효과성 측면 등에 따라 파악할 수 있다. 그 중에서도 최근에는 이용자 중심의 관점과 서비스 제공 과정의 관점을 중심으로 한 질적 평가가 중요시되고 있다.

(8) 사회복지조직에서 TQM을 도입하기 위한 요소
- 클라이언트: 클라이언트는 서비스에 대한 정의를 내리는 사람으로서 클라

이언트의 만족도가 TQM의 실행결과인 동시에 목표이다.

- 사회복지사: 조직원의 참여와 사명감이 바탕이 되어야 한다.
- 복지자원: 다양한 자원을 확보함으로써 서비스의 양과 질을 높일 수 있다.
- 최고경영자: TQM의 도입과 성공을 위해서는 최고경영자의 리더십이 필요하다.
- 과정: 서비스 제공 과정 중에도 이용자 만족을 위한 지속적인 개선이 필요하다.

(9) 사회복지조직에 적용상의 한계 ⭐꼭!

- 사회복지조직이 산출하는 사회복지서비스의 효과성과 질을 객관적이고 타당하게 측정할 수 있는 척도가 부족하다.
- 성공적인 TQM의 시행은 조직 리더의 의지와 직원의 자발적인 참여가 선행되어야 하는데 조직의 환경에 따라 선행요건을 갖추기 어려운 경우가 많다.
- TQM 도입과 관련하여 사회복지 조직 및 서비스의 특수성을 고려하여 다양한 행정 관리기술을 적용할 수 있는 행정 전문가가 갖춰진 조직은 거의 없다는 현실적인 문제가 있다.

한걸음 더   위험관리론(Risk Management)

1. 개념
위험관리(위기관리)는 조직을 운영하거나 서비스를 제공하는 과정에서 나타날 수 있는 위험을 예측하고 그에 대비하는 것이며, 사고가 발생했을 때 적절하게 대처하는 것을 말한다.

2. 사회복지사가 겪을 수 있는 위험요인
- 클라이언트에 대한 잘못된 진단 및 처우
- 실습생 및 클라이언트에 대한 계약 외의 비용 요구
- 알코올중독, 약물중독 등 사회복지사의 기능적 손상
- 자신의 성과 및 실적 조작
- 클라이언트 및 관계자들에 대한 보호 의무(자해를 하거나 다른 사람에게 위해를 가하고자 하는 클라이언트의 의도를 알았다면 문제가 발생하지 않도록 가족 등에게 사실을 알려야 함)
- 클라이언트의 비밀 누설에 대한 위험

3. 조직적 차원에서 겪을 수 있는 위험요인
- 업무상 위험: 이용자의 사고, 고충 처리에 대한 부적절한 대응, 전염병 확산 등의 위험
- 경영상 위험: 후원금의 급감, 경쟁조직 출현
- 사회적 위험: 운영상의 불법행위, 구성원의 불법행위 · 범죄행위에 따른 조직 이미지 손상
- 재해 위험: 자연재해 및 인위적 사고 등

4. 위험관리의 과정
- 1단계: 위험의 인식 및 확인
- 2단계: 위험발생에 따른 상황에 대한 분석
- 3단계: 대응처리 방법의 선택과 수행
- 4단계: 대응처리에 대한 평가 및 재발방지 대책 수립

※ 참고: 신복기 · 박경일 · 이명현, 2008, 『사회복지행정론』, pp.361-370, 공동체.

3. 전략적 관리(SM: Strategic Management)

(1) 정의
- 전략적 관리는 환경과의 관계를 중시하는 변혁적 관리로서 조직에 영향을 미치는 변화의 효율적 관리를 지향한다.
- 역동적인 환경에 처하여 변화를 겪고 있는 조직에 새로운 지향노선을 제시하고 그에 입각한 전략·기술을 개발하여 집행함으로써 조직이 그 활동과 운명을 스스로 통제할 수 있게 하는 것을 강조한다.

(2) 전략적 관리의 주요 특징 [13]
- 목표지향적 관리
- 장기적 시간관리
- 조직역량 분석의 강조
- 조직활동 통합의 강조
- 개혁적 관리
- 환경분석의 강조
- 전략개발의 강조

4. 학습조직이론 [14]

중요도

학습조직이론은 간헐적으로 등장하고 있는데, 직원들을 학습시켜 역량을 강화함으로써 생산성 향상을 꾀한다는 점이 핵심이다. 학습조직화를 위한 주요 영역을 다룬 문제가 출제되기도 했다.

(1) 정의
- 1990년대에 각광받은 이론으로, 벤치마킹의 체질화와 함께 조직과 인력의 역량강화를 강조함으로써 서비스의 효과성, 생산성을 제고하기 위해 제시되었다.
- 조직 구성원이 진정으로 바라는 결과를 창조할 능력을 확장하고, 새롭고 확대된 사고 패턴이 육성되며, 집단적 목표나 열망이 자유롭게 선정되고, 함께 학습하는 방법을 지속적으로 배우는 조직을 의미한다.

(2) 학습조직의 특징 ★
- 개인적 통제감, 정신적 모델(사고의 틀), 공유 비전, 팀 학습, 체계적 사고와 같은 조직의 주요영역이 역량강화될 수 있다.
- 학습조직은 조직 구성원인 개인, 팀, 조직이 지속적으로 학습을 권상하는 분위기로 조직을 변형, 발전시키는 결과를 가져온다.
- 학습조직에서 강조되는 것이 조직학습의 과정과 방법인데, 아르기리스(Argyris)에 의하면 학습은 조직이 성공적일 때(조직의 목표와 성과가 일치)와 시정조치가 이루어질 때(조직의 성과와 목표가 불일치) 등의 2가지 경우에 일어난다.

- 조직운영의 결함이 발견되어 교정하는 방법이 임시방편적이거나 부분적인 변화를 꾀할 때는 단선적 학습만 가능하다.
- 시정방법이 전체 조직 운영의 틀을 고치는 방향으로 전개된다면 복선적 학습이 일어난다. 복선적 학습이 조직과 구성원을 임파워하는 데 더욱 효과적이다.

한걸음 더 — 학습조직화를 위한 주요 영역(학습조직 구축요인)

1. 개인적 통제감(자기숙련, personal mastery)
단순히 지식의 습득과 능력의 신장을 넘어서 조직구성원이 진실로 원하는 성과를 창조적으로 획득할 수 있는 능력을 확장시킨다. 개인이 추구하는 본질적 가치를 위해 스스로 동기부여하며 역량을 강화해나간다.

2. 정신적 모델(mental model)
인간의 사고와 정신이 인간행동의 방향을 결정하는 데 중요한 역할을 한다는 전제에 따라 학습조직은 조직구성원이 상호 간의 대화, 성찰, 질문을 통한 지속적인 학습과정에서 최선의 해결책을 강구하고 현재의 상황과 미래에 대한 사고의 틀을 형성한다.

3. 공유 비전(shared vision)
구성원 개인의 각기 다른 목표와 지향점이 생산적인 학습과정을 통해 통합된다. 모든 조직구성원에 의해 공유된 조직의 비전은 다시 조직학습의 목표와 에너지 원천으로 작용한다.

4. 팀 학습(team learning)
팀제 구성을 통한 학습조직은 조직 안팎의 문제해결을 위해 팀 구성원들이 자유롭게 서로의 생각과 아이디어, 의견을 교환하고 학습하며 문제해결능력을 향상시킨다.

5. 체계적 사고(system thinking)
조직에 다양한 요소가 상호관련을 맺고 역동적으로 작용하고 있다는 인식을 바탕으로 이러한 요소 간에 마찰과 대립도 있을 수 있다는 것을 인정하는 동시에 타협과 협력으로 전체 조직의 목표 달성에 기여한다고 생각하는 것이다.

※ 황성철 외, 2014: 91-92; 강종수, 2021: 62-64.

(3) 사회복지조직에 적용상의 장단점

- 장점: 학습을 강조하는 조직문화와 리더십을 갖추어 새로운 지식과 기술을 축적하여 활용할 수 있기 때문에 조직의 역량 및 경쟁력을 강화시킬 수 있다.
- 단점: 조직을 학습조직화하기 위해 오랜 시간과 많은 자원이 소요될 수 있다.

한걸음 더 — 기타 현대조직이론

1. 애드호크러시(Adhocracy)

- 애드호크러시는 토플러(Toffler)의 저서인 『미래의 충격(Future Shock, 1970)』에서 등장한 말로서 유기적 · 기능적 · 임시적 조직이라는 뜻을 가지고 있으며 '특별임시위원회'라고 번역하기도 한다.
- 구조가 복잡하지 않고, 형식주의나 공식성에 얽매이지 않으며, 의사결정권이 분권화되어 있음을 주된 특징으로 한다.
- 대체로 고도의 전문지식을 가진 사람들로 충원되기 때문에 고도의 수평적 분화가 이루어진 구조를 갖게 되며 이를 통해 환경변화에 대한 신속한 대응을 꾀한다.

2. 벤치마킹(Benchmarking)

- 1970년대 후반 미국의 복사기 제조사인 제록스(Xerox)가 경쟁사들을 분석하면서 도입된 개념이다.
- 지속적인 개선을 달성하기 위해 조직 내부의 활동과 기능, 관리능력 등을 성공 사례인 외부의 조직과 비교 · 평가함으로써 조직이 자기혁신을 추구하는 것이다.
- 벤치마킹은 사전준비가 부족하거나 단순 견학이나 모방에 그칠 때에는 성공하기 어렵다. 구성원의 참여유도에 실패하거나 관행에서 벗어나지 못할 때에도 실패의 가능성이 높아진다.

3. 다운사이징(Downsizing)

- 해고와 합병 등의 방법을 통한 기구축소 또는 감원을 의미하며 조직을 축소한다는 뜻으로 사용된다.
- 불필요하고 불합리한 임원이나 지원부서를 축소하여 조직의 계층구조를 감소시키는 전략으로, 이 과정에서 중간관리층이 대폭 줄어들게 된다.
- 원가절감이 주요 목표이기는 하지만 단기적 비용절약이 아니라 장기적인 경영전략 차원에서 추진된다.

4. 리스트럭처링(Restructuring)

- 조직의 기존 사업구조나 조직구조를 좀 더 효과적으로 개선하거나 효율을 높이고자 실시하는 구조개혁 작업으로, '사업구조조정' 또는 '기업구조조정'이라고 한다.
- 성장성이 희박한 사업분야의 축소/폐쇄, 중복성을 띤 사업의 통폐합, 인원의 감축, 부동산 등 소유자산의 매각처분 같은 방법은 수동적 기법이고, 국내외의 유망기업과 제휴하여 새로운 기술을 개발시킨다거나 전략적으로 다른 사업 분야와 공동사업을 추진하는 방법 등은 적극적 기법이다.

5. 리엔지니어링(Reengineering)

- 1990년 마이클 해머가 제창한 기업 체질 및 구조의 근본적인 변혁을 가리킨다. 경쟁조직의 증가 및 고객 욕구의 다양화 등에 대응하기 위한 방편으로 제시된 것이다. '리스트럭처링'의 하위 개념이라고 볼 수 있다.
- 비용, 품질, 서비스, 속도와 같이 핵심이 되는 경영 성과의 지표들을 비약적으로 향상시킬 수 있도록 사업활동을 근본적으로 다시 생각하여 조직구소와 업무빙법을 혁신시키는 재설계 방법이다.

4장 사회복지조직의 구조와 조직화

기출경향 살펴보기

이 장의 기출 포인트

4장에서는 조직의 구조적 요소에 관한 내용이 가장 많이 출제되고 있다. 공식적/비공식적 조직, 집권화/분권화, 수직적/수평적 분화가 일어나는 상황에 대한 이해가 필요하다. 그밖에 비영리 사회복지조직의 특징, 관료제조직의 병폐현상, 목적전치의 개념, 조직구조의 유형 등 다양한 내용들이 두루 출제되고 있으므로 전반적인 내용을 꼼꼼하게 정리해야 한다.

최근 5개년 출제 분포도

연도별 그래프

문항수

5 -				
4 -				
3 -		3		3
2 -	2		2	
1 -	1			
0	19 20 21 22 23			회차

평균출제문항수

2.2 문항

2단계 학습전략

데이터의 힘을 믿으세요!
강의로 복습하는 **기출회독 시리즈**

3회독 복습과정을 통해
최신 기출경향 파악

최근 10개년 핵심 키워드

기출회독 198	조직의 구조적 요소	7문항
기출회독 199	조직구조의 유형	5문항
기출회독 200	사회복지조직의 유형	4문항

기본개념 완성을 위한 **학습자료 제공**

기본개념 강의, 기본쌓기 문제, ○×퀴즈, 기출문제, 정오표, 묻고답하기, 지식창고, 보충자료 등을 **아임패스**를 통해 만나실 수 있습니다.

1

조직의 개념 및 유형

기출회차

1	2	**3**	4	5
6	7	8	9	10
11	12	13	14	15
16	17	18	19	20
21	22	23		

강의로 복습하는 기출회독 시리즈

1. 조직의 개념 등

공식화

조직에서 공식화는 누가, 어떤 일을, 어떻게 수행하고 처리할 것인지를 정해둔 것을 의미한다.

(1) 조직의 개념

• 조직이란, 주어진 목표나 목적을 달성하기 위해 자원과 기술의 사용을 조정하는 사람들의 공식화된 집단이다.

• 조직은 기관의 구조와 그 기능을 말하며, 다양한 수준의 직원, 이사회와 위원회의 구조, 명령계통 및 기타 요소들을 포함한다. 동시에 조직은 기관의 구조를 형성하고 그것을 변화시키는 과정을 의미하기도 한다. 즉, 조직(organization)은 조직의 구조(組織, state of being organized)와 조직의 과정(組織化, process of organization)이라는 두 가지 의미를 갖는다.

(2) 조직화[15]

① 조직화

조직화는 조직의 구조와 과정을 만드는 과정이다. 구조가 부서의 구성과 기능, 보고체계라면, 과정은 그 구조 안에서 이루어지는 조정, 의사소통, 통제, 의사결정 등 주요 활동을 의미한다.

② 효과적인 조직화의 요건

• 조직설계가 조직의 전략적 계획과 부합되도록 할 것
• 결과 및 성과에 따라 조직화할 것
• 서비스 이용자의 관점에서 접근성, 이용성이 확보될 수 있도록 조직화할 것
• 구성원의 역할 및 보고체계를 명확하게 할 것
• 구성원의 전문성을 끌어내기 위해 자율성을 부여할 것
• 위계체계를 간소화할 것
• 각 부서 간 혹은 기관 외부환경과의 조정 및 의사소통에 관심을 둘 것
• 변화에 능동적으로 대처할 수 있는 조직구조를 만들 것
• 팀워크, 신뢰, 지지의 문화를 조성할 것

2. 조직의 유형

(1) 권력의 형태에 따른 분류

에찌오니(Etzioni)는 복종관계에 의하여 조직의 유형을 분류하고 있는데, 복종관계란 '상급자가 하급자를 통제하기 위해 사용하는 권력과 이에 대한 하급자의 태도에 의해 이루어지는 관계'를 말한다. 권력의 종류와 관여의 종류에 따라 9가지 조직 유형을 제시하였다.

- 권력의 종류: 강제적 권력(신체적 탄압, 위협), 보상적 권력(물질, 금전), 규범적 권력(지위, 명예, 존엄)
- 관여의 종류: 소외적 관여(권력 행사자에 대한 강한 부정, 강제적 권력 필요), 타산적 관여(획득한 보상에 따라 권력에 대해 다소 무관심), 도덕적 관여(권력 행사자에 대한 강한 긍정, 규범적 권력 필요)

에찌오니의 조직 유형

관여 권력	소외적 관여	타산적 관여	도덕적 관여
강제적 권력	유형 1 수용소, 정신병원, 교도소 등	유형 2	유형 3
보상적 권력	유형 4	유형 5 산업조직	유형 6
규범적 권력	유형 7	유형 8	유형 9 종교조직, 정치조직, 사회복지조직, 학교, 병원 등

※ 유형 1, 5, 9에 해당하는 조직을 가장 효과적인 조직이라고 보았다.

(2) 클라이언트의 유형에 따른 분류

블라우와 스콧(Blau & Scott)은 1차적인 클라이언트(수혜자)가 누구인가에 따라 조직을 분류하였다.

블라우와 스콧의 조직 유형

구분 조직 유형	1차적인 클라이언트	조직의 종류
상호수혜 조직	조직의 회원	정당, 종교단체, 노동조합 등
사업 조직	사업체의 소유자	주식회사, 은행, 기타 상업적인 회사
서비스 조직	클라이언트	사회복지조직, 병원 등
공공 조직	일반 대중	행정기관, 군대조직 등

(3) 업무의 통제성에 따른 분류

길버트 스미스(G. Smith)는 업무의 통제성에 따라 사회복지조직을 관료제와 일선조직, 전면적 통제조직, 투과성 조직으로 나누어 설명하였다.

스미스의 조직 유형

구분	특성
관료제 조직	• 공식적인 조직과 규정 • 계층적인 권위구조 • 명확하고 전문화된 분업 • 문서에 의한 업무처리 • 기술에 의한 신분 보장 • 합리적인 통제조직
일선 조직	• 일선 업무자들에게 주도권이 주어진 조직이다. • 각 업무단위는 독립적으로 상호업무를 수행한다. • 업무단위의 직접적인 통제가 어렵다.
전면적 통제조직	• 관리자가 전면적으로 강한 통제를 갖는 조직이다. • 정신병원, 기숙사, 교도소, 요양시설이 있다.
투과성 조직	• 조직 구성원, 클라이언트의 자발적인 참여 • 업무와 사적 활동에 분명한 구분이 있어 가정과 사생활을 침해하지 않는다. • 영역 유지 구조는 매우 약하고, 역할구조는 복잡하다. • 조직의 통제가 약하며 조직의 활동이 노출된다. • 자원봉사활동 조직이 해당된다.

(4) 클라이언트의 상태와 조직의 기술에 따른 분류

하센펠트(Hasenfeld)는 조직에서 사용하는 기술을 인간유별·배치기술, 인간유지기술, 인간변화기술 등 3가지로 구분하였다. 또한 클라이언트의 유형을 정상과 비정상으로 나누고, 이에 따라서 사회적으로 정상적인 기능을 수행한다고 인정되는 개인(정상 기능)의 복리를 유지·강화하는 것이 주된 임무인 조직과 사회적으로 역기능을 한다고 판정된 병적이거나 일탈적인 행위자(비정상 기능)에 대한 통제·개선·치료를 주요 임무로 하는 조직으로 구분하였다.

• 인간유별·배치기술: 클라이언트의 개인적인 속성은 변화시키지 않고, 오히려 다른 사회적 집단으로부터 바람직한 반응을 야기하는 공식적인 지위를 부여함으로써 클라이언트의 변화를 시도하는 것이다. 예를 들어 지적장애아동 등과 같이 클라이언트를 식별, 분류, 배치하는 기술을 말한다.
• 인간유지기술: 클라이언트의 개인적인 복지와 안녕을 현상태로 유지하며 위험요소를 완화시키려는 기술이다. 클라이언트의 개인적인 속성을 직접적으로 바꾸려는 시도는 하지 않는다. 병약한 노인을 위한 요양보호, 최저

생활수준 이하로 떨어지는 것을 막기 위한 소득보장프로그램 등이 이 기술의 예이다.

- 인간변화기술: 클라이언트의 복지를 증진시키기 위하여 직접적으로 클라이언트의 개인적인 속성에 변화를 주는 데 목적이 있다. 예컨대 심리치료, 교육, 의학적 치료 등을 말한다.

하센펠트의 6가지 조직 유형

기술의 유형 클라이언트 유형	인간유별 · 배치기술	인간유지기술	인간변화기술
정상 기능	유형1 대학교 신입생 모집, 신용카드 회사 모객	유형2 사회보장청, 요양시설	유형3 공립학교, YMCA
비정상 기능	유형4 소년법원, 진료소, 보호관찰소	유형5 공공부조 사무소, 요양시설	유형6 병원, 수용치료센터

2 조직의 구조

기출회차

1	2	3	4	5
6	7	8	9	10
11	12	13	14	15
16	17	18	19	20
21	22	23		

강의로 복습하는 기출회독 시리즈

Keyword 198, 199

중요도 ★ ★

비공식조직의 특징, 수직조직과 수평조직의 차이, 집권화와 분권화의 개념 등이 줄곧 출제되어 왔다. 23회 시험에서는 분권화 조직의 특성을 묻는 문제가 출제되었다.

1. 조직의 구조적 요소 23회 기출 🏆

1) 공식성에 따른 구분(공식조직과 비공식조직)

공식성에 따른 구분은 조직에 대한 규율, 규칙이 명문화된 형태로 존재하는가에 따른 구분 방식이다. 공식조직을 제도적인 조직이라고 한다면, 비공식조직은 현실상에 나타나는 조직이라 할 수 있다.

(1) 공식조직

• 공식조직은 기구 도표 상으로 나타나는 가시적이고 계획적인 구조를 말한다.
• 행정책임자, 이사회, 위원회, 직원 등의 배열인 동시에 조직의 기구표에 나열된 지위와 관계를 의미한다.
• 공식조직은 업무의 분화, 위계, 구조, 통제의 범위 등 4가지 기본요소를 갖는다.

사회복지조직에서는 서비스의 전문화를 위한 분업을 추구하면서도, 서비스의 통합적인 제공을 추구한다는 다소 상반된 두 가지 흐름을 동시에 지니고 있다.

① 업무의 분화/분업(division of labor)

• 업무의 분화란, 과업 수행에 있어 구성원들 간에 업무를 분담(분업화)하여 각각의 전문성을 증진한다(전문화)는 의미이며, 이를 통해 행정의 효율성을 달성할 수 있다.
• 작업계선(assembly line) 제도는 전문화된 업무 분화의 극단적 형태로, 소외 등의 문제를 야기한다. 작업순환제, 의사결정 참여 등은 이러한 문제를 완화시키려는 노력이다.

② 위계의 과정/위계 질서

• 조직의 구조적인 요소로서 위계적인 과정은 명령계통, 권한의 위임 등을 포함하는 개념이다.
  – 명령계통: 상부에서 하부로 진행되는 명령의 흐름
  – 권한의 위임: 하부 조직 또는 부하직원에게 권한을 위임·분배

- 조직의 효율성은 상부부서가 하부부서를 지휘·통솔할 수 있는 명확한 권한 계열별로 각 부서를 배열함으로써 증대된다.

③ 구조
- 구조는 조직의 기능을 수행하기 위해서 업무의 역할과 범위를 명확히 구분하여 권한과 책임을 부여한 조직의 배열을 의미한다.
- 보통 기관의 기능은 관리 부문과 서비스 부문으로 나뉘는데 서비스 부문은 사회복지 본연의 업무로서 클라이언트를 대상으로 서비스나 프로그램을 제공하는 업무를 의미하며, 관리 부문은 회계·재정·설비·시설·인사 등 운영과 관련된 업무를 뜻한다.

④ 통솔범위/통제의 범위
- 통제의 범위란, 한 명의 상관이 효과적으로 통솔할 수 있는 부하직원의 수를 의미한다.
- 적정수준의 통솔범위를 정하기 위해서는 직무의 성질, 시간적·공간적 요인, 감독과 부하의 능력과 성격, 의사소통의 기술 등을 고려해야 한다.
- 사회복지 분야에서는 한 명의 슈퍼바이저 아래에 6~7명의 일선 사회복지사가 있는 것이 일반적이며, 작은 기관에서는 그 수가 줄어드는데, 적정한 인원에 대해서는 의견이 다양하지만, 적정 인원을 판단하는 가장 중요한 요소는 슈퍼바이저와 일선 사회복지사가 적절하다고 느끼는가의 여부이다.
- 사회복지조직에서는 팀 접근방법을 많이 이용하고 있는데, 팀원의 수는 대체로 4~8명 정도가 적당하다. 팀 접근의 장점은 관료제 형태보다 집단의 역동성과 의사결정의 효과성 측면에서 유리하다는 점이다.

(2) 비공식조직 ★꼭!
비공식조직은 조직 내 빈번하게 접촉하는 구성원들 사이에서 자연적으로 만들어지는 소규모 집단을 말한다.

① 특징
- 비공식조직은 딱딱한 공식조직의 긴장감을 덜어주는 역할을 한다. 하지만 공식조직의 역할을 대신할 수는 없으며, 지나치게 거대해지는 것은 바람직하지 않다.
- 비공식조직은 자연발생적이고, 비합리적이며, 능률보다 감정의 논리를 우선시한다.

비공식조직의 예

독서토론회, 재테크 연구 모임, 외국어 스터디 등 관심 분야를 나누거나, 직장인 밴드, 조기축구회 등 취미생활을 함께 즐기기도 하며, 향우회, 동창회 등 친목도모를 위한 모임을 갖기도 한다.

② 순기능

- 생각과 감정을 나눌 수 있는 의사소통의 채널 역할을 한다.
- 비공식적인 자리에서 편안한 분위기 속에 대화와 제의를 받아들임으로써 집단의 응집력을 향상시킬 수 있다.
- 비공식적인 자리에서 구성원들을 지지하고 인정함으로써 직원의 자기존중감을 향상시킨다.
- 비공식조직은 공식조직의 결함이나 약점을 보완할 수 있다. 비공식조직은 공식조직 내의 약점을 평가하는 데 도움을 주며 새로운 욕구에 대한 주의를 환기시킨다.
- 비공식조직은 공식조직에서 일어나는 긴장이나 압박감을 해소하게 해준다.
- 비공식 집단은 가끔 변화의 대행자(change agents)가 되어 변화를 가져오는 데 기여한다.

③ 역기능

- 비공식조직이 지나치게 거대해지면 비합리적 의사결정을 초래할 수 있다.
- 파벌을 조성할 경우 공식조직의 분열을 초래할 수 있으며, 목적이 전치될 수 있다.

목적전치
목적과 수단이 뒤바뀌는 현상, 즉 목적을 달성하기 위한 수단이 목적이 되어버리는 현상을 말한다.

공식조직과 비공식조직의 비교

공식조직	비공식조직
인위적, 합리적 조직	자연발생적, 비합리적 조직
외면적, 외재적 조직	내면적, 내재적 조직
조직도와 직제에 따른 조직	사적인 행동과 태도에 따라 생성된 조직
능률 논리의 조직	감정 논리의 조직
방대한 규모의 조직	소규모 집단
조직 전체의 질서에 따른 조직	부분적 계층적 조직

2) 복잡성에 따른 구분(수직조직과 수평조직)

복잡성은 조직 내 분화의 정도를 의미한다. 위계적 구조의 수직적 분화, 동일 위계수준의 과업 분화인 수평적 분화, 그리고 조직 내 시설 및 인력 배치에 관한 위치적 분산을 의미하는 공간적(지리적) 분화 등 세 가지 차원으로 구분된다. 여기에서는 주로 다루어지는 수직조직과 수평조직에 대해 살펴본다.

(1) 수직적 분화(수직조직)

① 개념
- 명령과 복종 관계를 가진 수직적 구조를 형성하여 조직의 목표달성에 중심이 되는 구조로서 조직 내 '사원－대리－과장－차장－부장－관장' 등과 같이 계층적인 형태를 띤다.
- 수직조직은 조직의 목표달성에 결정권을 가지며 서비스 대상자와의 직접적인 접촉을 통해 조직의 목표달성에 기여한다.

② 장점
- 위계적 구조의 권한과 책임이 분명하다.
- 조직의 장을 비롯한 상층부에서 결정권과 집행권을 갖고 있기 때문에 위기 시에 신속한 결정과 집행이 가능하다.
- 위계에 따라 강력한 통솔력이 발생하기 때문에 이를 바탕으로 조직의 안정성을 꾀할 수 있다.

③ 단점
- 책임자에게 총괄적인 지휘 · 감독권이 발생하기 때문에 대규모 조직에서는 책임자에게 업무량이 과중될 수 있다. 이로 인해 조직이 커질수록 수평적 분화가 이루어진다.
- 결정권이 있는 책임자가 독단적이고 주관적인 의사결정을 내릴 우려가 있다.
- 각 부문 간의 효과적인 조정이 곤란하여 조직운영의 비능률성을 초래할 우려가 있다.
- 특수분야에 전문적인 지식을 활용하기에는 적합하지 않다.
- 책임자에 대한 의존도가 높기 때문에 유능한 책임자를 잃게 되면 조직의 기능이 마비될 가능성이 높다.
- 조직이 융통성보다 경직성을 띠게 된다.

(2) 수평적 분화(수평조직) ⭐

① 개념
조직 내 수직적 계층이 감소된 조직을 말하며, 다음의 두 가지 형태로 나타난다.
- 각 부서의 기능을 중심으로 분화하는 것이 아니라 업무 과정을 중심으로 분화되어 주로 팀의 형태를 갖는다. **예** 사례관리팀, 지역사회조직팀, 총무팀 등
- 계선조직의 상층부에서 분화된 참모조직으로, 전문가로 구성되어 조직의

잠깐!~

긴혹 수평조직은 조직의 계층하가 아예 없어졌다고 생각하는 경우가 있는데, 수직조직에서 나타나는 계층구조가 없어졌다기보다는 상당 부분 감소했다고 보는 것이 더 적절하다. 예를 들면, '사원-대리-과장-차장-부장-관장'의 구조에서 '사원-팀장-부장-관장' 등으로 계층화가 완화된 형태, 계층의 수가 줄어든 형태라고 할 수 있다.

보충자료

계선조직과 참모조직

조직이 커질 때 수평적 분화만 일어나는 것은 아니다. 조직이 커지면 수직적이든 수평적이든 분화가 일어나게 되는데, 수직적 분화가 비효율적일 정도로 조직이 커지면 수평적 분화를 진행할 수밖에 없기 때문에 조직이 대규모화 될수록 수평적 분화가 나타나게 되는 것이다.

사업이나 정책방향에 대해 자문·권고하며 연구·정보조사 등을 통해 목표 달성에 간접적으로 공헌하는 구조이다. **예** 자문위원회, 기획위원회, 연구소 등

② 장점
• 책임자의 통솔범위가 확대된다.
• 전문지식과 경험을 활용할 수 있다.
• 독단적이지 않으며 참여적이고 객관적인 의사결정을 가능하게 한다.
• 수평적인 조정과 협조를 가능하게 한다.
• 조직의 융통성과 신축성을 부여하며, 대규모 조직에 유리하다.

③ 단점
• 팀 단위간 의사소통이 단절될 수 있으며, 갈등 및 알력 다툼이 발생할 수 있다.
• 계층제와 팀제가 혼재되어 있는 경우 누가 결정권자인지에 대한 혼란이 일어나기도 한다. 이를 테면, 지역조직화사업팀에 7년차 A팀장과 10년차 B과장이 같이 있을 때 팀장은 A이지만 실질적으로는 B과장이 결정권자 역할을 하게 될 수 있다.
• 참모조직을 운영하기 위한 비용이 증가한다.
• 참모조직과 계선조직 사이에 권한 다툼이나 책임전가가 발생할 수 있다.
• 참모조직은 조직의 상층부에서 수평적으로 분화된 위치에 있기 때문에 실질적으로 조직의 상층부를 지원하게 되면서 중앙집권화의 폐단이 나타날 수 있다.

3) 집권성에 따른 구분(집권화 조직과 분권화 조직)

집권성은 의사결정의 권한이 어디에 있는가에 따라 구분하는 방식이다. 조직 대내외 환경변화가 필요한 상황에서 조직이 안정적이고 균형을 이루고 있다면 분권화가 유리하지만, 조직이 위기상황에 봉착하였을 때에는 집권화가 유리한 측면이 있다.

(1) 집권화 조직
집권화 조직은 중요한 의사결정 권한이 상부에 집중되어 있는 조직이다.
• 장점: 단순하고 반복적이고 획일적인 업무에 유리하다. 조직 전체의 차원에서 볼 때 위기 시에 유리하다.
• 단점: 구성원들에게 권한이 없기 때문에 자율성과 창의성이 저해될 수 있

으며, 일상적인 환경변화에 대한 적응이 어렵다.

(2) 분권화 조직

분권화 조직은 의사결정 권한이 각 계층에 위임되어 있는 조직이다.

- 장점: 각 계층의 수준에서 볼 때에는 환경에 대한 반응성과 유연성이 높고, 신속한 행동이 가능하다. 정보 수집에 유리하다. 교육기회 제공 등 구성원들의 동기부여에 관심을 갖는다.
- 단점: 결정자들 간에 충돌이 발생하면 조정이 어려울 수 있다. 의사결정자들은 의사결정 과정에 대한 통제력과 권한을 비슷한 정도로 갖기 때문에 이로 인해 의사결정이 지연될 수 있다.

한걸음 더
일상적 기술과 비일상적 기술

Perrow(1967)는 조직 수준보다는 부서 수준의 기술과 이에 따른 조직구조의 형태를 중심으로 연구했다. 그는 기술을 '장치나 기계의 도움에 관계없이, 대상(목표)의 변화를 가져오기 위하여 대상(목표물)에 부여하는 행위(행동)'로 정의하였다. 기술을 일에 있어 예외의 정도(task variability)와 예외적인 일에 대응하는 데 효과적인 방법을 찾기 위한 탐색절차의 유형(problem analyzability)이라는 두 가지 차원을 축으로 하여 일상적 기술, 공학적 기술, 장인기술, 비일상적 기술 등 네 가지로 구분하였다.

1. 일상적인 기술을 사용하는 부서는 업무의 내용이 분명하며, 발생하는 문제의 분석이 가능하기 때문에 집권화적인 의사결정이 이루어지게 되고, 관리의 효율을 높이기 위해 공식화 또한 높다.
2. 공학적 기술을 사용하는 부서는 과업의 높은 다양성으로 인하여 복잡성이 매우 높다. 의사결정은 대부분 집권화되어 있고, 공식화의 정도 낮고 조직의 유연성을 유지할 수 있다.
3. 장인기술을 사용하는 부서는 과업은 다양하지 않지만 발생되는 문제가 일상적이지 않기 때문에 문제의 해결이 몹시 어렵다. 이러한 이유로 의사결정의 분권화가 이루어진다.
4. 비일상적 기술을 사용하는 부서는 과업의 다양성이 높고, 유연한 조직구조를 필요로 하기 때문에 기본적으로 분권화되어 있으며, 공식화의 정도에 있어서는 최소화된다.

	예외 적음	예외 많음
분석이 어려움	장인기술, 기능기술(craft)	비일상적 기술(non-routine)
분석이 쉬움	일상적 기술(routine)	공학기술(engineering)

2. 기계적 구조와 유기적 구조

- 기계적 구조는 경직적인 조직구조를 바탕으로 구성되어 조직의 내부적 관리에 초점을 두는 구조를 말한다. 명확한 규칙과 절차에 따른 업무처리에 초점을 두고, 분업과 전문화를 강조하는 동시에 집권화된 구조를 보인다.

중요도

3장에서 공부한 이론을 바탕으로 한 조직구조를 살펴보는 내용들 이어서 특별히 어려울 건 없지만 집단사고, 번문욕례, 크리밍 현상, 목적전치 등의 기본 개념들을 파악해두면 좋다.

• 유기적 구조는 신축적인 조직구조를 바탕으로 구성되어 환경변화에 대해 유연하게 대응할 수 있는 구조를 말한다. 규칙과 절차를 단순화하고, 구성원 사이에 인간적인 관계를 바탕으로 한 팀워크를 강조하는 동시에 분권화된 구조로 나타난다.

기계적 구조와 유기적 구조의 비교

구분	기계적 구조	유기적 구조
구조적 특징	• 엄격하게 규정된 직무(직무설계) • 많은 규칙과 절차(공식화) • 집권적 의사결정(집권성) • 좁은 통솔범위(높은 계층제) • 공식적이고 몰인간적 대면관계 • 팀워크보다는 분업과 전문화 강조	• 복합적 직무 설계 • 적은 규칙과 절차 • 분권적 의사결정 • 많은 통솔범위(저층구조) • 비공식적 · 인간적 대면관계 • 높은 팀워크
장점	내적 통제에 따른 예측 가능성과 안정성 (표준화된 통제)	신축성에 따른 환경에 대한 신속 대응성
단점	환경에의 대응능력 부족	내적 통제력 부족, 신뢰성 우려
대표적 모형	관료제 모형	학습조직

(1) 관료제 조직 – 대표적인 기계적 구조

관료제 조직
앞서 3장 '01 고전이론'에서 공부한 관료제이론에 따른 조직구조이다.

① 특징
• 합리성과 효율성 추구
• 자격과 능력에 따른 명확한 분업 체계(노동의 분업)
• 규칙에 의한 통제

② 장점
내적 통제력에 따른 내부관리의 능률성 향상에 초점을 둔다.
• 집권적 계층제로 인한 내적 통제력 강화: 일사분란하고 명확한 명령복종체계는 통제와 조직의 통합에 유리하게 작용(응집력)
• 높은 공식화에 따른 행정의 안정성 제고: 규정에 의한 업무처리 및 경직적인 조직구조는 행정활동의 예측가능성과 공정성 제고
• 전문화에 따른 능률성 확보: 분명한 분업구조는 전문화에 따른 기술적 능률성 향상에 기여
• 업무의 계속성, 안정성

③ 단점

경직성으로 인해 환경에 대한 적응성이 낮다.

- 분업 → 수평적 조정의 어려움, 낮은 팀워크
- 집권성 → 의사결정의 부담 과부하 및 결정의 지체
- 규칙(공식화), 몰인간성 → 낮은 동기부여, 개인 발전에 기여하지 못함
- 응집성 → 폐쇄성, 집단사고(group thinking)

한걸음 더 — 집단사고와 집단적 사고

1. 집단사고
응집력이 높은 집단의 사람들이 만장일치를 추진하기 위해 노력하는 것을 말하며, 집단 구성원들이 당면한 문제에 대하여 독창적인 해결책을 찾아내기보다는 오히려 다른 구성원들의 동의를 얻는 일에만 크게 관심을 갖기 때문에 나타나는 집단 의사결정의 병폐현상이다.

2. 집단적 사고
집단 구성원이 어떤 문제에 관하여 서로 의견이나 아이디어·정보 등을 교환하고 토의하여 집단의 견해를 집약하는 과정이다. 집단적 사고의 효용은, 새로운 아이디어의 창출에 있어 개인적 사고만으로는 한계가 있으므로 서로 다른 의견의 수렴과정을 통해서 이를 극복한다는 점에 있다.

④ 관료제 조직의 병폐 현상

- 관료제는 그 폐쇄성으로 인해 관료주의화, 권위주의화(권력적·이기적 측면)되는 경향이 있다.
- 높은 공식성은 동조과잉, 지나친 형식주의(red-tape: 번문욕례), 보수주의화를 초래하기도 한다.
- 수단인 규칙이 목적보다 중요시되는 목적전치가 발생할 수 있다.
- 지나치게 실적만을 강조하여 크리밍 현상을 초래하기도 한다.
- 통제위주의 구조 및 관리전략은 구성원의 자율성과 창의성을 억압하고, 외재적 동기 부여는 조직 몰입도의 제고에 역부족이며 개인의 발전에 기여하는 측면이 미흡하다.

동조과잉
조직 구성원들이 조직의 표준적인 행동양식에 지나치게 동조하는 현상을 말한다. 구성원들이 소극적인 태도로 규칙, 관례, 지시만을 따라 업무를 처리하게 되어 창의성 저하, 답습주의, 무사안일, 책임회피 등의 현상으로 이어질 수 있다.

번문욕례
번거로운 관청절차를 가리키는 말이다. 번문욕례는 일반적으로 행정사무를 지연시키고 행정비용을 증대시키며 관료부패의 원인을 제공하는 등의 역기능을 초래한다.

한걸음 더 — 크리밍(creaming) 현상

크리밍 현상이란 서비스 조직들이 접근성 메커니즘을 조정함으로써 보다 유순하고 성공할 가능성이 높은 클라이언트를 선발하고, 비협조적이거나 어려울 것으로 예상되는 클라이언트들을 배척하고자 하는 것이다.

모든 전문직은 자신들의 개입전략에 잘 맞아 떨어져 결과가 성공적으로 나타날 가능성이 높은 케이스를 선호하려는 경향이 있다. 특히 민간 사회서비스 기관들에서는 재량권 행사의 폭이 넓기 때문에, 이러한 크리밍 현상의 문제가 두드러지게 나타나기도 한다.

학습조직

앞서 3장 '05 현대조직이론'에서
공부한 학습조직이론에 따른 조직
구조이다.

(2) 학습조직 – 대표적인 유기적 구조

학습조직이란 모든 조직 구성원들이 문제의 인지와 해결에 참여하면서, 조직의 문제해결 능력을 높이기 위해 시행착오를 거치면서 지속적으로 실험할 수 있는 조직을 말한다. 지식정보화 시대로의 진입과 함께 환경이 불확실해짐에 따라 요구되는 조직의 기억과 학습의 가능성을 강조하면서 관료제 모형의 대안적 조직 모형으로 주창되고 있다.

① 특징

- 구성원의 역량강화(empowerment) 강조 → 자율 팀(self-directed team) 단위
- 분권적·다원적으로 수립되는 전략: 중앙이 아닌 일선 공무원이나 현장 사회복지사 간의 협력적 네트워크가 전략 수립에서 중요한 역할 담당
- 풍부한 정보 공유: 정보체계의 혁신을 통한 공식자료에 대한 접근가능성 제고
- 구성원 간 광범위한 의사소통 장려, 수평적 조직구조

② 장점

- 환경변화에 대한 대응성
- 조직의 자기 진화적 혁신에 강점(외부의 자극 없이도 지속적으로 개혁, 학습)
- 팀워크 및 수평적 조정에 유리
- 내적 동기 부여 및 학습기회의 제공을 통한 자기 발전에 기여함

③ 단점

- 정부조직에 대한 적용이 제한적임
- 신속한 결정이 어려움
- 내적 통제력 부족
- 구성원의 능력, 태도, 동기 등이 전제되어야 함

④ 학습조직 구축의 장벽

- 관료주의
- 경쟁적 분위기
- 정보·의사결정·기술에 대한 통제
- 빈약한 의사소통
- 경직된 수직적 의사소통체계
- 피드백의 지연
- 접근하기 어려운 정보
- 불확실한 조직 환경

3. 조직구조의 유형 23회 기출

(1) 전통적 조직

① 기능적 조직
- 각각의 업무단위를 병렬로 나열한 조직구조
- 업무가 표준화된 서비스를 위주로 하는 사회보험 관련 조직이나 정신보건 서비스 조직 등에서 가능
- 사회복지조직 구조로는 흔하지 않은 구조

② 수직 – 수평 조직
수직조직과 수평조직의 활동 구조

③ 위원회 조직
- 조직의 목표를 달성하기 위한 특별한 과업이나 문제를 해결하기 위하여 조직의 일상적인 업무수행 기구 이외에 별도로 구성한 활동 조직
- 전문가 또는 과업 관련자들로 구성하며, 상임위원회와 임시위원회가 있음
- 전문가 의견 반영, 의사소통 등의 장점이 있으나 시간과 비용문제, 이해관계 문제 등의 단점도 있음

(2) 사업부제 조직
- 대규모 조직에서 사업부 단위로 조직을 수평적으로 편성하고, 각 사업부가 독자적으로 생산과 마케팅을 진행하는 등의 관리 권한을 행사하는 구조
- 사업부별로 독립채산제를 실시하고 각 사업부는 모든 과업의 계획과 집행, 성과 분석까지 개별 조직처럼 운영
- 장점: 환경변화에 대한 유연한 대응이 가능, 성과에 대한 책임감 향상
- 단점: 사업별로 분리된 업무 진행으로 인한 자원의 중복 발생, 실제 수평적 조정의 어려움

(3) 동태적 조직

① 프로젝트 조직
- 특별한 과업에 따라 관련 부서에서 프로젝트 수행을 위해 인력을 파견하고 수평적 접촉을 통해 프로젝트를 해결한 후 원래 부서로 복귀하는 조직
- 전문 인력 중심의 소규모 구성으로 자원과 재능을 집중 투입

중요도

출제 빈도가 낮기는 하지만, 전통적 기능을 그대로 유지하면서 프로젝트 조직을 함께 구성하는 매트릭스 조직 방식은 눈여겨 살펴보도록 하자. 23회 시험에서는 설명을 제시하고 이에 해당하는 조직구조(태스크포스)를 찾는 문제가 출제되었다.

잠깐!~

라인-스텝 조직
조직 내에서 지휘, 명령 계통을 담당하는 수직적인 라인형과 이를 지원하는 수평적인 스텝형의 두 가지 조직형태를 융합한 형태로서 효율적인 지휘와 전문적인 지원을 결합하여 조직의 목표를 효과적으로 달성하도록 설계된 조직

- 프로젝트 팀의 팀장은 위계적인 상급자가 아닌 의사결정의 조정자로서 역할 수행

② 태스크포스(TF: task force) 조직
- 본래 기동부대를 뜻하는 군대 용어로 특별한 업무의 수행을 위해 편성된 조직
- 주로 장기적인 사안을 두고 대규모로 조직되며, 수직적 구조의 형태를 취함

한걸음더

프로젝트 조직과 태스크포스 조직의 특징적 차이

- 프로젝트 조직은 해산을 전제로 하지만 태스크포스 조직은 임시조직이면서도 해당 사업이 종료된 후에 존속되기도 함
- 프로젝트 조직은 조직 구조를 도식화할 때 드러나지 않는 경우도 있지만 태스크포스 조직은 조직구조에 표현되는 공식조직의 특성이 강함
- 프로젝트 조직의 구성원은 기존 부서에 소속된 상태에서 일시적으로 차출되어 업무를 하지만, 태스크포스 조직의 구성원은 기존 부서에서 탈퇴하는 방식으로 태스크포스 팀에 소속되어 참여한 뒤 팀 해체 이후 기존 부서로 복귀하기도 하며 경우에 따라 다른 부서로 복귀하거나 TF팀이 존속하는 경우 팀에 남기도 함

프로젝트 조직과 태스크포스 조직을 같은 것으로 소개하기도 하나 조직이론에서는 구분되는 개념이다. 다만, 이 둘의 구분되는 특징에 대해서는 학자마다 매우 다르며, 우리 교재는 양원규 외(2012)의 설명을 따랐다.

③ 매트릭스(Matrix) 조직(행렬조직)
- 전통적 기능 조직과 프로젝트 조직을 결합한 형태
- 구성원은 각자 기능 부서에 속하는 동시에 프로젝트 조직에도 속하도록 구성하여 2개 이상의 권한계통이 중첩되는 이중 권한구조로 구성됨
- 한 직원이 기능 부서 상사와 프로젝트 관리자 양쪽에 보고하고 지휘·관리를 받도록 하는 구조가 되어 실무자가 역할혼란을 겪을 수 있음
- 장점: 조직 구성원의 능력과 재능을 최대한 이용할 수 있고 개별 팀을 프로젝트 간 이동시킬 수 있으며, 소비자의 특별한 요구나 환경변화에 신속한 대응이 가능함
- 단점: 조직 구성원의 시간 배분 문제와 성과 측정의 문제, 프로그램 관리자의 불만이나 역할갈등 초래, 긴축을 요하는 불황기에 활용이 어려움
- 매트릭스 조직이 유리한 상황적 조건
  - 조직규모가 너무 크지도 작지도 않은 경우
  - 환경변화가 심하고, 불확실성이 높은 경우
  - 비일상적 기술을 많이 사용하는 경우
  - 기술적 전문성도 높아야 하며, 산출에 대한 쇄신도 빨라야 한다는 이원적 요구가 강력한 경우

④ 팀(Team) 조직

과거의 전통적 조직체계인 부 · 과 · 계 등의 조직을 업무재편을 통해 통합 · 분할하여 하나의 팀으로 전환하여 팀장을 중심으로 업무를 하도록 만든 조직구조

여기서 팀은 공동으로 그들 자신이 책임질 수 있는 공동의 목적 · 업무 수행 목표, 상호보완적인 기술을 지닌 집단을 말한다.

팀 조직의 장단점

장점	단점
• 신속한 의사결정 • 자율적 책임체제 • 조직 간 유연성 • 현장중심적 서비스 • 성과중심의 생산성 비교	• 팀 간 갈등 심화 • 단기적 안목중심의 목표 • 동일한 목표의식 공유로 인한 개별적 창의성 약화

⑤ 네트워크(Network) 조직

- 환경변화에 보다 신속하고 적절하게 대응할 수 있도록 외부자원의 효과적 활용을 꾀하는 조직구조
- 보유 자원을 핵심사업에 집중하고 핵심 이외의 부문은 아웃소싱하여 자원의 효율화를 추구
- 각기 다른 사업부들이 독립적으로 일하는 동시에 특정 사업에 대한 (대체로 영구적인) 상호협력을 추진
- 다른 기업과 제휴 등을 통해 강점을 결합한 시너지 효과를 창출하고, 상호 네트워크 구축 효과의 극대화와 상호 신뢰를 꾀하는 것이 중요함

아웃소싱(outsourcing)
국내외의 경제 상황 악화와 이에 따른 경쟁의 격화로 인해 한정된 자원을 가진 조직이 모든 분야에서 최고의 위치를 유지하기 어렵게 되면서 가장 유력한 분야나 핵심역량에 자원을 집중시키고, 나머지 활동은 외부의 전문기관에 위탁 처리함으로써 경제효과를 극대화하는 전략을 말한다.

조직구조의 예

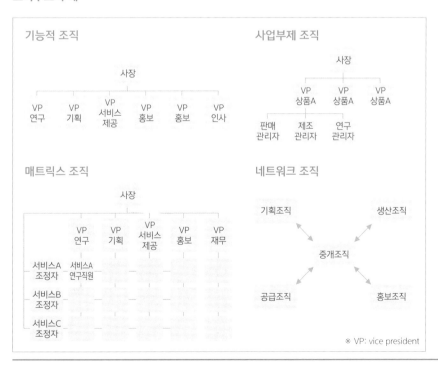

4. 사회복지조직의 조직 모형[16)]

(1) 생산일선 조직(production line organization)

각각의 업무단위를 일렬로 나열하여 조직하는 것을 의미한다. 표준화된 업무를 수행하는, 이를테면 사회보험 관리 조직이나 정신건강 서비스 조직 등의 조직에서 가능하다. 사회복지조직에서 제공하는 서비스는 일률적으로 나열하거나 표준화시키기 어렵기 때문에 사회복지조직에서 생산일선 조직모형을 사용하는 경우는 드물지만 최근 검사도구의 발달, 서비스의 표준화 추세, 컴퓨터를 통한 데이터 활용의 증가 등에 따라 적용될 수 있는 여지는 크다.

(2) 연계조직(linkage organization)

조직의 주된 사업이 중개자의 역할인 조직 모형으로 입양기관이나 사회복지 서비스 안내 및 의뢰기관 등이 해당된다고 할 수 있다. 1차적인 기능이 중개 및 조정, 연결 및 의뢰의 기능을 수행하고 있으며, 이러한 조직 구성원의 주요업무는 지역사회에 대한 정보를 수집하고 필요한 자원 간의 연결을 구축하며 계약관계를 맺도록 돕는 것이다.

(3) 고객서비스 조직(custom service organization)

인간을 원료로 클라이언트와 직접 접촉하면서 그들의 욕구나 문제를 파악하고 서비스를 제공하는 조직을 말한다. 사회복지조직이 가장 전형적인 예가 될 수 있다.

합격자의 한마디

연계조직과 연계기술은 서로 다른 의미를 가진다. 사회복지관 등 대부분의 사회복지조직은 연계기술을 많이 활용하는 서비스조직일 뿐, 연계조직은 아니다.

3 조직구조의 설계

기출회차

1	2	3	4	5
6	7	8	9	10
11	12	13	14	15
16	17	18	19	20
21	22	23		

강의로 복습하는 기출회독 시리즈

1. 직무설계 및 재구조화

직무설계는 구성원들의 직위에 따라 담당해야 하는 직무를 설계하는 것을 말한다. 기존에는 분업에 따른 효율성을 추구했기 때문에 업무 세분화가 강조된 직무설계가 이루어졌다. 그러나 최근에는 세분화에 따른 문제점이 지적되면서 직무의 포괄성을 강조하는 복합적 직무설계가 강조되고 있다.

(1) 직무설계 방안

① 직무확충(job enrichment)

조직 내에서 각 구성원이 담당하는 직무에 있어서 인간성을 회복하도록 직무 내용의 확충을 도모하는 일이다. 동일한 직무에 각기 다른 과업들을 병합하는 것으로 직무확대와 직무충실로 나누어 볼 수 있다.

직무확대와 직무충실
직무확대는 주로 직무의 양적 확대를 의미하며, 직무충실은 주로 직무의 질적 확대를 의미한다.

- 직무확대: 한 직무에서 수행되는 과업의 수를 증가시키는 것을 말한다. 즉, 조직 구성원으로 하여금 중심과업에 다른 관련 직무를 더하여 수행하게 함으로써 개인의 직무를 늘려서 넓게 확대하는 것이다. 단지 작업자가 수행해야 할 일거리만 증가한다는 측면이 있다.
- 직무충실: 직무확대보다 더 포괄적인 것으로 구성원들에게 더 많은 책임과 더 많은 선택의 자유를 부과한다. 직무충실은 특히 다음과 같은 두 가지 측면을 고려하고 있다. 첫째는 수직적 측면으로, 직무충실화의 본질적 측면(원래 의도한 바)에 해당되는 것으로 직무의 질적 개선을 목적으로 하는 것이다. 둘째, 수평적 측면으로, 이는 질적 개선에 따른 양의 증가를 의미하는데 이는 직무충실화가 원래 의도하는 바는 아니지만 직무충실로 인해 결과적으로 나타나는 것이다.

② 직무순환(job rotation)

업무자들이 교대로 각기 다른 관련된 몇몇 직무들을 수행하는 것이다.

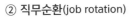

③ 직무공유(job sharing)

특별한 유형의 시간제 근무로, 하나의 전일제(full-time) 직무를 둘 혹은 그 이상의 업무자가 나누어 수행하는 것이다. 오전근무/오후근무로 나누기도 하고, 두 명의 근로자가 격일제로 근무하기도 한다.

④ 근로시간의 유연화(flexible work hour)

업무시간을 9시~18시로 고정해두지 않고, 구성원들이 각자 편리하고 조직의 업무에도 도움이 되는 시간을 선택해서 정해진 시간만큼 근무하도록 하는 것을 말한다.

(2) 업무 세분화의 장단점

① 장점

- 세분화를 통해 업무와 기술이 단순화됨에 따라 업무자들의 역할도 단순화될 수 있다.
- 업무자들은 자신이 맡은 업무에 대해 집중할 수 있기 때문에 전문성을 키울 수 있다.
- 각자의 역할이 뚜렷하게 구별되기 때문에 관리·감독이 용이해진다.
- 개별 업무에 있어서 효율성을 꾀할 수 있다.

② 단점

- 분화된 업무들이 통합되지 못할 경우 조직 전체의 차원에서는 효율성이 저하될 수 있다. 따라서 개별 업무들이 전체적인 조직 목표에 기여할 수 있도록 조정 및 통제가 필요하며, 이를 위해 별도의 노력과 비용이 소요된다.
- 업무자들은 동일한 업무를 지속적으로 반복하게 되기 때문에 매너리즘에 빠질 수 있다.
- 클라이언트 입장에서는 자신의 욕구를 해결하기 위해 어떤 업무단위를 찾아야 하는지에 대한 혼란을 겪을 수 있다. 이용자의 다양한 욕구에 대한 대응이 미흡할 수 있다.

(3) 업무 재구조화 방안

업무 세분화로 인해 나타나는 문제점들을 극복하기 위해 재구조화하는 방안들이다.
- 앞서 공부한 직무확충, 직무순환은 업무 세분화에 따른 문제점을 개선하기 위해 개별 업무자를 대상으로 이루어지는 접근이기도 하다.

- 사례관리, 사례옹호, 팀제 도입 등은 업무의 조정 및 통합을 위한 집단적 차원의 접근이다.

① 사례관리

사정, 연계 및 의뢰, 옹호 등을 주된 서비스 내용으로 하여 사례관리자의 주된 책임 하에 개별 클라이언트의 복합적인 문제들을 다양하게 분화되어 있는 세분화된 서비스에 연결하고 그 결과를 묶어서 클라이언트의 문제를 해결하고자 하는 통합적인 접근이다.

② 사례옹호

클라이언트를 위한 옹호자적 입장에서 접근하는 방법이다. 옹호자로서 클라이언트의 욕구와 권익을 대변하는 역할을 수행한다. 사실상 사례관리와 유사한 측면이 많기 때문에 사례관리의 한 부분으로 여겨지기도 한다.

③ 팀제 도입

세분화된 다양한 분야들이 모여서 한 클라이언트의 문제를 공동으로 해결해 나가기 위해 팀을 조직하는 방식이다.

2. 부문화 방법[17]

(1) 수기준 부문화

- 수기준 부문화는 같은 역할을 하는 사람들을 한 명의 슈퍼바이저 밑에 소속시키는 방법으로, 수에 의해 업무를 부문화한다.
- 수에 의한 부문화는 개인의 능력의 차이를 고려하지 못하는 단점이 있기 때문에 다른 방법과 같이 혼합하여 적용하는 것이 바람직하다.

(2) 시간기준 부문화

- 하루 24시간 서비스를 요하는 조직에서 2교대, 3교대, 격주 토요일 근무 등의 형태로 부문화하는 것이다.
- 24시간 서비스를 제공해야 하는 생활시설이나 상담소, 요양원, 의료 및 보건서비스 조직 등에서 유용하게 사용할 수 있는 방법이다. 하지만 주말이나 야간근무를 할 수 있으면서 전문성을 겸한 직원을 채용하는 것이 현실적으로 어렵고, 교대하는 직원들 간의 업무인계가 제대로 되지 않아 조직의 기능이 단편화될 가능성이 있다.

복합조직
(multiple organization)
다양한 부문화 방식 중 둘 이상의 방식을 조합하여 구조화하는 방식이다. 조직이 클수록 더 많은 방식이 조합될 수 있다.

(3) 기능기준 부문화

- 사업, 재무, 총무, 인사 등과 같은 주요한 기능에 따라 동질적 업무에 따라 부문화한다. 사회복지조직에서는 모금, 홍보, 기획, 프로그램 개발 등으로 구분될 수 있다.
- 사회복지사업법에 따라 사회복지관의 기능은 서비스 제공, 사례관리, 지역조직화 등으로 구분되는데, 이러한 기준에 따라 팀이 구성된 경우도 기능기준 부문화에 해당한다.
- 업무단위 간(팀간, 부서간)의 협조가 부족해질 수 있으며, 조직의 목표보다 자신이 속한 업무단위에만 집중하는 경우가 발생할 수 있다는 단점이 있다.

(4) 지리적 영역기준 부문화

- 클라이언트(잠정적 클라이언트 포함)의 거주 지역에 따라 업무를 부문화하는 방식이다.
- 서비스를 제공해야 하는 영역이 광범위한 경우에 주로 사용된다. 구조가 큰 기관이 각 지역에 지소나 지부를 두는 방식으로 클라이언트의 지리적 접근성을 향상시킬 수 있다. 그러나 부서 간 업무량이 다를 수 있고, 선호하지 않는 지역을 회피할 수 있으며, 힘든 지역을 맡은 담당자에게 사기저하 및 소진 문제가 발생할 수 있다는 단점이 있다. 또한 지리적 구분에 따라 받지 못하는 서비스가 생길 수 있다는 문제점도 있다.

(5) 서비스기준 부문화

- 개별사회사업, 집단사회사업, 지역사회조직사업 등 사회사업 실천방법에 따라 부문화하는 방법이다.
- 이 방법은 서비스별로 전문화를 촉진한다는 장점이 있다. 하지만 사회복지조직의 대상이 인간이며 클라이언트의 문제는 복잡하고 다양하게 발생될 수 있으므로 통합적인 서비스 제공이 어려운 단점이 있다.

(6) 고객기준 부문화

- 클라이언트에 따라 부문화하는 방법으로서 아동복지, 청소년복지, 노인복지 등으로 업무를 부문화하는 방법이다.
- 이 방법은 한 클라이언트 개인의 문제와 욕구를 다루는 데 이점이 있으나 그 문제가 다양하고 복잡하게 나타나는 경우 서비스 제공자의 기술로서 감당할 수 없다는 단점이 있다.

(7) 서비스 접근통로기준 부문화

- 클라이언트가 서비스에 접근할 수 있는 통로를 기준으로 업무를 부문화하는 것이다.
- 접근통로는 흔히 대중매체를 통한 광고가 대표적이지만, 사회복지기관에서는 기관 및 프로그램 홍보를 위해 제작된 홈페이지나 각종 홍보물이 될 수도 있고, 학교·병원·경찰 및 타 기관에 의한 의뢰도 포함된다. 또한 유료/무료 서비스, 바우처 이용 등도 접근통로로 볼 수 있다. 이렇듯 일반적인 기업조직과 달리 사회복지조직에서의 접근통로는 매우 다양하다.
- 사회복지조직에서는 접근통로를 기준으로 부문화하는 것 자체가 어려울 수 있다. 사회복지시설마다 고유한 특성으로 인해 활용할 수 있는 홍보방식이 한정적일 수 있고, 같은 기관이라 하더라도 제공되는 서비스의 성격이나 클라이언트집단의 특성에 따라 접근통로의 선택에 제약이 있을 수도 있다. 또한 접근통로에 따라 서비스에 관해 제공할 수 있는 정보의 내용과 양이 다를 수도 있다.

3. 조정

조정(coordination)은 조직의 부서간, 직무간, 계층간에 분화된 활동을 하나의 전체로서 조화시켜 나가는 것이다. 조정은 조직의 전체목표를 달성하기 위한 협력적 활동의 질을 좌우하므로 조정에 필요한 정보의 흐름을 원활하게 할 수 있는 조직구조의 설계가 요구된다.

(1) 수직적 연결을 위한 조정 장치

수직적 연결이란, 조직의 상하간 활동을 조정하는 연결장치로서, 하위관리층으로 하여금 최고관리층이 제시한 조직목표에 일치하도록 업무활동을 수행하게 하는 것을 목적으로 한다.

- 계층제: 보고 및 지시, 명령체계에 의한 조정기제를 뜻한다.
- 규칙: 반복적인 문제와 의사결정에 대한 표준화된 정보를 제공함으로써 직접적인 의사소통 없이도 업무 조정을 가능하게 해준다.
- 직위의 추가: 관리자의 과중한 업무 부담을 극복하고 더욱 밀접한 의사소통과 통제가 가능하도록 수직적 계층에 직위(참모 또는 계선직위)를 추가하는 것을 뜻한다.

(2) 수평적 연결을 위한 조정 장치

- 수평적 연결이란, 조직 내 부서간(또는 부서 내 직무간) 수평적인 조정과 의사소통을 의미한다.
- 환경이 급변하고 기술이 유동적이며, 혁신을 강조할 때 더욱 요구된다.
- 통합적인 정보시스템의 구축, 팀제 도입 등을 활용한다.

4 사회복지조직의 유형 및 네트워크

기출회차

3

6   10

12   13   14

16   17   18   19

21   22   23

강의로 복습하는 기출회독 시리즈

Keyword 200

1. 사회복지조직의 유형 [18] 23회 기출 🏆

사회복지조직의 유형은 공공과 민간으로 구분되지만, 사회복지서비스를 제공하는 주체라는 점, 즉 사회복지서비스의 공급자라는 점은 동일하다. 민영화에 따라 공공과 민간이 함께 주체가 되는 다양한 유형이 생겨남에 따라 명확한 구분이 어려운 경우도 있다.

	공공 사회복지조직	민간 사회복지조직
의사결정 주체	지배적이고 독점적인 권한을 가진 정부가 운영	사회복지법인 등 민간단체가 자율적으로 운영
재원	조세	후원금, 기부금, 이용자 부담금, 정부 보조금 등

(1) 공공 사회복지조직

* 공공 사회복지조직은 보건복지부 등 중앙정부, 지방자치단체 및 정부 산하기관을 포함한다.
* 공공 사회복지조직의 근무자는 대부분 공무원의 신분을 갖지만, 모두가 사회복지전담공무원은 아니다.
* 공공 사회복지조직은 대체로 다음과 같은 특징을 갖는다.
  - 관료제: 정부의 운영체계를 따라 위계화된 서열구조로 구성되며, 전통적인 관료제 조직의 특성을 갖는다.
  - 전문성: 사회복지 전문직의 역할이 크다.
  - 대중에 대한 책임: 서비스 제공 및 질 등에 대한 사회적 책임을 갖는다.
  - 처우의 공평성: 법에서 정함에 따라 급여를 제공하며 특정 대상자를 우대하거나 차별하지 않는다.
  - 자급자족: 자체적인 역량으로 재정을 지원하고 서비스를 제공한다.

중요도 ★

비영리라고 해서 수익사업을 하지 않는 것은 아니라는 점이나 사회적 가치를 추구한다는 점은 기억해두자. 더불어 사회복지조직에 영리조직도 있다는 점도 확인해두기 바란다. 23회 시험에서는 민간 비영리조직의 특성을 묻는 문제가 출제되었다.

(2) 민간 사회복지조직

① 비영리 사회복지조직

㉠ 비영리조직
- 비영리조직(NPO)은 국가와 시장 부문으로부터 분리된 국제적, 국내적 모든 자발적 민간 부문을 지칭한다. 영리를 목적으로 하지 않으며 조직의 수입을 조직의 사명과 목적을 위해 사용하며, 특히 비영리 사회복지조직은 그 수입을 사회복지라는 사회적 가치를 추구하는 사업에 쓰기 때문에 국가의 지원금을 받고 세제 혜택을 받는다.
- 비영리조직의 일반적인 특징을 살펴보면 다음과 같다.
  - 비영리성: 영리를 추구하지 않고 수익을 조직 활동에 사용한다.
  - 사회적 가치: 공공의 선을 추구하며, 사회적 취약계층의 삶의 질 향상에 초점을 둔다.
  - 자발성: 창립회원들의 자유의지에 따라 조직된다.
  - 독립성: 정부나 다른 민간으로부터 독립적이다.
  - 법인격: 법 규정에 따라 설립되어야 한다.
  - 합법성: 범죄나 반사회적 활동을 하지 않는다.

㉡ 비영리조직으로서 사회복지조직
- 대부분의 사회복지조직은 비영리조직이라고 말할 수 있다. 대체로 사회복지사업법에 따른 사회복지법인이나 민법에 따른 비영리 사단법인 및 재단법인 등의 비영리법인으로서 설립되어 사회복지사업을 수행하는 조직을 비영리 사회복지조직이라고 본다.
- 비영리 사회복지조직은 영리에서 자유롭기 때문에 수익성이 떨어지는 사업이라 하더라도 그 사업의 필요성에 따라 서비스를 제공할 수 있고, 조직의 사명에 따라 특화된 서비스를 제공할 수도 있다. 국가 제도를 통해 제공되지 않는 서비스를 제공할 수 있으며, 국가 사회복지제도의 사각지대에 놓인 계층을 포용할 수 있다.

② 영리 사회복지조직
대표적으로 장기요양을 제공하는 요양원은 휴먼서비스경영조직으로서 사회복지조직으로 분류된다. 자유시장을 강조하는 미국에서 1960년대 후반 의료급여와 건강보험 분야에 영리조직의 진출을 허용하며 휴먼서비스경영조직이 출현하게 되었다.

③ 사회적 경제 주체

사회적 경제 조직은 기존의 비영리조직과 영리조직의 구분이 아닌 또 다른 형태로서, 영리를 추구하면서도 사회적 목적을 추구하는 조직을 말한다.

- 사회적 기업: 사회적기업 육성법(고용노동부)에 따라 취약계층에게 사회서비스 또는 일자리를 제공하여 지역주민의 삶의 질을 높이는 등의 사회적 목적을 추구하면서 재화 및 서비스의 생산 · 판매 등 영업활동을 하는 기업
- 협동조합: 협동조합 기본법(기획재정부)에 따라 재화 또는 용역의 구매 · 생산 · 판매 · 제공 등을 협동으로 영위함으로써 조합원의 권익을 향상하고 지역사회에 공헌하는 사업조직
- 마을기업: 주민의 자발적인 참여와 협동적 관계망에 기초해 주민욕구와 지역문제를 해결하며 마을 공동체의 가치와 철학을 실현하는 마을 단위기업
- 자활기업: 국민기초생활보장법에 따라 수급자 또는 저소득층이 상호 · 협력하여 조합 또는 공동사업자의 형태로 탈빈곤을 위한 자활사업을 운영하는 업체

사회적협동조합
협동조합 중 지역주민들의 권익 · 복리 증진과 관련된 사업을 수행하거나 취약계층에게 사회서비스 또는 일자리를 제공하는 등 영리를 목적으로 하지 않는 협동조합

한걸음 더 — 사회복지법인의 이사회 및 위원회

1. 이사회
- 이사회는 조직의 목표달성 및 운영에 관한 법률적 책임을 지는 정책결정기구이다. 조직의 정책 개발 및 결정, 장 · 단기 프로그램 개발, 인사, 자원 확보, 지역사회에의 홍보, 운영에 관한 평가 등에 책임을 진다.
- 민법에 의하면 사회복지사업을 하려는 민법상의 법인은 재단법인이든 사단법인이든 이사를 두도록 의무화되어 있으나 이사의 수나 임기는 각 법인의 정관에 규정하도록 하고 있다.
- 사회복지사업법에 따른 사회복지법인은 법률에 따라 이사회의 구성을 정하고 있어 대표이사를 포함한 이사 7인 이상과 감사 2인 이상을 두어야 한다.

2. 위원회
- 사회복지조직이 목표달성을 위해 일상 업무를 수행하는 사회복지사 외에 특별한 업무를 처리하기 위해 전문가로 구성된 기구를 말한다.
- 어느 조직이든 보통 위원회는 각 조직의 필요에 따라 구성되기 때문에 위원회의 구성이 법적으로 정해지는 경우는 거의 없지만, 사회복지사업법에서는 사회복지시설 운영위원회에 관한 규정을 두고는 있다.

3. 이사회와 위원회의 차이
- 행정책임자의 회의 참여: 이사회는 조직의 행정책임자의 참석 하에 회의를 갖지만, 위원회는 책임자보다는 실무담당자가 참여한다.
- 직원의 참여: 이사회는 직원이 참여하지 않지만 위원회는 담당 직원이 참여한다.
- 구성원의 수: 이사회의 구성원은 위원회에 비해 수가 적다.
- 영향력: 이사회는 위원회에 비해 조직의 운영과 서비스 전달에 더 많은 영향력을 발휘한다.
- 정책결정: 이사회는 정책을 결정하고 위원회는 건의하는 역할을 주로 한다.

(3) 사회복지조직의 민영화

- 민영화는 정부가 갖고 있던 소유권 혹은 운영권을 민간 부문으로 이전하는 것을 말한다.
- 신자유주의적 기조에 따라 1980년대 영국과 미국을 중심으로 민영화가 시작되었다. 정부의 비용절감 및 재원확보, 서비스의 질 및 전문성 제고, 서비스 제공의 적시성 및 융통성 등의 측면에서 민영화의 필요성이 제기되었다.
- 사회복지 분야에서는 민영화로 인해 사회복지에 대한 정부의 책임이 약화되고, 민간 부문이 공공의 대리인으로 전락할 수 있다는 문제점이 지적되기도 했다.
- 민간 위탁, 바우처 제도 등도 민영화의 형태이다.

한걸음 더 — 하이브리드조직의 출현

오늘날에는 공공과 민간의 경계가 점차 모호해지면서 공공의 특성과 민간의 특성이 혼재된 혼합조직이 생겨나는데 이를 하이브리드조직이라 통칭한다. 지벨만(Gibelman)은 미국에서는 일반적으로 공공보다 민간 서비스에 대한 선호도가 높으며, 1967년 사회보장법 개정에 따라 정부에서 민간조직과 계약을 맺어 서비스에 대한 비용을 지불하는 서비스구매계약이 증가하면서 이러한 하이브리드조직이 발전하게 되었다고 설명했다. 그러면서 사회복지조직의 유형을 다음과 같이 구분하여 제시하였다.

공공조직	준 공공조직	준 민간조직	민간조직
전통적 관료조직	Quangos (quasi[준]+NGOs의 합성어)	민간	민간
법적 근거와 위임을 따르는 조직	거의 대부분 공적 재원에 의존	이사회에 따른 결정	이사회 또는 자문위원회의 결정
세금으로 운영	공공의 목적에 부합하는 설립목적 또는 사명	공공의 목적과 반드시 부합되지 않는 설립목적 또는 사업	자체 정관에 의한 고유의 설립목적 또는 사명
정부당국	별도 정관에 의해 설립된 공공적 성격의 조직(공사, 재단 등)	자체 정관이 있지만 정부로부터 상당한 재정지원을 받는 조직(요양원, 재가서비스 기관)	공공재원의 지원없이 효과적으로 운영가능하지만 한편으로 정부와 계약하기도 함
계약을 통한 책임과 권한	영리 또는 비영리	영리 또는 비영리	대체로 영리, 비영리 지원도 가능

※ 참고: 황성철 외, 2014: 110-112.

2. 사회복지조직의 네트워크

(1) 네트워크의 개념

① 정의

- 네트워크는 사람들을 연결시키고 사회적 지위나 집단, 조직을 연결시키는 관계의 묶음이다. 사회적 네트워크는 개인적인 차원을 넘어 사회적인 목적을 달성하기 위해 상호작용하며 교환에 참여하는 개인, 기관, 집단 등의 집합체를 지칭한다.
- 업무를 어떻게 분업화할 것인가, 어떤 구조로 구성할 것인가의 문제가 조직 내부적 차원의 조직화라면, 네트워크는 조직 외부적 차원의 조직화라고 볼 수 있다. 사회복지조직의 조직화는 더 이상 조직 내부적 차원의 문제만이 아니라 외부자원 및 외부환경에 대한 조직화 문제로 확장되고 있으며, 이러한 차원에서 네트워크가 강조되고 있다.

② 사회복지조직에서 네트워크의 의의 및 필요성

- 사회복지 네트워크는 사회복지라는 목적을 달성하기 위해 개인, 다른 기관 등 다양한 주체들 사이에 사회적 교환이 일어나는 사회적 네트워크이다.
- 공급자 관점에서 조직이 가지고 있는 서비스만을 제공해서는 클라이언트의 복합적인 욕구를 해결하는 데에 한계가 있다. 따라서 이용자 관점에서 클라이언트의 욕구해결을 위해 다양한 지역사회의 자원들을 조직화할 필요가 있다.
- 지역사회에 흩어져있는 다양한 자원들을 활용하여 서비스의 차별적 분배 및 분절화 현상을 극복하기 위해 네트워크가 강조되고 있다.
- 서로 필요한 자원을 공유함으로써 사회적 비용을 효율적으로 절감할 수 있으며, 기관 재정의 안전성 확보에도 도움이 된다.

한걸음 더 　지역복지 거버넌스(governance)

거버넌스는 사회 내 다양한 주체들이 자율성을 가지고 함께 국정운영에 참여하는 것을 말하며, 우리말로 '협치'라고 표현하기도 한다.

사회복지 부문에서는 지역사회보장협의체처럼 지역사회 네트워크를 구축하여 민관 협력을 이뤄나가는 것을 예로 들 수 있다. 공공부문에서 시작된 개념이지만 그 범위가 확장되고 있으며, 사회복지법인의 이사회도 조직의 정책을 결정함에 있어 지역주민의 의견을 수렴하고 지역사회에서 자원을 동원한다는 점에서 민간조직에서 나타나는 거버넌스라고 볼 수 있다.

(2) 네트워크의 요건 [19]

① 공통된 관심사

네트워크에 참여하는 조직들 사이에 통일된 목적과 관심사가 있어야 한다. 과업환경에 대한 공동의 인식과 합의를 통해 응집력이 강화되어 네트워크의 활성화를 이끌 수 있다.

② 크기와 밀도

네트워크의 크기가 크다는 것은 참여하는 조직이 많아 교환할 수 있는 관계가 많다는 것이다. 하지만 네트워크가 크더라도 교환이 활발하게 일어나지 않으면 밀도는 낮은 것이다. 네트워크가 클수록 오히려 밀도는 낮아질 확률이 높다는 점에 유의하여야 한다.

③ 호혜성

네트워크는 한 조직이 다른 조직에 대해 일방적으로 의존하는 관계를 의미하는 것이 아니다. 상호의존적이고 호혜적인 관계가 유지될 수 있도록 해야 한다.

④ 개인적 유대관계

조직적 차원에서 이루어지는 네트워크라 하더라도 실무적으로는 결국 사람과 사람 사이의 접촉으로 일어나는 것이기 때문에 개인적인 유대관계를 맺음으로써 네트워크가 강화될 수 있다.

⑤ 균형도

네트워크 내에서 자원의 분배 및 교환은 균등하게 일어날 수 있도록 해야 한다.

⑥ 중심성과 도달가능성

중심성이 어느 한 조직에 치우치는 것이 아니라 모든 참여조직에서 동일하게 나타나고, 도달가능성이 모두 높게 나타날 수 있도록 구조화하는 것이 좋은 네트워크라 할 수 있다.

- 참여하는 조직 간 통로역할을 하는 조직은 전체 네트워크의 운영에 있어 구심점이 되며 큰 권한을 가지게 된다. 이러한 통로역할을 수행하는 조직이 중심성이 높은 조직이다.
- 도달가능성은 네트워크 내에서 다른 참여조직에 얼마나 직접적으로 접근할

수 있는가를 나타내는데, 자원을 교환하기 위해 다른 참여조직을 많이 거
쳐야 하는 경우를 도달가능성이 낮다고 말한다.

5장 사회복지서비스 전달체계

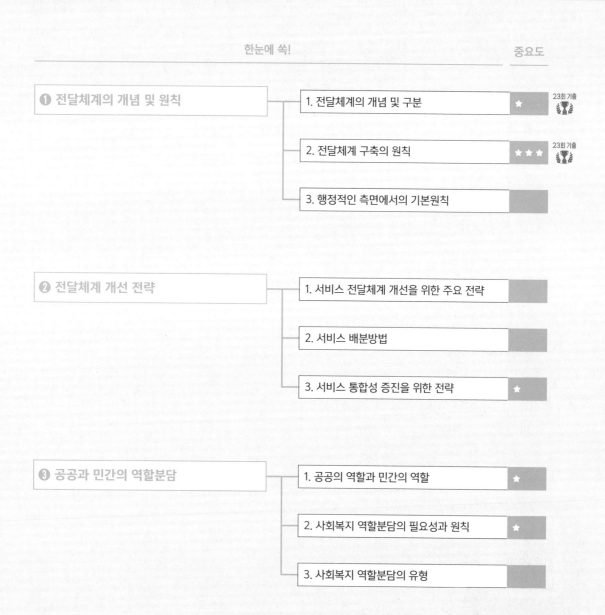

한눈에 쏙!　　　　　　　　　　　중요도

❶ 전달체계의 개념 및 원칙

　1. 전달체계의 개념 및 구분　★　23회 기출

　2. 전달체계 구축의 원칙　★★★　23회 기출

　3. 행정적인 측면에서의 기본원칙

❷ 전달체계 개선 전략

　1. 서비스 전달체계 개선을 위한 주요 전략

　2. 서비스 배분방법

　3. 서비스 통합성 증진을 위한 전략　★

❸ 공공과 민간의 역할분담

　1. 공공의 역할과 민간의 역할　★

　2. 사회복지 역할분담의 필요성과 원칙　★

　3. 사회복지 역할분담의 유형

기출경향 살펴보기

이 장의 기출 포인트

전달체계 구축의 원칙(서비스 제공의 원칙)은 초창기 시험부터 꾸준히 출제되고 있는 내용이며, 서비스의 활용성 개념까지 함께 살펴봐야 한다. 집행체계와 행정체계의 구분, 실제 서비스의 전달, 공공과 민간의 역할분담 등에 관한 내용도 간헐적으로 출제되고 있으며, 최근 시험에서 출제되고 있지는 않지만 공급억제 전략 및 수요억제 전략, 통합성 증진 전략, 활용성의 개념 등도 출제된 바 있다.

최근 5개년 출제 분포도

연도별 그래프

문항수

5 -
4 -
3 -   3
2 -   2   2
1 -   1   1
0 └─────────────────────────
      19   20   21   22   23   회차

평균출제문항수

1.8 문항

2단계 학습전략

데이터의 힘을 믿으세요!
강의로 복습하는 **기출회독 시리즈**

3회독 복습과정을 통해
최신 기출경향 파악

최근 10개년 핵심 키워드

| 기출회독 201 | 전달체계 구축의 원칙 | 10문항 |
| 기출회독 202 | 전달체계의 구분 및 역할 | 9문항 |

기본개념 완성을 위한 **학습자료 제공**

기본개념 강의, 기본쌓기 문제, O X 퀴즈, 기출문제, 정오표, 묻고답하기, 지식창고, 보충자료 등을 **아임패스**를 통해 만나실 수 있습니다.

1

전달체계의 개념 및 원칙

1	2	3	**4**	**5**
6	**7**	8	9	**10**
11	**12**	**13**	**14**	**15**
16	**17**	**18**	**19**	**20**
21	**22**	**23**		

기출회차

강의로 복습하는 기출회독 시리즈

Keyword 201, 202

중요도

행정체계와 집행체계의 개념 정도는 확인해두자. 23회 시험에서는 사회복지 전달체계의 전반적인 개념과 구분을 묻는 문제가 출제되었다.

1. 전달체계의 개념 및 구분 ^{23회기출}

- 전달체계(delivery system)란, 서비스의 제공자와 클라이언트를 연결시키기 위한 체계적이고 조직적인 장치이다.
- 좁은 의미에서는 실제 서비스가 전달되는 사회복지사와 클라이언트 사이의 체계를 말하며, 넓은 의미에서는 이러한 서비스의 전달을 지원하는 행정적 지원까지를 포괄한다.

(1) 운영주체별 구분

- 공공(공적) 전달체계: 정부나 공공기관이 직접 관리·운영하는 것
- 민간(사적) 전달체계: 민간(또는 민간단체)이 직접 관리·운영하는 것

(2) 구조기능적 구분

- 행정체계는 서비스를 기획, 지시, 지원, 관리하는 것을 말하며 지원 기능을 한다.
- 집행체계는 수혜자들에게 서비스를 전달하는 기능을 주로 하며 일부 행정기능도 한다.

※ 행정체계와 집행체계는 실제 서비스의 운영방식에 따라 다르게 구성된다.

> **예** 국민기초생활보장 급여의 경우 최종적인 집행이 읍·면·동 행정복지센터를 통해 이루어지므로 시·군·구까지가 행정체계, 읍·면·동이 집행체계가 된다.

> **예** 사회복지서비스의 경우 시·군·구가 민간기관에 위탁하여 전달하는 때에는 시·군·구가 행정체계, 민간기관이 집행체계가 된다.

행정체계와 집행체계는 공공 전달체계에 대한 구분으로, 직접 서비스 기관과 간접 서비스 기관은 민간 전달체계에 관한 구분으로 봐도 된다.

(3) 사업성격별 구분

- 직접 서비스 기관: 클라이언트의 개별적 욕구에 따라 서비스를 직접 제공하는 기관 **예** 사회복지관, 지역아동센터, 지역자활센터 등
- 간접 서비스 기관: 직접 서비스 기관을 간접적으로 지원하고, 협의·조정의 기능을 수행하는 기관 **예** 사회복지협의회, 자원봉사센터, 공동모금회 등

2. 전달체계 구축의 원칙(서비스 제공의 원칙) [20] 23회기출 🏆

중요도 ★ ★ ★

각 원칙들이 어디에 초점을 두고 있는지를 파악하되, 각각의 원칙들은 서로 연결되어 있다(=상호연관성, 상호영향성)는 점도 함께 기억해두어야 한다. 23회 시험에서는 설명을 제시하고 이에 해당하는 사회복지 전달체계 구축의 원칙을 찾는 문제가 출제되어 있다.

(1) 평등성의 원칙

클라이언트의 연령, 성별, 소득, 지역, 종교나 지위에 관계없이 모든 국민에게 서비스를 평등하게 제공해야 한다는 절대적 평등과 서로 다른 조건에 맞게 다르게 제공해야 한다는 상대적 평등을 모두 포함한다.

(2) 재활 및 자활 목적의 원칙

클라이언트의 재활, 자활 또는 사회복귀를 위한 서비스가 제공되어야 한다.

(3) 적절성의 원칙

클라이언트의 욕구충족이나 문제해결 및 서비스 목표를 달성하기에 충분한 양과 질의 서비스가 제공되어야 한다.

(4) 통합성의 원칙

클라이언트의 문제해결을 위해 필요한 서비스 프로그램들은 서로 연계되어, 서비스가 중복되거나 누락되지 않아야 한다.

(5) 포괄성의 원칙

클라이언트의 욕구는 다양한 문제와 관련되어 있으므로 다각적인 접근과 서비스 제공이 필요하다. 포괄성을 달성하는 방법으로 다음의 4가지를 생각할 수 있다.

- 일반적 접근방법: 한 명의 전문가가 다양한 문제를 취급하여 다소 전문성이 떨어진다.
- 전문적 접근방법: 다수의 전문가가 한 사람이 갖고 있는 다수의 문제 중 자신의 전문 분야 해당하는 문제를 맡는다. 통합조정의 한계가 있다.
- 집단적 접근방법: 다수의 전문가가 팀을 구성하여 접근한다. 전문가 사이에 의견이 달라 갈등이 있을 수 있다.
- 사례관리 방법: 한 명의 전문가가 책임지고 필요한 서비스나 전문가를 연결시켜 준다.

(6) 지속성의 원칙

클라이언트에게 서비스가 끊어지지 않고 지속적으로 제공될 수 있어야 하며 복합적인 욕구에 대해서는 지역사회 내 연계를 통해 지속적으로 제공되어야 한다.

보충자료

통합성, 포괄성, 지속성의 차이

잠깐!

길버트와 스펙트는 사회서비스 전달체계에 있어 주로 제기되는 문제로 단편성(fragmentation), 비연속성(discontinuity), 비책임성(unaccountability), 비접근성(inaccessibility) 등을 꼽았다. 이상적인 전달체계는 제반 사회복지서비스가 통합되어 지속적이며 접근가능하고 책임성 있게 전달되는 것이라고 할 수 있다.

(7) 전문성의 원칙

사회복지서비스는 전문적인 서비스이므로 전문가가 담당하여야 한다.

(8) 책임성의 원칙

사회복지조직은 서비스 제공에 대해 위임받은 조직이므로 서비스 전달에 책임을 져야 한다. 책임의 대상은 국가(중앙정부)와 지방자치단체, 소비자(클라이언트, 수혜자) 등이다.

(9) 접근용이성의 원칙

서비스 제공자는 잠재적 복지 대상자를 발견해낼 수 있어야 하며, 복지 대상자가 지리적 · 심리적으로 서비스를 쉽게 이용할 수 있어야 한다.

한걸음 더 　사회복지서비스의 활용성

사회복지서비스의 활용성은 어떻게 하면 한정된 자원을, 가장 필요로 하는 클라이언트에게 제공할 수 있을 것인가와 최대한의 효용을 발휘할 수 있는 클라이언트 집단에게 쓰이도록 할 것인가의 문제이다.

욕구가 없는 사람에게까지 서비스가 제공되는 과활용의 오류 및 욕구가 있음에도 서비스를 받지 못하는 사람이 발생하는 저활용의 오류를 판단하고 수정함으로써 활용성을 제고할 수 있다.

활용성의 문제는 결국 서비스를 필요로 하는 사람이 반드시 서비스를 받아야 한다는 의미를 내포하기 때문에 서비스의 접근성과도 밀접한 관련이 있으며, 자원의 활용 및 서비스의 제공 방식 등 조직의 관리 · 운영과도 연결된다.

활용성을 저해하는 장애요인으로는 클라이언트의 문제에 대한 동기 · 인지의 부정확성 및 서비스에 대한 지식 부족, 지리적 장애, 심리적 장애, 선별기준 장애, 자원의 가용성 등이 있다.

3. 행정적인 측면에서의 기본원칙 [21]

(1) 기능분담의 체계성의 원칙

상부-중간-하부로 연결되는 기능상의 분담이 체계성과 일관성을 유지해야 한다.

(2) 전문성에 따른 업무분담의 원칙

전문가, 준전문가, 비전문가의 업무분담이 요구된다.

(3) 책임성의 원칙

사회에 대한 책임, 복지 대상자에 대한 책임 및 전문가에 대한 책임으로, 이는 서비스의 효과성과 연결된다.

(4) 통합조정의 원칙

업무 수행시 관계기관 및 관계자들 간에 연계·조정이 원활해야 한다.

(5) 지역사회참여의 원칙

지역사회 주민의 참여를 비롯하여 자원의 동원·활용 및 전체의 의식 증대에 기여해야 한다.

(6) 조사 및 연구의 원칙

서비스의 효과성·효율성을 평가하거나 프로그램의 개발 등을 위한 조사 및 연구 기능을 수행해야 한다.

2

전달체계 개선 전략

기출회차

1	2	3	4	5
6	7	8	9	10
11	12	13	14	15
16	17	18	19	20
21	22	23		

강의로 복습하는 기출회독 시리즈

Keyword 201

1. 서비스 전달체계 개선을 위한 주요 전략 [22]

(1) 의사결정의 권위와 통제의 재구조화

사회복지 전달체계의 궁극적인 목적은 서비스를 효과적이고 효율적으로 전달하려는 것이다. 마찬가지로 전달체계를 개선하려는 궁극적인 목적도 서비스의 효과적, 효율적 전달에 있다.

① 협조체제 구축

전달체계의 기관을 중앙집권화 또는 연합화하여 전달체계를 통합적이고 포괄적인 것으로 발전시키는 전략이다. 중앙집권화는 행정적인 통일화를 의미하는데, 즉 사회복지 관련 업무를 하나의 통일된 전달체계로 통합하는 것이다. 연합화는 전달체계 기관 간의 자발적 상호호혜적 공조체제이며, 이는 주로 각 기관이 가지고 있는 자원을 지역적으로 집권화하는 것으로 중앙집권화에서와 같은 행정적 통일화는 이루어지지 않는다.

② 시민참여 체제의 도입

의사결정의 권위를 전달체계의 기관과 클라이언트에게 재배분하는 전략이다. 의사결정 과정에 시민들을 참여시킬 경우 클라이언트의 욕구에 보다 적절히 반응할 수 있으며, 접근용이성 및 책임성을 보장할 수 있다는 취지에서 선택되는 전략이다.

(2) 특수한 업무분담

① 전문가를 조직적 상황에서 분리

서비스 전달체계가 관료적 특성이 강하여 전문가로서 전문성 발휘나 자율성 발휘를 저해할 경우 그러한 조직적 상황에서 벗어나 전문성과 자율성을 발휘할 수 있도록 한다.

② 중간자에 대한 전문가 역할 부여

서비스 대상자가 사회계층적 · 문화적 · 인종적으로 서비스를 전달하는 전문가와 다를 경우 상호 이해와 접근이 용이하지 않을 수 있다. 따라서 서비스 전달이 어려운 경우 서비스 전달 전문가와 클라이언트를 중간에서 연결하여 줄 수 있는 사람을 찾아 그에게 전문가 역할의 일부를 부여하는 것을 말한다.

(3) 전달체계의 구조 변경

① 접근 촉진
서비스에 좀 더 쉽게 접근할 수 있도록 하는 전략으로 하나의 서비스에 대한 접근을 한결 용이하게 만들어주는 별도의 서비스를 마련하는 것이다.

② 전달체계 중복화
의도적으로 같은 서비스 전달체계를 중복시키는 것으로 거리가 멀어 이용이 어려운 서비스의 경우 같은 서비스를 제공하는 조직이나 기관을 근거리에 중복하여 두는 것이다. 클라이언트의 서비스 선택권이 강화될 수 있다.

2. 서비스 배분방법[23]

사회복지 비용의 증대와 경제성장의 둔화에 따라 제한된 자원을 가지고 보다 많은 사람들의 사회적 욕구를 충족시킬 수 있도록 배분하는 것이 중요한 관심사가 되어 왔다. 또한 서비스에 대한 수요가 공급을 초과하는 경우 제한된 자원을 효율적으로 배분하기 위한 전략이 필요하다.

(1) 공급억제 전략
• 클라이언트에 대한 제한 강화: 수혜자격 요건을 강화하여 서비스 이용률을 저하시키는 것이다.
> 예 65세 이상의 어르신을 대상으로 하던 프로그램의 참여신청 조건을 70세 이상 75세 미만으로 연령을 제한하는 방식, 또는 무소득자 혹은 독거노인 등으로 다른 조건을 추가하는 방식

• 서비스의 희석화: 제공되는 서비스의 양이나 질을 감소시키는 전략이다.
> 예 클라이언트와의 접촉시간 단축, 사례의 조기 종결, 전문가를 자원봉사자로 대체

(2) 수요억제 전략
서비스의 접근에 물리적, 시간적 및 사회적 장벽을 제거하지 않거나 또는 장벽을 생기게 하는 것이다.
> 예 서비스에 대한 홍보 및 마케팅을 하지 않거나 대기자 명단제를 도입하거나 교통이 불편한 장소에 배치하거나 이용률이 낮을 것으로 예상되는 시간에 배치

중요도 ★

주로 통합성 증진을 위한 전략으로 옳은 것/옳지 않은 것을 찾는 단순한 유형으로 출제되었다. '서비스의 파편화를 줄이기 위한 방법'이라는 지문으로 출제된 적도 있다. 인테이크의 '다양화'가 아닌 '단일화'라는 점 기억해두자.

3. 서비스 통합성 증진을 위한 전략

클라이언트의 욕구를 충족시키기 위해 필요한 다양한 서비스를 서로 연계하여 통합적으로 제공하기 위한 전략들이다. 한 명의 클라이언트에 대해서 과거에 받았던 서비스, 현재 받고 있는 서비스, 앞으로 필요한 서비스들을 파악하여 유사한 서비스가 반복되지 않도록 조정하고, 꼭 필요한 서비스가 제공될 수 있도록 함과 동시에 클라이언트가 반복적으로 자신의 문제를 호소해야 하는 불편을 제거할 수 있다.

(1) 종합서비스센터

장애인종합복지관, 종합사회복지관처럼 하나의 서비스 기관 내에서 복수의 서비스가 제공될 수 있도록 하는 곳이다.

(2) 인테이크(intake)의 단일화

클라이언트의 다양한 욕구를 종합적으로 평가하여 적절한 서비스 계획을 개발하도록 인테이크를 전담하는 창구를 개발하는 방법이다.

(3) 종합적인 정보와 의뢰 시스템(I&R: Information & Referral System)

전달체계들을 단순 조정하는 방법으로 각기 독립성을 유지하면서 서비스의 통합적 제공을 강화하는 방법이다.

(4) 사례관리

사례관리자가 중심이 되어 조직들 간의 네트워크를 이용하여 클라이언트를 관리하고 욕구를 만족시켜주는 방법이다.

(5) 트래킹(tracking)

서로 다른 각각의 기관과 프로그램에서 다루었던 클라이언트에 대한 정보를 서로 공유할 수 있게 하는 시스템이다. 이 시스템을 행하면 클라이언트가 받은 서비스의 경로와 행적을 추적해서 정보를 알 수 있게 된다.

3 공공과 민간의 역할분담

기출회차

	2	3	4	5
6	7	8	9	10
11	12	13	14	15
16	17	18	19	20
21	22	23		

강의로 복습하는 기출회독 시리즈

Keyword 202

1. 공공의 역할과 민간의 역할

서비스 전달체계의 운영주체

분류	담당	적용	내용
공공 전달체계	정부나 공공기관이 관리	보건복지부 → 시·도 → 시·군·구 → 읍·면·동 → 수급자	• 재정 안정 • 관료적, 복잡성 • 외적 요인에 다소 둔감함
민간 전달체계	민간(또는 민간단체)이 관리	복지재단, 자원봉사단체, 사회복지시설, 개인 등	• 재정 취약 • 융통성, 창의성, 유연성 • 사회변화와 요구에 민감함

중요도 ★

민간과 공공의 역할을 구분하여 파악하는 문제도 종종 등장하는데, 이어서 공부할 역할분담의 필요성과 원칙, 전달체계의 문제점 등을 함께 연결하여 살펴보자. 한국 사회복지행정의 전달체계와 관련하여 최근 변화 및 흐름 등을 종합한 문제가 출제되기도 했다.

(1) 공공의 역할

① 중앙정부의 역할

• 사회복지 업무를 담당하는 주무부처는 보건복지부이지만, 고용노동부, 여성가족부 등 다른 부처에서도 복지 부문의 사업을 추진하고 있다.
• 중앙정부는 복지 정책의 기본 틀을 마련하고, 법·제도를 개선해나간다.
• 보건복지부 관할의 국민연금공단, 국민건강보험공단 및 고용노동부 관할의 근로복지공단 등을 통해 사회보험을 운용한다.
• 공공부조 및 사회서비스의 지침을 마련하고 예산을 지원하여 지방자치단체를 통해 원활한 제도 운영이 이루어질 수 있도록 한다.

② 지방자치단체의 역할

• 국가 제도를 전달하는 역할을 한다. 지역주민이 공공부조를 비롯한 각종 복지 서비스를 읍·면·동 행정복지센터를 통해 상담 및 신청하면, 시·군·구에서 심사 및 결정하여 수급이 이루어지게 된다.
• 지역사회의 문제 및 주민들의 욕구를 조사·분석하여 지역에 맞는 사업을 추진하며, 지역 내 다양한 자원을 조정하고 동원하며, 민·관 협력관계를 구축한다.

(2) 민간의 역할

민간(사적) 부문에는 사회복지 활동가 조직 및 사회복지기관, 종교단체, 경제계, 전문가단체, 학계, 노동조직, 지역시민, 사회단체 등이 있으며, 이러한 다양한 주체들의 자발적인 참여와 실천활동을 통해 자원조사 활동, 사회적 약자들 및 가족에 대한 물질적 · 비물질적 지원 제공의 일선 역할수행이 이루어져야 한다.

중요도

앞서 공부한 공공과 민간의 역할을 토대로 각각의 필요성을 정리해두자. 민간은 공공(정부)의 역할을 보완할 수 있지만 대체할 수는 없다는 점 명심하자.

2. 사회복지 역할분담의 필요성과 원칙[24]

(1) 국가 부문의 필요성

국가 부문을 통한 사회복지의 제공이 필요한 이유는 전통적으로 시장이 초래하는 비효율적 자원배분과 분배상의 불평등, 즉 시장실패와 관련하여 강조되어 왔으며, 주로 다음의 역할을 수행한다.

① 중개자의 역할

정부는 중개자로서 다양한 제공 주체들과 복지욕구를 가진 사회 구성원들을 연계하는 역할을 수행해야 한다.

② 중재자의 역할

중재자로서 정부는 여러 제공 주체들이 가진 갈등구조의 문제, 가령 자원의 소유자와 비소유자 사이의 불평등 문제를 조정해야 한다. 이것은 마치 소득의 불평등한 분배에 대해 재분배 장치를 국가가 마련하듯, 연대재의 불평등한 분배에 대한 재분배의 장치를 마련해야 한다.

③ 제공자의 역할

서구적 복지국가 체제의 국가가 수행했던 기능이지만, 우리나라 복지체계에서도 여전히 핵심적인 국가의 기능이다. 중개자와 중재자의 역할을 정부가 충실하게 수행한다 하더라도 복지욕구를 충족시킬 수 없는 사회적 취약계층은 존재할 것이며, 그들의 복지욕구는 국가주도의 사회복지를 통해 충족되어야 한다.

보충자료

우리나라 사회복지시설

(2) 민간 전달체계의 필요성 [25] ⭐꼭!

① 정부가 제공하는 서비스가 미치지 못하는 자에 대한 서비스 제공

정부에서 제공하는 서비스의 대부분은 클라이언트의 자격기준을 심사하여 선별하기 때문에 서비스의 사각지대에 놓인 사람들을 위한 서비스를 제공한다.

② 정부가 제공할 수 없는 서비스의 제공

클라이언트의 욕구가 날로 다양해지는 현실에서 정부의 서비스는 1차적인 욕구충족에 목표를 두고 있는 만큼 민간 사회복지 전달체계에서는 공공기관보다 다양하고 질 높은 서비스를 제공할 수 있다.

③ 동일 종류의 서비스에 대한 선택의 기회 제공

정부에서 제공하는 서비스와 동일할 경우 지리적, 기호적으로 시간상 편리한 여건을 선택할 수 있게 하여 공공기관과 민간기관 사이의 경쟁을 유발함으로써 서비스의 질을 높이고, 선택권을 보장할 수 있다.

④ 사회복지서비스의 선도적 개발 및 보급

민간 전달체계는 행정적으로 융통성이 있고 의사결정 라인이 신속하므로 환경의 변화와 클라이언트의 새로운 욕구를 민감하게 파악하고 새로운 프로그램을 개발하고 보급하는 데 유리한 입장이다.

⑤ 민간의 사회복지 참여 욕구 수렴

지역사회 내 인적 · 물적 자원을 쉽게 동원할 수 있고 자원봉사자, 후원자의 형태로 민간의 사회복지 참여를 유도한다.

⑥ 정부의 사회복지 활동에 대한 압력단체 역할

민간기관의 경우 연합체를 형성하여 정부의 서비스를 감시하거나 건의할 수 있고 새로운 서비스를 위한 영향력을 행사할 수 있다.

⑦ 국가의 사회복지 비용 절약

복지에 대한 국민의 욕구는 높아가지만 복지재정은 한정적인 상황에서 국가가 제공하지 못하는 서비스를 민간기관이 대신 제공함에 따라 국가 예산이 절약되는 효과를 낳는다.

(3) 역할분담의 원칙 ★꼭!

① 역할분담의 기본 원칙

- 공공재(public goods)의 성격이 강하거나 외부효과가 큰 복지재는 국가에 의해 제공되어야 한다.
- 사유재(private goods)의 특성이 강하거나 내부효과가 큰 복지재의 분배에는 시장의 핵심적 행위자들, 가령 기업조직 등의 적극적인 참여가 필요하다.
- 연대재(solidaristic goods)의 특성이 강하거나, 연계효과가 큰 복지재의 분배에는 자원부문, 즉 각종 시민사회조직이나 자조집단 등의 적극적인 참여가 필요하다.

한걸음 더

공공재, 사유재, 연대재

- 공공재: 국방, 경찰, 소방 등과 같은 재화는 특정 소비자에게만 팔 수 없고, 경쟁적 시장을 통하여 충분하게 공급될 수 없으므로 집단적으로 공급되어야 하는데 이러한 재화를 공공재라 한다.
- 사유재: 소비자에게 개별적으로 팔 수 있는 재화를 말한다. 일반적으로 말하는 시장에 나오는 재화들(서비스)이다.
- 연대재: 상호의존적인 관계에서 협력과 호혜성에 의거하여 공동으로 만족할 수 있는 연계효과가 큰 재화를 뜻한다.

외부효과

경제활동과 관련하여 다른 사람에게 의도하지 않은 혜택이나 손해를 가져다주면서도 이에 대한 대가를 받지도 않고 비용을 지불하지도 않는 상태를 말한다.

② 각 주체들 간 역할분담의 원리

- 각 주체들 간의 역할분담은 제공되는 사회복지재화의 속성에 따라 이루어져야 한다.
- 재화나 서비스의 공공재적인 성격의 정도와 그것들의 외부효과의 정도를 고려해야 한다. 공공재이거나 재화나 서비스가 외부효과를 가지게 될 경우에는 시장이 그 재화나 서비스를 효율적으로 배분할 수 없으므로 국가를 통해 이루어지는 것이 더 효율적이다.
- 소비자들이 재화나 서비스를 선택하는 데 있어 이에 관한 정보를 많이 갖고 있지 않거나 정보를 파악하기 어려운 성격의 재화나 서비스는 공공 부문에서 제공하는 것이 바람직하다.
- 평등이나 공평성의 가치를 추구하는 서비스의 경우 민간 부문보다 공공 부문에서 제공하는 것이 바람직하다.
- 어떤 재화나 서비스는 그 속성상 여러 부문에서 보완적으로 제공되는 것이 바람직하다.

3. 사회복지 역할분담의 유형[26]

- 공공과 민간 간 역할분담은 '협력'을 바탕으로 한다. 사회복지 전달체계가 원활하게 그리고 적절하게 작동하기 위해서는 민간의 네트워크 체계와 함께 민관 협력체계의 구축이 필요하다.
- 공공과 민간의 관계에 있어 순수 정부지배모형과 순수 민간지배모형을 배제한다면, 다음 4가지 형태의 공공과 민간의 파트너십 관계를 상정할 수 있다.

(1) 병행보완 모형(Parallel Supplement Model)
- 공공과 민간이 각각 재원을 조달하고 급여의 대상은 다른 경우이다. 이 경우 공공과 민간의 파트너십은 급여의 대상자를 결정하는 과정에서 이루어진다.
- 민간은 공공 급여의 사각지대에 위치한 수요자에게 급여를 제공하는 역할을 수행하는 것이다.

(2) 병행보충 모형(Parallel Complement Model)
- 공공과 민간이 각각 재원을 조달하고 급여의 대상도 같지만, 서로 상이한 급여를 제공하는 것이다. 공공과 민간의 파트너십은 급여의 내용을 결정하는 과정에서 이루어진다.
- 동일한 복지 수요자에게 민간은 사회복지서비스를, 공공은 현금급여를 제공하는 경우이다.

(3) 협동대리 모형(Collaborative Vendor Model)
- 공공은 재원조달의 책임을 맡고, 민간은 급여의 책임을 맡는 모형이다. 다만, 공공과 민간의 관계가 일방적이라는 특성을 가진다. 이 모형에서 정부와 민간의 파트너십은 재원을 배분하는 과정에서 이루어진다.
- 이 모형에서 민간은 정부의 대리인으로 기능하며, 정부는 민간의 역할을 세세하게 평가 · 감독한다.

(4) 협동동반 모형(Collaborative Partnership Model)
- 공공이 재원조달의 책임을 맡고, 민간이 급여를 맡는다는 점은 협동대리 모형과 동일하다. 다만, 공공과 민간의 관계가 일방적이 아닌 쌍방적이라는 점에서 다르다.
- 이 모형에서 민간은 프로그램 관리나 정책개발에서 상당한 재량권을 가질 뿐 아니라 공공의 정책결정 과정에도 영향을 미친다.

공공과 민간의 역학관계에 따라 쉽게 다른 모형으로 변화될 수 있다. 협동대리 모형인 협력관계에서 민간의 역량이 확대되면 협동동반 모형으로 바뀔 수 있다.

6장 사회복지조직의 기획과 의사결정

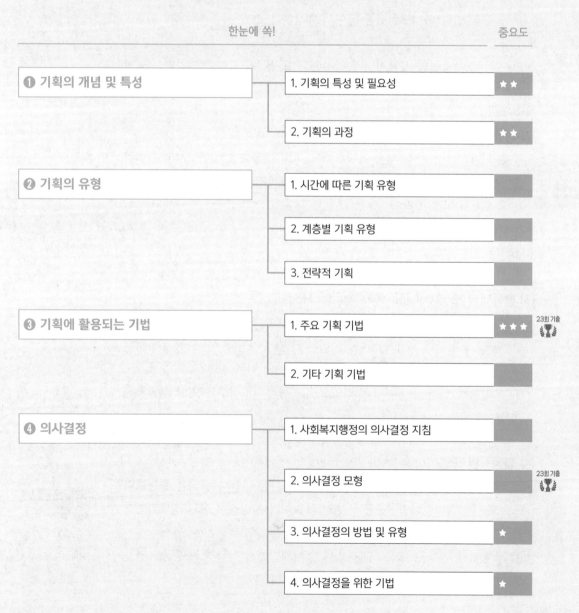

기출경향 살펴보기

기획의 주요 특징, 스키드모어의 기획 과정, 전략적 기획, 다양한 기획 기법 등의 내용이 출제되고 있다. 특히, 최근 시험에서 간트 차트, PERT 등의 기획 기법과 관련된 내용은 높은 출제율을 보이고 있다. 의사결정과 관련된 내용은 기획 관련 내용보다는 상대적으로 출제비중이 낮지만, 의사결정의 모형, 유형, 기법 등을 중심으로 정리해두어야 한다.

최근 5개년 출제 분포도

연도별 그래프

문항수

회차	문항수
19	1
20	1
21	1
22	2
23	2

평균출제문항수

1.4 문항

2단계 학습전략

데이터의 힘을 믿으세요!
강의로 복습하는 **기출회독 시리즈**

3회독 복습과정을 통해
최신 기출경향 파악

최근 10개년 핵심 키워드

기출회독 203	기획 기법	7문항
기출회독 204	기획의 특징 및 과정 등	6문항
기출회독 205	의사결정	5문항

기본개념 완성을 위한 **학습자료 제공**

기본개념 강의, 기본쌓기 문제, ○Ⅹ 퀴즈, 기출문제, 정오표, 묻고답하기, 지식창고, 보충자료 등을 **아임패스**를 통해 만나실 수 있습니다.

1

기획의 개념 및 특성

기출회차

1	2	3	4	5
6	7	8	9	10
11	12	13	14	15
16	17	18	19	20
21	22	23		

강의로 복습하는 기출회독 시리즈

Keyword 204

1. 기획의 특성 및 필요성

중요도 ★ ★

기획의 특성에서 미래지향적, 수단적, 동태적 과정이라는 점은 많이들 헷갈려하므로 기억해두기 바란다. 기획의 필요성과 관련하여 직원들의 사기진작을 위해 기획 과정에 직원들의 참여를 유도해야 한다는 점도 같이 기억해두자.

(1) 기획의 개념

기획 과정은 조직의 목표달성을 위해 미래에 취할 행동에 대한 결정을 준비하는 체계적인 과정이다.

(2) 기획의 특성 ⭐꼭!

- 미래지향적인 과정이다.
- 계속적인 과정이다.
- 동태적 과정이다.
- 과정지향적이다.
- 의사결정과 관련된 행정활동이다.
- 그 자체가 목적이라기보다는 목표달성을 위한 수단적 과정이다.
- 현재 상태에 대한 수정 및 변화를 통해 조직에 역동성을 부여한다.
- 조직의 미래 활동에 대한 행동기준으로, 통제적 성격을 갖는다.

잠깐!~

기획과 계획

학자에 따라 기획(Planning)과 계획(Plan)을 다른 의미로 쓰기도 하지만, 동일한 개념을 가리킬 때 혼용하기도 한다. 기획과 계획을 구분하는 경우 기획은 계획을 세워가는 활동 과정, 계속적인 행동의 동적이고 포괄적인 개념이다. 반면, 계획은 구체적인 사업에 대한 연속적인 의사결정으로서 기획의 결과로 결정된 행동의 정적인 개념이라고 할 수 있다.

한걸음 더

기획의 동태적 특징에 대하여

여기서 동태적이라는 말의 의미는 "변한다"라기보다는 "움직임이 있다"라는 뜻에 더 가까운 의미이다. 실제로 기획은 목표설정 → 자원의 고려 → 대안모색 → 결과 예측 → 계획 결정 → 구체적 프로그램 수립 → 개방성 유지의 '과정'으로 이루어진다. 그렇다고 해서 기획에 변경이 전혀 없는 것은 아니며, 개방성 유지 과정을 통해 상황에 따라 융통성 있게 수정될 수 있다.

보충자료

기획의 3가지 형태

(3) 기획의 필요성 ⭐꼭!

사회복지조직에서는 목표를 세우고 그 목표를 달성하기 위한 준비과정으로서 계획을 세우고 의사결정을 하는 기획 과정이 이루어진다.

① 효율성 증진
체계적인 기획은 한정된 인적 · 물적 자원을 가진 사회복지조직에게 최소의 비용과 노력으로 서비스의 목표를 달성하도록 도와준다.

② 효과성 향상
계획된 활동을 통해 클라이언트의 욕구충족과 제공된 서비스의 효과성을 얻어낼 수 있다.

③ 책임성 강화
사회복지조직은 국가보조금과 기부금으로 운영되는 만큼 서비스를 효과적 · 효율적으로 제공할 책임이 있으며, 기획은 조직 활동의 근거가 되어 책임성을 제고할 수 있다.

④ 기관과 구성원의 사기진작에 기여
기획 과정에 직원들이 참여하여 성취감과 인정을 얻을 수 있으며, 사기진작에 도움을 준다.

⑤ 목표의 모호성 감소
기획은 사회복지조직을 둘러싼 환경이 급변함으로써 수반되는 미래에 대한 불확실성을 감소시키고 조직의 목표를 재확인할 수 있도록 한다.

⑥ 문제해결을 위한 합리성 증진
기획은 문제해결과 의사결정의 근거가 될 수 있기 때문에 합리성을 향상시켜준다.

한걸음 더   기획의 그레샴 법칙(Gresham's law of planning)

기획담당자가 무형적 · 창조적 · 쇄신적 · 비정형적인 문제를 무시하고, 구조화되고 정형화된 일상적인 기획에 더 치중하는 현상으로 다음과 같은 경우에 주로 발생한다.

- 목표가 무형적인 경우
- 미래예측이 부족한 경우
- 환경적 요소를 무시하는 경우
- 자원이 부족한 경우
- 과두제의 철칙이 작용하는 경우(※ 과두제: 소수의 사람이나 집단이 사회의 정치적 · 경제적 권력을 독점하고 행사하는 정치 체계)

중요도

기획의 기본적인 흐름을 파악해
두자. 기획에 대한 전반적인 내용
을 확인하는 문제에서도 등장하
지만, 순서를 나열하는 문제로 출
제되기도 한다.

2. 기획의 과정

기획의 과정(Skidmore)

목표 설정 → 자원의 고려 → 대안 모색 → 결과 예측 → 계획 결정 → 구체적 프로그램 수립 → 개방성 유지

(1) 목표의 설정

목표, 세부목표, 활동의 계층 구조

목적과 목표

목표는 비교적 단시간 내에 도달
하고자 하는 구체적인 표적인데
비해, 목적은 비교적 장기간에 걸
쳐 도달하려는 방향 또는 궁극적
인 목표를 말한다. 즉, 목적은 중
간 단계의 목표를 반복하여 달성
함으로써 도달할 수 있다. 목적은
의도하는 방향이므로 추상적이고
범위가 넓은 반면, 목표는 구체적
이며 통상 수치로서 가능된다.

① 목표

• 목표란 어떤 활동의 주체가 달성하고자 하는 바람직한 미래의 상태를 말한다. 목적(purpose)을 달성하기 위해 몇 가지 이상의 목표(goal)가 설정되고 목표를 달성하기 위해 구체적인 세부목표(objective)가 설정된다.
• 운영목표를 설정할 때에는 민주적 과정을 통해 기관 내외의 전문가들과 광범위한 의견 교환이 이루어져야 한다. 사회복지 수준을 현재보다 높은 수준으로 올릴 수 있는 정도로, 환경적 요인을 고려하여 결정해야 한다.

② 세부목표

• 세부목표는 구체적이고 명료하게, 측정가능하게, 달성가능하게, 현실성있게 시간구조를 갖도록 구성되어야 한다(SMART Objectives). 또한 세부목표가 달성되었을 때 변화될 것으로 기대하는 집단이나 요소를 구체화하여야 한다.
• 세부목표의 요소
  - 명료성

- 시간적 기준
- 변화의 표적: 세부목표가 달성되었을 때 변화가 기대되는 집단/요소를 구체화하는 것
- 성취되어야 할 산출물(과정) 또는 결과(성과)
- 결과를 문서화, 모니터, 측정할 기준
- 세부목표의 성취를 실행하고 측정하는 책임성

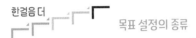

한걸음더   목표 설정의 종류

1. 목표의 승계

목표가 달성되었거나 달성이 불가능한 경우, 환경의 변동으로 목표의 정당성이 상실된 경우, 조직이 존속하기 위해 새로운 목표를 발견해내는 현상

2. 목표의 확장

기존의 목표를 달성하는 도중 새로운 목표를 추가하여 기존의 목표를 확장시키는 현상(※대체로 같은 종류의 목표의 수가 늘어나는 것을 말함)

3. 목표의 축소

목표달성에 문제점이 생기거나 불가능할 경우 목표를 축소하는 현상

4. 목표의 다원화

본래의 목표에 새로운 목표를 추가하는 현상(※이때 새로운 목표는 대체로 다른 종류의 목표가 추가되는 것을 말함)

5. 목표의 비중 변동

동일한 유형의 목표 사이에 비중이 변동되는 것. 목표 간의 가벼운 변동

(2) 자원의 고려

구체적인 세부목표가 설정되고 나면 설정된 목표를 달성하기 위해 필요한 정보를 수집하고 기관의 인적·물적 자원을 고려한다. 목표를 기관의 설비·가용예산 및 서비스에 대한 지역사회의 후원 등과 연결시키는 것은 매우 중요하다.

(3) 대안들의 열거(대안 모색)

목표선정과 자원의 검토가 끝나면 목표를 달성하기 위해 필요한 여러 가지 대안을 고려하는데, 창의력이 특히 중요하다. 자유로운 집단토의 및 개인들 간의 대화, 수집된 정보 등을 통해 목표달성을 위한 대안을 찾을 수 있다.

(4) 각 대안의 결과 예측

무슨 일이 일어날 것인가를 미리 평가해본다. 열거한 대안의 비용적인 측면,

인적자원 등을 검토하고 기대효과와 장단점을 찾아내어 평가하는 과정이 필요하다.

(5) 최선의 계획 결정(우선순위 결정)

열거한 각 대안들을 주의 깊게 비교하고 검토한 다음 우선순위에 따라 최종적인 대안을 선택하는 과정이다. 우선순위의 결정은 대안의 중요성과 실현가능성을 고려해야 한다.

(6) 행동을 위한 구체적인 프로그램 수립

구체적인 프로그램을 기획하는 단계로서 청사진 또는 도표를 작성하는 일을 포함하며 단계적 개요(일시, 장소, 대상, 일정, 예산, 기대효과 등)가 기록된다.

(7) 변화를 위한 개방성 유지

유능한 행정가는 프로그램의 실제 수행과정에서 발생할 수 있는 변화에 대한 발전적이고 합리적인 변경에 있어 개방성과 융통성을 발휘할 수 있어야 한다.

기획의 과정

여기에서 다룬 기획의 과정은 스키드모어(Skidmore)가 제시한 7단계를 중심으로 살펴본 것이다. 학자들마다 제시하는 단계들이 조금씩 다르기 때문에 그 중 자주 등장하는 드러커와 요크가 제시한 기획 과정의 단계를 추가적으로 소개할까 한다.

• 드러커(Drucker)는 기획의 과정을 ① 목표설정 → ② 목표의 우선순위 선정 → ③ 자원의 식별 → ④ 프로그램 실행 → ⑤ 통솔유지의 순서로 정리하였다.
• 요크(York)는 ① 문제확인 → ② 목표설정 → ③ 프로그램 설계 → ④ 평가로 설명하면서 ④의 평가 과정은 다시 ①의 문제확인 과정으로 연결되는 순환적 관계라고 하였다.

요크의 기획 과정

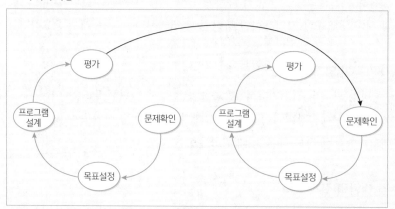

2 기획의 유형

기출회차

		3	4	5
6			9	10
11	12	13	14	15
16	17	18	19	20
21	22	23		

강의로 복습하는 기출회독 시리즈

Keyword 204

조직의 위계수준에 따른 기획 유형

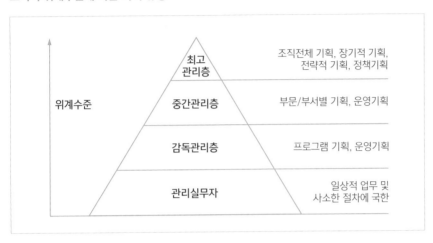

1. 시간에 따른 기획 유형

조직의 하위층에서 상위층으로 올라감에 따라 단기기획으로부터 장기기획으로 책임이 높아진다. 장기기획은 창의성과 미래에 대한 비전을 갖게 하며 단기기획은 장기기획과 상호 밀접한 관련성을 가지고 장기기획에 통합되어야 한다.

(1) 장기기획
1년 이상 5년, 10년 이상 또는 그 이상의 기간에 걸친 기획으로 외부영향을 중요시하고 조직의 목적과 목표를 재설정한다.

(2) 단기기획
장기기획에 근거하여 1년 미만의 기간에 걸친 기획으로 구체적이고 행동지향적인 실행방법에 관한 내용을 포함한다.

2. 계층별 기획 유형(J. D. Millett)

(1) 정책기획(policy planning)
- 행정조직의 상위 계층에서 이루어지는, 정책의 목표 설정과 관련된 기획을 말한다.
- 정책적 차원의 기획으로 가치판단의 문제를 내포하며, 거시적 목표와 우선순위를 결정하는 과정이다.

(2) 운영기획(operative planning)
정책기획에서 설정된 목표를 구체적으로 실천하기 위해 조직의 중간 계층 이하에서 작성하는 관리 차원의 기획을 말한다.

3. 전략적 기획(Strategic Planning)

교재에 따라 전략기획과 정책기획을 같은 것으로 설명하기도 한다. 하지만 엄밀히 따지면 정책기획은 전략기획의 일부분으로 볼 수 있다.

- 목표를 달성하고 성과를 극대화하기 위한 전략의 수립 · 실행 · 평가 등에 대한 체계적이고 총체적인 접근의 기획으로, 비교적 장기간에 걸쳐 수립된다.
- 조직의 상층부에서 거시적인 관점에서 조직활동과 관련된 환경의 현재와 미래에 대해 분석하고 변화를 예측하며 그에 대한 대응책을 모색하는 과정으로, 이를 통해 조직의 근본적인 방향이 바뀔 수도 있다.
- 전략적 기획은 조직 전체의 차원에서 수립된 장기적인 차원의 기획이기 때문에 단기로 진행되는 단계별 실행계획을 수립하게 되는데, 이 단계별 실행계획을 전술적 기획이라고 한다.
- 전략기획은 다음과 같은 과정을 따른다.
  기획의 준비 → 설립취지의 점검 → 요구사항 분석 → 조직 내 · 외부 환경에 관한 SWOT 분석 → 목표와 우선순위의 설정 → 추진 계획의 작성과 승인 → 집행과 통제 → 평가

보충자료

전략기획의 과정

3 기획에 활용되는 기법

기출회차

	2	3	4	
1				5
6		8		10
11	12	13	14	15
16	17	18	19	20
21	22	23		

강의로 복습하는 기출회독 시리즈

Keyword 203

1. 주요 기획 기법 23회기출 🏆

(1) 간트 차트(Gantt Chart, 시간별 활동계획 도표) ⭐꼭!

① 고안

1910년 미국의 사업가인 Henry Gantt가 생산관리를 위해 고안한 방식이다.

② 특징

- 바(bar) 차트, 막대그래프 차트라고도 불린다.
- 사용이 간편하여 일정을 관리하기 위한 기법으로 널리 사용되고 있다.
- 계획과 실제의 작업량을 시간에 따라 표시하여 계획과 통제 기능을 동시에 수행할 수 있다.

중요도 ⭐⭐⭐

간트 차트는 방법이 단순하여 실제로 많이 활용되지만, 활동 간 연결성이 없다는 단점이 있다. PERT는 장기적인 기획에 적합하고 과업 간의 관계가 드러나지만, 도표 작성에 시간 낭비가 발생할 수 있다는 단점이 있으며, 특히 임계경로의 개념도 중요하다. 23회 시험에서는 기획에 활용되는 기법들(간트 차트, 프로그램 평가검토 기법, 총괄진행표)의 주요 특징을 비교하는 문제가 출제되었다.

간트 차트의 예

목표 \ 기간	1	2	3	4	5	6	7	8	9	10	11	12
1. 독거노인 긴급구호 시스템 운영팀 구성		▓	▓	▓								
1-1. 책임자 및 실무자 임명		▓										
1-2. 긴급구호 자원봉사자 모집			▓									
1-3. 지역 내 지원 업체 선정			▓									
2. 긴급구호 장비 및 비품 확보			▓	▓	▓							
2-1. 긴급구호 호출 펜던트 구입			▓	▓								
2-2. 긴급전용 전화 개설			▓									
2-3. 긴급구호관리 메인 컴퓨터 구입				▓	▓							
3. 긴급구호 시스템 홍보					▓	▓	▓	▓	▓	▓	▓	
3-1. 방송 및 언론사 접촉					▓	▓	▓	▓	▓	▓	▓	
…												

③ 작성 방법

세로 바에는 세부목표와 활동 및 프로그램을 기입하고 가로 바에는 시간을 기입하여 사업의 소요시간을 막대로 나타낸다.

- 1단계: 목표달성에 필요한 작업을 단계별로 분류
- 2단계: 1단계에서 분류된 각각의 작업에 대해 소요되는 시간을 계산
- 3단계: 큰 틀 안에서 같이 진행되어야 하는 작업 등 특이사항을 정리
- 4단계: 1~3단계의 내용을 토대로 도표화

④ 장점

- 상대적으로 복잡하지 않은 사업을 계획할 때 쉽고 간편하게 작성할 수 있어 사회복지조직에서도 많이 활용되고 있다.
- 활동이 언제 시작되고 언제 끝나는지를 명확히 알 수 있고, 전체적인 작업의 진행상황을 파악할 수 있다.

⑤ 단점

- 작업 간의 유기적인 관계, 연결성(즉 하나의 작업이 다른 작업과 어떻게 연결되는지)에 대해서는 파악할 수 없다.
- 복잡하고 세밀한 일정 계획에는 적용하기 어렵다.
- 일정 계획의 변경을 유연하게 수용할 수 없다.
- 실제 작업에 착수한 뒤 일어날 수 있는 문제점을 미리 예상하기가 어렵다.

(2) 프로그램 평가검토 기법(PERT: Program Evaluation Review Technique) ⭐꼭!

① 고안

미국 해군의 잠수함 건축 과정에서 고안된 것으로 목표달성을 위하여 설정된 주요 세부목표(활동)와 각 활동의 관계와 시간계획을 연결시켜 도표화한 것이다.

잠깐!

기대시간(Te)은 PERT 기법이 주로 장기적 기획에 활용되기 때문에 월 단위 혹은 주 단위로 파악하는 경우가 많지만, 경우에 따라서는 일 단위, 시간 단위로 산정하기도 한다. 즉 단위가 정해져 있는 것은 아니며 적절한 단위를 선택하면 된다.

② 특징

- 명확한 목표를 가진 프로그램을 조직화하고 진행 시간표를 작성하고 예산을 수립하여 프로그램 진행사항을 추적해나가는 데에 유용하다.
- 각 활동에 소요되는 기대시간(Te)을 측정한다. 시작에서 종료에 이르는 경로 중 가장 많은 시간이 소요되는 경로를 임계경로(critical path)라고 한다. 이 경로는 활동을 완수하기 위해 반드시 확보되어야 하는 시간을 의미한다.

PERT의 예

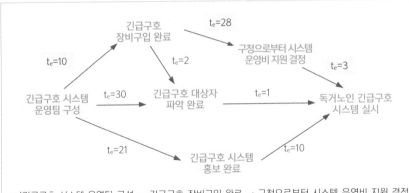

※ '긴급구호 시스템 운영팀 구성 → 긴급구호 장비구입 완료 → 구청으로부터 시스템 운영비 지원 결정 → 독거노인 긴급구호 시스템 실시'까지의 경로가 임계경로이다. 이 프로그램을 수행하기 위해 최소한 확보해야 하는 시간은 임계경로에 걸리는 41주(그림에서 가장 오랜 기간이 소요되는 경로)이다.

$$T_e = \frac{T_o + 4T_m + T_p}{6}$$

T_e: 기대시간
T_o: 낙관적인 시간(가장 상황이 좋을 때 걸리는 시간)
T_m: 최빈시간(반복했을 때 가장 빈번히 걸리는 시간)
T_p: 비관적인 시간(가장 상황이 좋지 않을 때 걸리는 시간)

③ 작성 방법

이 방식은 최종목표를 먼저 설정하고 그 목표에 도달하기 위해 진행되는 활동들을 역방향의 순서로 연결하게 된다.

- 1단계: 최종목표를 설정
- 2단계: 최종목표를 위한 모든 활동 내용을 파악
- 3단계: 각 활동의 순서를 결정하여 도식화함
- 4단계: 각 활동에 대한 소요시간 측정
- 5단계: 예측에 대한 평가 및 최종 결정

④ 장점

- 활동 간 상관관계가 나타나기 때문에 전반적인 진행의 흐름을 파악하는 데에 용이하다.
- 활동의 순서가 나타나기 때문에 업무를 체계적으로 수행하는 데에 도움이 된다.
- 활동을 진행하면서 특정 활동의 소요시간 증감, 일정 변경 등 유동적인 상황에 대해 대처하는 데에 편리하다.

⑤ 단점

- 소요시간 예측이 어렵기 때문에 치밀한 계산이 필요하다.

- 모든 활동을 활동 간 연결성을 파악하여 순서대로 배치해야 하기 때문에 도식화를 하는 과정에서 너무 많은 시간과 비용이 낭비될 수 있으며, 때로는 도식화 자체에 어려움을 겪을 수 있다.
- 도식화가 지나치게 복잡하면 오히려 파악하기가 어려울 수도 있다.

한걸음 더 ── PERT의 실제 활용도에 관하여

PERT는 실제로 1957년 미국 해군이 우주시대 계획에 관한 과학적 관리수법 개발에 착수한 것이 시작이었다. 1958년 미해군 군수국 특수 프로젝트부에서 폴라리스잠수함용 미사일의 개발진척 상황을 측정하고 관리하기 위해 개발된 것으로 그 후 PERT의 실용적 가치가 인정되어 민간에서도 도입해 빌딩을 짓거나 공장지대를 개발하거나 제품개발 등의 기획에 활용되고 있다.

하지만 PERT는 장기적인 대규모 사업을 위해 개발된 방식이어서 사회복지조직에서 흔히 사용되는 기법은 아니다. 사회복지 분야에서는 오히려 간트 차트가 가장 보편적으로 이용되고 있다.

2. 기타 기획 기법

(1) 월별 활동계획 카드(Shed-U Graph)

월별 활동계획 카드의 예

① 고안
미국의 Remington-Rand 회사에서 고안해낸 것으로서 간트 도표와 비슷한 성격을 가지고 있다.

② 특징
카드의 위쪽 가로에는 월별이 기록되고 해당 월 아래에 과업을 적은 작은 카드를 꽂는다. 시간에 따라 변경하고 이동하는 것은 편리하지만 업무 간의 상관관계를 파악하는 데에는 적절하지 못하다.

(2) 방침관리기획 [27)]

① 고안

PDCA(Plan-Do-Check-Action) 사이클에 따른 프로그램 기획 기법으로
Hoshin Kanri라는 일본 기업에서 개발한 기획 방법에 기초한 것이다.

② 특징

- 이 기법은 한 조직의 문제를 해결하고, 핵심적인 목표를 달성하기 위해 조직의 자원을 결집시키는 데 초점을 두고 있으며, 공통된 목표달성을 위해 조직 구성원 전체의 노력을 적절하게 조정하기 위한 기법이다.
- 예외 상황은 계속 발생하게 되므로 계획을 바로 실행에 옮긴 후 문제점을 찾아가면서 그때 그때 수정하며 실행 후 확인과정을 통해 보완해나가는 방식이다.

일반적인 기획의 과정은 계획을 수립한 후 검토 과정을 통해 문제 상황이나 결과를 예측해본 후에 실행하지만, 방침관리기획의 경우 계획을 수립한 후 바로 실행에 옮긴다는 특징이 있다.

③ 절차

'계획 – 실행 – 확인 – 조정'의 절차를 하나의 프로그램 기획의 관리 과정으로 보는 것이다.

- 1단계(Plan): 계획을 수립한다.
- 2단계(Do): 작업을 실시한다.
- 3단계(Check): 기준대로 작업이 행해졌는지 검토한다.
- 4단계(Action): 수정, 개정 등의 조치를 취한다.

4 의사결정

기출회차

1	2	3	4	5
6	7	8	9	10
11	12	13	14	15
16	17	18	19	20
21	22	23		

강의로 복습하는 기출회독 시리즈

Keyword 205

- 사회복지행정에서의 의사결정이란 행동목적을 달성하기 위해 최선의 방안을 선택하는 행위(행동)라고 규정할 수 있다.
- 기획은 여러 가지 의사결정이 연속된 과정이며 목표달성에 목적을 두고 있고 자원동원, 활동통제, 동기부여 등과 같은 폭넓은 행정적 기술과 과정이 포함된다. 반면, 의사결정은 문제해결 그 자체에 목적을 두고 있다.[28]

1. 사회복지행정의 의사결정 지침(Skidmore)

(1) 상황과 문제의 정의

- 객관적 현실과 이에 대한 주관적 판단을 구분하여 문제를 정의해야 한다.
- 대다수의 문제는 감추어진 것과 표면적으로 드러나는 것이 다를 수 있으므로 문제와 관련된 환경적 요인 및 심리적 · 사회적 · 문화적 요인을 비롯하여 성원의 욕구도 파악해야 한다.

(2) 사실수집과 사실조사

관련 자료를 수집 · 조사하여 사실의 중요성을 객관화하고 우선순위를 정한다.

(3) 대안형성

자료수집이 끝나면 이를 토대로 문제해결을 위한 여러 가지 대안을 모색해야 한다. 각 대안의 장단점, 성공 가능성, 비용, 기대효과 등을 고려한다.

(4) 선택의 결과를 예상

각 대안에 따른 미래의 결과를 예측하면서 검토해야 한다.

(5) 감정의 고려

의사결정에 있어서 감정이 종종 행동의 합리적 이유에 영향을 미치고, 특히 사회복지행정에 있어서 다양한 개인적 감정을 고려하는 것은 매우 중요하다.

(6) 건전한 행동의 선택
이러한 5단계를 바탕으로 최종적인 결정을 내리게 되는데, 행정가들은 결정을 내리는 데 있어 실수할 수도 있다는 것을 인식할 필요가 있다.

(7) 계속적 지지와 추진
일단 결정이 내려진 후에는, 그 결정을 지지하고 그것을 실행하기 위해서 무엇을 할 것인가에 관심을 모아야 한다.

(8) 융통성
예상과 다른 결과가 나왔을 때 융통성을 가지고 계획과 과정을 변경시킬 필요가 있다.

2. 의사결정 모형 23회기출

의사결정을 진행함에 있어 의사결정자가 여러 대안 중 최선의 대안을 선택하는 과정에 대한 모델들이다.

모형	주요 내용
순수 합리모형	의사결정자가 이성과 합리성에 따라 문제를 정의하고 목표를 수립하여 목표달성을 극대화할 수 있는 대안을 선택한다.
만족모형 (제한적 합리모형)	인간의 합리성은 한계가 있다는 관점에서 순수 합리모형을 수정한 것으로, 의사결정자는 선별적 대안만을 검토하여 만족할 정도의 해결책을 찾는다.
점증모형	의사결정자의 능력에 한계가 있고 어떤 문제든 완벽한 해결은 어렵다는 전제를 갖기 때문에 기존 정책에서 수정 또는 변화된 정도에서 소수의 대안만을 고려하게 된다.
혼합모형	합리모형과 점증모형의 한계를 보완한 모형으로, 의사결정에 있어서 기본적인 방향을 설정하는 근본적인 결정은 합리모형을 적용하고, 특정 문제에 대해 현실적 결정을 내리는 점증적 결정은 점증모형을 적용한다.
최적모형	합리모형의 비현실성과 점증모형이 부수성을 비판하며 제시된 모델이다. 합리성, 경제성 외에 초합리성(직관, 판단력, 창의력)이 작용하게 되며 현실적 여건을 고려하여 대안을 찾는다.
쓰레기통모형	집단 내 구성원 간의 응집력이 약하고 복잡하며, 모호한 상황에서는 문제점, 참여자, 해결책 등이 뒤죽박죽 섞여 있다가 우연히 서로 만나게 될 때 의사결정이 이루어진다는 것이다.
공공선택모형	인간은 경제인이기 때문에 정치적 행위를 할 때에도 개인의 이기심에 따라 자신의 이익을 극대화하는 방향으로 의사결정을 하게 된다는 입장이다.

잠깐!

의사결정 모형은 정책론 4장에서 학습하는 정책결정 모형과 동일한 내용이다. 정책론에서 비중 있게 출제되므로 여기서는 잠깐 주요 내용만 정리해두었다.

중요도 ★

수험생들이 직관적 결정과 판단적 결정을 헷갈려하는 경우가 많은데 직관적 결정은 말 그대로 감정에 따라 이끌리는 선택을 하는 것을 의미하고, 판단적 결정은 해오던 방식에 따라 결정하는 것을 의미한다.

3. 의사결정의 방법 및 유형

(1) 의사결정 방법

① 직관적 결정(intuitive decision)

합리성보다 감정에 의존하여 가장 옳다고 느끼는 것을 결정하는 방법으로 사회복지에 있어 직관적 결정은 직원의 채용, 해고와 같은 인사에 중요한 역할을 하기도 한다.

② 판단적 결정(judgement decision)

개인의 지식과 경험에 따라 결정하는 방법이다. 대체로 일상적으로 진행되는 업무나 정해진 절차를 따르는 업무에 적용된다. 대부분의 결정은 판단적 결정에 의해 이루어진다.

③ 문제해결 결정(problem-solving decision)

합리적인 절차를 통해 이루어지는 결정으로 즉각적인 결정이 불필요한 경우에 주로 사용되는 방식이다. 정보수집, 연구, 분석의 과학적이고 객관적인 과정이 포함된다.

(2) 의사결정 유형

① 전략적 결정과 전술적 결정 [29]

- 전략적 결정은 목표달성과 조직발전에 관한 문제의 결정이다.
- 전술적 결정은 일상적 성격을 띤 수단적 · 기술적 결정이다.

② 정규적(정형적) 의사결정과 비정규적(비정형적) 의사결정

의사결정이 특별한 절차에 따르는가의 여부에 따라 정규적 의사결정과 비정규적 의사결정으로 나눌 수 있는데 이 2가지는 서로 구분되기보다 연속선상에서 상호 연관되어 있다고 보는 것이 바람직하다.

- 정규적 의사결정은 결정자가 일상적으로 반복되는 업무에 대한 것과 발생한 문제에 대한 대안과 방법이 사전에 미리 정해져 있는 결정을 행하는 것을 의미한다. 예를 들어 직무규정, 인사규칙, 조례 등에 명시되어 있는 업무가 여기에 해당된다.
- 비정규적 의사결정은 새로운 사태의 발생을 비롯하여 예측이 어려운 중대한 사건 등에 대처하기 위한 정책대안의 수립과 결정에 관한 것이다. 아무

런 대비책을 마련하지 못한 상황이므로 일회적이고 비조직적이며 일반적인 문제해결 절차로 처리하는 기법이다.

의사결정의 전통적 기법과 현대적 기법

결정의 유형 \ 기법	전통적 기법	현대적 기법
정규적 결정 • 일상적 · 반복적 결정 • 조직은 결정을 위한 특정한 처리과정을 발전시킴	• 관례 • 정해진 업무처리의 절차 • 조직 구성원의 예측 가능한 업무세칙과 정해진 의사전달 통로에 의함	• 정보의 수집과 계량화 • 계수적으로 시험 · 평가함 • 컴퓨터를 이용한 자료처리 · 대안작성 및 선택
비정규적 결정 • 비구조적인 신규의 정책결정 • 일반적인 문제해결 과정에 의해서 처리됨	• 직관적인 판단과 창안 • 주먹구구식 대안의 구상 • 책임자의 엄선과 훈련에 의한 전문지식의 확보	• 전문가의 훈련, 확보 • 대안발견을 위한 컴퓨터 프로그램 구성 • 문제해결을 위한 여러 대안의 작성과 비교 · 평가 및 결정

※ 참조: 장인협 · 이정호, 2003: 61.

③ **합의**(consensus) [30]

• 의사결정의 기술로서, 합의란 조직의 사람들이 모두 동일한 결론에 이를 때까지 계속하여 말하고 활동하는 것을 의미한다. 합의는 소집단에서 의사결정을 하는 데 유용한 기법이다.
• 모든 사람이 이슈, 전략, 전술, 다음 단계, 책임의 분배 등에 대해 동의함으로써 이루어진다. 모든 구성원들은 자신에게 발언권이 있고 자신의 의견이 경청되었고 존중받았다고 느낄 수 있어야 한다.

4. 의사결정을 위한 기법

개인적 의사결정과 집단적 의사결정의 특징 비교

중요도

대안선택흐름도표와 의사결정나무분석을 잘 구분해두어야 하고, 델파이 기법은 의견을 교환하는 사람들이 직접 대면하지 않으며, 명목집단 기법은 무기명으로 의견이 제시된다는 특징을 기억해두자.

	개인적 의사결정	집단적 의사결정
적합한 상황	• 문제에 대해 전문성을 가지며 대표성이 있다고 인정되는 사람이 있을 때 • 개인의 상의성 및 선호도가 중요할 때 • 구성원들의 의사 개진이나 참여를 강조하는 조직문화가 아닐 때 • 시간적인 여유가 많지 않을 때	• 다각도의 문제제기와 다양한 지식 및 기술을 기반으로 합리적인 결정을 기대할 때 • 여러 구성원들이 문제에 대한 해결방안을 제시할 수 있을 때 • 구성원들의 참여를 강조하는 조직문화일 때 • 비교적 시간 여유가 있을 때
주의할 점	• 한 사람이 혼자서 충분한 정보를 확보하고 분석하는 데에는 한계가 있음 • 의사결정자에게 실패에 대한 부담감이 크게 나타날 수 있음	• 집단사고에 빠져 무비판, 만장일치 등의 환상이나 동조에 대한 압박이 일어날 수 있음 • 결과에 대한 책임이 분산되기 때문에 위험성이 높은 선택을 할 가능성이 높아짐

(1) 개인적 의사결정(individual decision-making)

최고책임자가 수집한 자료와 정보 및 자신의 경험과 판단에 따라 혼자 의사결정을 내리는 방법이다.

① 대안선택흐름도표(alternative choice flow chart)

비교적 목표가 분명하고 예측 가능한 사항의 선택에 적용할 수 있는 기법으로, 'yes'와 'no'로 답할 수 있는 질문을 연속적으로 만들어 예상되는 결과를 결정하는 도표이다.

대안선택흐름도표의 예 – 경찰이 체포한 비행청소년에 대한 향후 결정

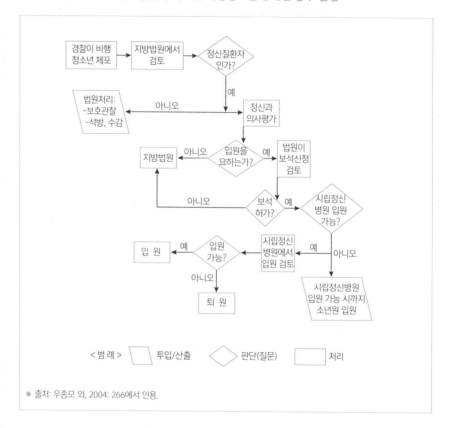

※ 출처: 우종모 외, 2004: 266에서 인용.

② 의사결정나무분석(decision tree analysis)

나무 기둥에서 가지, 잔가지로 뻗어나가는 모양과 비슷한 형태로 작성된다. 개인이 생각할 수 있는 대안들을 열거하여 확률 계산을 통해 그것을 선택했을 때(yes)와 선택하지 않았을 때(no) 예상되는 결과를 파악한다. 적절하지 않은 대안이나 실현 가능성이 없는 대안들은 가지를 치듯 쳐내며 최종적인 의사결정을 한다.

의사결정나무분석의 예 - 기관에서 '후원의 밤' 개최 장소를 결정하고자 할 때

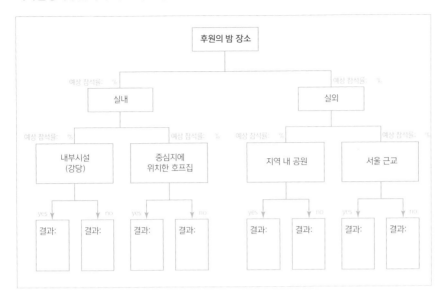

(2) 집단적 의사결정(group decision-making)

최고책임자가 의사결정을 내리기 위해 다른 구성원이나 전문가들의 의견을 듣고 종합하는 방식으로 이루어진다.

① 델파이(Delphi) 기법

- 1950년경 미국의 Rand Corporation의 Dalkey와 동료들에 의해 개발된 기법이다.
- 전문가들에게 우편으로 의견이나 정보를 수집하여 분석한 결과를 다시 응답자들에게 보내 의견을 묻는 식으로 만족스러운 결과를 얻을 때까지 계속하는 방법이다.
- 조사진이 전문가들에게 몇 개의 개방형으로 이루어진 질문지를 보낸 후 1차 답변을 얻고, 조사진이 주제별로 요약·정리한 다음, 정리된 답변을 통해 구성된 새로운 질문을 동일한 전문가들에게 보낸다. 이 같은 과정을 몇 차례 반복하며 쟁점에 대해 최대한의 합의를 얻는다.
- 장점: 전문가들을 한 자리에 모아야 하는 수고를 덜 수 있다. 참여자는 자신의 의견을 충분히 생각하고 편한 시간에 답변할 수 있나. 다른 참여자의 영향으로부터 자유롭게 의견을 제시할 수 있다.
- 단점: 답변을 받을 때까지의 소요기간을 고려해야 한다. 이 기법은 수차례에 걸쳐 반복하기 때문에 답변 회수율이 점차 떨어질 가능성이 높다.
- 델파이 기법의 과정: 전문가 선정 → 주요 관심사에 대한 설문지 작성 → 설문지 우송 → 회수된 응답 내용을 합의된 부분과 합의되지 않은 부분으로

나누기 위해 통계적으로 집계 → 1차분석 결과에서 합의도가 낮으면 그 결과를 다시 응답자들에게 보내어 1차분석 결과를 참조하여 다시 의견을 물음 → 회수된 응답 재분석

- 일정한 정도의 합의점에 도달할 때까지 반복적으로 실시한다.

② 명목집단 기법 / 소집단 투표 의사결정 방법(NGT: Nominal Group Technique)

- 미국의 지역사회 행동기관에서 개발된 기법으로 전문가들을 한 장소에 모아놓고, 각자의 의견을 적어내게 한 후 그것을 정리하여 다함께 각각의 의견을 검토하는 절차를 합의가 이루어질 때까지 계속하는 방법이다.
- 참여한 사람 모두의 의사가 고루 반영될 수 있고, 소수 엘리트 집단의 독단에 의한 의사결정 가능성을 최소화할 수 있다.
- 보통 6명에서 9명 정도의 소집단을 이용하여 의사결정을 하는 기법이다. 지역에 오래 거주해서 지역에 대해 잘 아는 사람 혹은 지역 공무원 등과 같이 지역 내에 거주하지 않았더라도 지역의 사정을 잘 알고 그들을 대변할 수 있는 사람들이 명목집단의 구성원이 된다.

③ 브레인스토밍(brainstorming, 집단토의)

- 오스본(Osborn)이 제시한 이 방법은 어떤 한 가지 주제에 관하여 관계된 사람들이 모여 집단의 효과를 살려 아이디어의 연쇄반응을 일으키게 함으로써 자유분방하게 아이디어를 내는 방법이다.
- 아이디어의 질보다 양을 강조하기 때문에 가능한 많은 아이디어가 나오도록 하는 것이 중요하다. 이로 인해 원칙적으로 아이디어에 대한 평가나 비판을 금지한다.
- 이 방법에서 가장 중요한 점은 의사교환을 자유롭게 한다는 것이다. 다른 사람의 아이디어에 또 다른 아이디어를 더하여 제시할 수도 있으며, 다소 주제와 무관한 의견조차도 새로운 아이디어로 연결될 수 있다는 점을 감안하기 때문에 제약 없이 의견을 제시할 수 있다.
- 자유로운 토론 방식으로 인해 제시된 의견들을 잘 취합해야 하고, 특정 몇몇 사람들에게 발언권이 편중되지 않도록 유의해야 한다. 자칫 아이디어만 난무하여 정작 문제해결로 연결되지 않을 수 있다.

④ 변증법적 토의

- '정(正) – 반(反) – 합(合)'이라는 헤겔의 변증법적 사고방식에 기초한 토의 방법이다.
- 토의가 진행되기 전에 미리 참여자들에게 쟁점 및 관련 정보를 알리면 참여

자들은 각자 정보를 검토하여 찬성 혹은 반대를 미리 선택한다.

• 찬성과 반대로 나누어진 두 집단은 각각 자신들의 입장을 정리하여 발표함
  으로써 쟁점에 대한 장단점이 모두 드러나게 된다. 양 집단의 토론을 통해
  장점을 극대화하고 단점을 최소화하는 대안을 모색한다.

7장 리더십과 조직문화

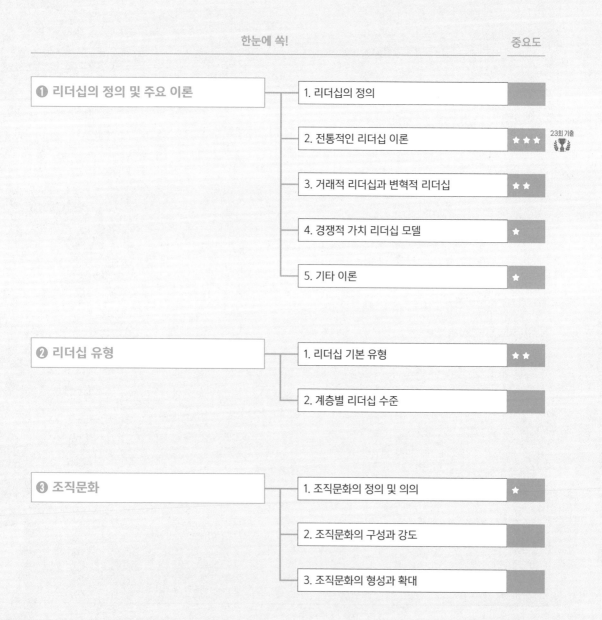

한눈에 쏙!   중요도

❶ 리더십의 정의 및 주요 이론

1. 리더십의 정의

2. 전통적인 리더십 이론 ★★★ 23회 기출

3. 거래적 리더십과 변혁적 리더십 ★★

4. 경쟁적 가치 리더십 모델 ★

5. 기타 이론 ★

❷ 리더십 유형

1. 리더십 기본 유형 ★★

2. 계층별 리더십 수준

❸ 조직문화

1. 조직문화의 정의 및 의의 ★

2. 조직문화의 구성과 강도

3. 조직문화의 형성과 확대

기출경향 살펴보기

이 장의 기출 포인트

7장에서는 리더십 이론의 출제율이 가장 높은데, 관리격자모형, 허시와 블랜차드의 상황이론 등은 사례와 연결할 수 있어야 하고, 경쟁적 가치 모델이나 서번트 리더십까지 꼼꼼하게 살펴봐야 한다. 리더십 유형과 관련하여 참여적 리더십의 특징은 자율적 리더십과 헷갈리지 않도록 주의해야 한다. 조직문화와 관련된 내용은 단독문제로 출제되지 않더라도 조직관리와 관련하여 출제될 수 있다.

최근 5개년 출제 분포도

연도별 그래프

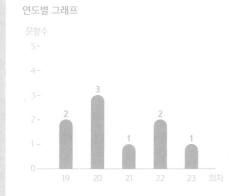

문항수

평균출제문항수

1.8 문항

2단계 학습전략

데이터의 힘을 믿으세요!
강의로 복습하는 **기출회독 시리즈**

3회독 복습과정을 통해
최신 기출경향 파악

최근 10개년 핵심 키워드

| 기출회독 206 | 리더십 이론 | 11문항 |
| 기출회독 207 | 리더십 유형 | 4문항 |

기본개념 완성을 위한 **학습자료 제공**

기본개념 강의, 기본쌓기 문제, ○×퀴즈, 기출문제, 정오표, 묻고답하기, 지식창고, 보충자료 등을
아임패스를 통해 만나실 수 있습니다.

1

리더십의 정의 및 주요 이론

기출회차				
1	2	3	4	5
6	7	8	9	10
11	12	13	14	15
16	17	18	19	20
21	22	23		

강의로 복습하는 기출회독 시리즈

Keyword 206

1. 리더십의 정의

- 리더십(leadership)이란, 조직의 공동 목표를 달성하기 위해 구성원의 참여를 촉진시키는 영향력의 행사로서 집단과정이 초점이 되며 구성원들의 복종을 유도하는 사회적 기술이며 능력이다.

- 리더십의 내용과 관련하여 조직 내외에서 발생하는 사건에 대한 해석, 조직의 목표설정과 목표달성을 위한 업무활동의 조직화 및 구성원의 동기 유발, 팀워크의 유지, 조직 외부로부터의 지지 및 협조 도출 등에 영향력을 행사하는 과정으로 정의할 수 있다.[31]

- 리더십의 4P: 다른 사람들(people)이나 조직에 영향을 끼쳐(power) 그들이 자신의 능력을 최대한 발휘함으로써 어떤 임무나 목적을 달성하도록 (performance) 하는 지속적인 상호작용(process)이다.

- 쿤츠와 오도넬(Koontz & O'Donnell)은 "리더십이란 사람들로 하여금 집단목표를 위하여 자발적으로 협력하도록 그들에게 영향력을 주는 기술 (Art) 또는 과정(Process)"이라고 하였다. 즉, 열정과 신념을 가지고, 부하직원들이 과업을 성취하도록 유도하는 기술이라고 보았다. 따라서 부하직원에게 의사결정의 기회와 재량권을 부여할 것을 강조하였다. 통제는 부하직원에게 구체적인 명령을 내리는 것이 아니라 단지 표준을 제시하는 것이며, 이미 설정된 목표와 기준에 비춰 성과를 비교하고 벗어난 것에 대해 시정조치를 취하는 것이다.

기존의 리더십 연구에서는 팔로워가 수동적인 위치에 놓이게 됨을 비판하면서 팔로워도 리더십을 만들어내는 역할을 한다는 점에 초점을 두고 팔로워십을 강조하기도 한다.

보충자료

팔로워십

한걸음 더

리더십에 대한 여러 학자들의 정의

- 다른 사람의 직접적인 노력을 통해 조정된 집단의 유효성에 대한 한 개인의 기여 – Combell
- 공동의 과업에 동질적인 참여를 촉진하여 다른 사람의 생각에 대해 반응하는 능력 – Mayo
- 사회적으로 정당한 목적을 가지고 호소함으로써 집단의 성실을 불러 모으는 능력 – Tead
- 어떤 상황에 대한 통제의 책임을 지는 행위이며 지시하거나 지도하는 행위 – Skidmore
- 조직적인 노력을 하는 사람들이나 그들의 활동을 이끄는 개인 행동의 특질 – Bernard

2. 전통적인 리더십 이론 ^{23회 기출} 🏆

전통적인 리더십 이론의 비교

특성이론	행동이론	상황이론
1940~1950년대	1950~1960년대	1960~1970년대
신체적 특성, 학력, 경력 등에서 성공적 리더의 특성을 찾을 수 있으며, 특정한 특성을 갖추면 성공적 리더가 된다고 봄	리더의 행동에 관심을 두고 행동유형에 따라 성공적인 리더와 그렇지 않은 리더가 구분된다고 봄 ※ 해당 이론: 오하이오연구, 미시간연구, 블레이크와 머튼의 관리격자모형	성공적인 리더의 행동이나 특성은 상황에 따라 다름을 강조함 ※ 해당 이론: 피들러의 상황적 합이론, 권력-영향력 접근법, 하우스의 경로-목표이론, 허시와 블랜차드의 상황이론

중요도 ★ ★ ★

리더십 이론을 특성이론, 행동이론, 상황이론의 발달 순서대로 파악하자. 각 이론의 특징적인 차이를 중심으로 살펴보되, 행동이론 중 관리격자모형, 상황이론 중 허시와 블랜차드의 상황이론 등은 단독으로 출제되기도 하므로 꼼꼼하게 살펴봐야 한다. 23회 시험에서는 블레이크와 머튼의 관리격자 리더십 유형 분류에 관한 문제가 출제되었다.

(1) 특성론적 접근(특성이론, trait theory) 꼭! ⭐

- 기본관점: 리더의 용모와 같은 신체적 특성과 판단력, 언어능력, 지능, 성격, 학력과 경력 등의 사회적인 배경 등과 같은 리더의 특성에 초점을 둔 이론으로서 성공적인 리더와 비성공적인 리더를 구분짓는 중요한 특성이 존재한다고 가정한다. 즉, 특정한 특성을 갖게 되면 성공적인 리더가 될 수 있다는 이론이다. 이때의 특성은 천부적으로 갖고 태어난 특성뿐만 아니라, 학력·경력 등 후천적 노력으로 획득할 수도 있는 것이다.
- 비판
  - 성공적인 리더만의 특성이 존재한다고 주장하면서도, 그 특성이 어떤 것인지를 구체적으로 찾아내는 데에는 실패했다.
  - 리더가 하위자들을 모으기 위한 행동유형을 제시하지 못했다.
  - 상황적 변수를 무시하고 보편적인 특성만을 추구하려 했다.

(2) 행태론적 접근(행동이론, behavioral theory) 꼭! ⭐

- 기본관점: 리더의 행동에 관심을 둔 이론으로서 성공적인 리더와 그렇지 않은 리더의 차이점은 리더십의 행동유형에 따라 구별된다는 관점이다.
- 비판
  - 행동이론은 리더십 행동유형이 리더십의 효과에 미치는 상관성에 대해 입증하지 못했다.
  - 상황에 따라 상이한 결과가 나타난다는 것을 설명하지 못했다.

① 오하이오연구

오하이오 주립대학교 연구는 '리더 행동 기술 질문지(LBDQ)'를 개발하여 리더의 행동을 구조 주도(initiating structure) 행동과 배려(consideration) 행

7장 리더십과 조직문화 **141**

동이라는 2가지 차원에서 5가지 리더십 유형을 설명하였다. 구조주도와 배려 중 어느 한 쪽에 치우치지 않은 리더가 높은 성과와 만족을 가져온다는 결과가 나타났다.

② 미시간연구

미시간대학교 사회조사연구소에서 리더의 행동유형에 따라 업무성과와 만족도가 높아지는가에 대해 연구한 것으로, 직무 중심적 리더십(job-centered leadership style)과 구성원 중심적 리더십(employee-centered leadership style) 유형을 찾아냈다. 결과적으로 구성원 중심적 리더십이 상대적으로 높은 생산성을 나타낸다는 결론을 도출했다.

③ 블레이크와 머튼의 관리격자모형

리더의 행동을 '생산(일)'에 대한 관심과 '인간'에 대한 관심이라는 2가지 차원에서 다음의 5가지 유형을 제시하면서 팀형 리더가 가장 높은 생산성을 보인다는 결론을 내렸다.

- 무기력형(1-1형, 생산↓ 인간↓): 조직의 목표달성에도, 직원의 사기진작에 대해서도 최소한의 노력만 한다.
- 컨트리클럽형(1-9형, 생산↓ 인간↑): 조직의 분위기를 편안하게 이끌어나가지만 조직의 목표나 자신의 임무에 소홀한 리더이다.
- 과업형(9-1형, 생산↑ 인간↓): 목표달성과 생산성만 강조하는 지시와 통제 중심의 리더로 구성원의 사기저하가 발생할 수 있다.
- 팀형(9-9형, 생산↑ 인간↑): 조직과 구성원 간의 상호의존성 및 공동체 의식을 강조한다. 신뢰와 존경의 관계를 바탕으로 조직의 목표달성을 위해 직원의 참여와 헌신을 유도하는 팀 중심적 리더이다.
- 중도형(5-5형): 작업수행 정도와 구성원의 사기를 적절히 맞추면서 관리한다.

관리격자모형

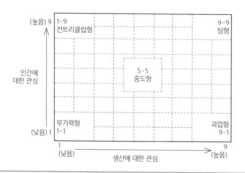

(3) 상황론적 접근법(상황이론, situational theory) ⭐

- 기본관점: 성공적인 리더의 행동이나 특성은 상황변수에 따라 달라짐을 강조한 이론이다. 여기에서 상황이란 리더가 속해 있는 조직의 목표와 성격, 규모, 역사, 유형, 발전의 정도 등을 비롯하여 구성원들의 자질과 행동 및 기대와 욕구 등이 포함된다.
- 비판
  - 상황적 변수가 많아 복잡하고 측정이 어렵다. 실제로 상황이론을 따르는 여러 이론가들은 저마다 다른 상황을 규정하여 이론을 전개했다.
  - 현실적으로 한 명의 리더가 상황의 변화에 따라 리더십을 변화시킬 수 있는가라는 문제가 지적된다.

① 피들러의 상황적합이론

- 피들러(Fiedler)에 의해 개발된 상황적합이론은 상황적 요소와 리더 유형의 상관성에 초점을 두었으며 관계지향적 리더와 과업지향적 리더로 구분하여 각 상황에 맞는 리더 유형을 찾으려 했다. 동일한 리더가 어떤 조직이나 상황에서는 효과적일 수 있어도 다른 상황에서는 효과적이지 못할 수도 있다고 보았다.
- 과업지향적 리더는 매우 호의적이거나 매우 비호의적인 상황에서 더 높은 성과를 올리는 경향이 있으며, 관계지향적 리더는 호의성이 중간 정도일 때 가장 높은 성과를 올릴 수 있다는 결론을 얻었다.
- 리더나 부하직원의 기술적 능력이나 변화를 간과했다는 비판을 받기도 하였다.

② 권력－영향력 접근법

리더가 보유한 권력의 크기와 유형, 권력이 행사되는 방법을 중심으로 리더십의 효과성을 설명한다.

③ 하우스(House)의 경로－목표이론

오하이오연구와 동기부여의 기대이론을 결합한 이론이다. 직원의 특성과 업무환경의 특성이라는 2가지 상황적 요인과 다음의 4가지 리더 유형에 따라 상황별 리더 유형을 제시했다.

- 지시적 리더십: 업무가 비구조화되어 있어 업무의 절차나 방법이 명확하지 않거나 조직원들의 경험이나 지식이 부족한 상황에 적합한 유형
- 지지적 리더십: 업무가 구조화되어 있지만 업무의 강도와 난이도가 높아 직원들이 스트레스를 받고 자신감을 갖지 못하는 상황에 적합한 유형

- 참여적 리더십: 업무가 구조화되어 있으며 구성원들의 업무에 대한 성취 및 자율성에 대한 욕구가 높은 상황에 적합한 유형
- 성취지향적 리더십: 업무가 비구조화되어 있지만 의사결정 과정에 조직원의 참여를 유도하여 목표를 성취할 수 있는 상황에 적합한 유형

④ 허시와 블랜차드(Hersey & Blanchard)의 상황이론

부하의 능력과 의지에 따라 4가지 차원의 리더십을 주장하였다.

- 상황 1: 부하가 능력도 없고 의지도 없는 경우 → 모든 것을 지시하고 점검해주는 지시형 리더십이 효과적
- 상황 2: 부하가 능력은 없는데 의지만 있는 경우 → 아이디어를 제시해주고 방향을 제시해주는 제시형 리더십이 효과적
- 상황 3: 부하가 능력은 있는데 의지가 없는 경우 → 참여를 유도해서 부하가 책임감을 느끼게 하고 이를 통해 의지를 성장시킬 수 있게 하는 참여형 리더십이 효과적
- 상황 4: 부하가 능력과 의지 모두가 있는 경우 → 일을 어느 정도 위임하면서 함께 일해 나가는 위임형 리더십이 효과적

3. 거래적 리더십과 변혁적 리더십

중요도

주로 변혁적 리더십의 특징을 묻는 문제로 출제되지만 거래적 리더십과 비교하여 답을 찾도록 출제되었다. 거래적 리더십과 변혁적 리더십은 양립할 수 있다는 것에 유의하자.

리더가 조직의 안정에 초점을 두는지, 변화에 초점을 두는지에 따라 구분한다. 이 둘은 서로 대치되는 개념이 아니라 양립할 수 있는 개념이다. 한 기관에서 부서마다 다른 특징을 가질 수 있기 때문에 부서의 성격에 따라 적합한 리더십이 다를 수 있다. 또 환경변화에 따라 두 가지 리더십을 선택적으로, 또는 통합적으로 사용할 수도 있다.

잠깐!

번즈(Burns, 1978년)는 처음 거래적 리더십과 변혁적 리더십을 구분하여 설명하면서 변혁적 리더십이 장려되어야 한다고 주장했다. 이후 바스(Bass, 1985년)는 카리스마 리더십을 더하여 변혁적 리더십을 새로이 정의하였다.

(1) 거래적 리더십(Transactional leadership)

- 거래적 리더십은 구성원을 개인적인 관심에 치중하는 이기적인 존재로 보았으며, 따라서 이 유형의 리더는 보상 등의 거래를 통해 구성원에게 동기를 부여한다.
- 안정지향형의 리더십으로 업무 할당, 결과 평가, 통제 등 일상적인 리더의 행동을 강조한다.
- 리더와 추종자 간에 사회적, 개인적 가치의 교환관계가 발생한다고 보았으며, 적절한 보상, 예외에 의한 관리, 자유방임 등을 변수로 꼽았다.

(2) 변혁적 리더십(Transformational leadership)

- 변혁적 리더십(변형적/변환적)은 조직의 노선과 문화를 변동시키려고 노력하는 변화추구적이고 개혁적인 리더십이다.
- 환경변화에 민감하게 대처하여 새로운 비전, 조직문화, 규범을 창출하고, 그것이 새로운 현실이 되도록 추종자들의 지지와 신뢰를 확보하며, 관행을 거부하고 스스로 위험을 감수하면서 도전하는 등 조직의 변화를 주도하는 카리스마 있는 변화주도형의 리더 활동을 강조한다.
- 변혁적 리더십의 요소
  - 카리스마: 뛰어난 리더의 개인 능력이 추종자에게 영향을 줌
  - 영감
  - 자극
  - 개인적 배려

거래적 리더십과 변혁적 리더십의 비교

	거래적 리더십	변혁적 리더십
목적	현재 상태를 유지 단기 성과	환경변화에 따른 조직의 변화 장기적 목표 달성
활동	규정 또는 규칙에 따른 활동	규정 또는 규칙의 변화 모색
동기부여	협상과 개인적 보상을 통한 동기부여	조직의 목표 및 가치의 내면화를 통한 동기부여
초점	하급관리자	최고관리층
조직구조	기계적 관료제 구조에 적합	단순구조나 임시조직에 적합
과업	일상적 과업	비일상적 과업
리더-추종자 관계	상호의존적 관계	상호독립적 관계
이념	능률 지향	적응 지향

4. 경쟁적 가치(competing values) 리더십 모델[32]

퀸(Quinn)은 내부지향–외부지향의 가로축과 유연성(분권화)–통제성(집권화)의 세로축으로 구분하여 4가지 영역에 대한 리더십을 연구하였다.

- 내부지향–외부지향의 가로축은 리더십의 가치가 조직 내부에 있는지, 외부에 있는지를 파악하는 기준이다.
- 유연성(분권화)–통제성(집권화)의 세로축은 권한의 집중에 대한 리더의 가치지향 수준을 파악한다.

중요도

최근 리더십 이론 문제가 다양한 이론의 특징을 파악해두어야 풀 수 있는 유형으로 출제됨에 따라 경쟁적 가치 리더십도 심심치 않게 등장하고 있다.

(1) 경계-잇기기술 영역

- 외부지향적인 동시에 조직활동의 유연성을 추구하는 리더십
- 개방체계 모형으로 환경의 변화에 대한 적응력, 위기대응력을 통해 조직의 성장을 이끌고 자원을 획득함
- 리더십 유형: 비전제시가(조직을 둘러싼 외부환경의 변화에 초점을 두고 조직의 변화 방향을 모색)
- 조직 모형: 개방체제 모형

(2) 지휘기술 영역

- 외부지향적인 동시에 조직의 목표달성을 위해 공식성을 강화하고 집권적 구조를 형성하는 리더십
- 합리성을 중요시하는 모형으로 기획, 목표설정 등을 통해 조직의 생산성 및 능률성 향상을 강조함
- 리더십 유형: 목표달성가(목표달성 및 결과 중시)
- 조직 모형: 합리적 목표 모형

(3) 조정기술 영역

- 내부지향적이면서 통제적인 리더십
- 내부과정 모형으로 조직 내 정보관리 및 의사소통을 통해 조직의 안정과 유지에 초점
- 리더십 유형: 분석가(서비스 실행을 위한 기술적 · 이론적 지식 확보, 서비스 진행상황에 대한 분석, 조직의 내부규정 강조, 전문 인력의 효율적 배치)
- 조직 모형: 내부과정 모형

(4) 인간관계기술 영역

- 내부지향적인 동시에 인간관계의 향상에 관심을 두는 리더십
- 인간관계 모형으로, 인적자원 개발에 투자하며, 구성원 간의 높은 신뢰도와 응집력을 토대로 효과성을 극대화
- 리더십 유형: 동기부여가(구성원 간 협동심 · 팀워크 강조를 통한 관계 강화)
- 조직 모형: 인간관계 모형

경쟁적 가치 모델

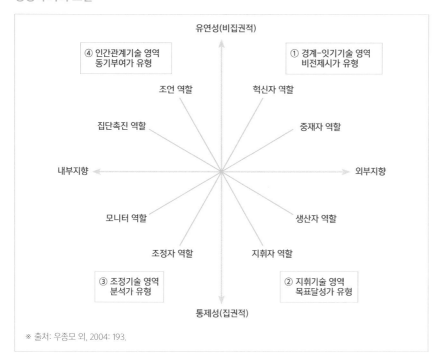

유연성(비집권적)

④ 인간관계기술 영역
동기부여가 유형

① 경계-잇기기술 영역
비전제시가 유형

조언 역할   혁신자 역할

집단촉진 역할   중재자 역할

내부지향 ←→ 외부지향

모니터 역할   생산자 역할

조정자 역할   지휘자 역할

③ 조정기술 영역
분석가 유형

② 지휘기술 영역
목표달성가 유형

통제성(집권적)

※ 출처: 우종모 외, 2004: 193.

5. 기타 이론

(1) 카리스마 리더십 이론[33]

• 하우스(R. House, 1977)는 카리스마의 개념을 리더십이론에 도입·연구했으며, 카리스마적 리더가 어떤 방식으로 행동하며, 일반 사람과 어떻게 다르며, 어떤 상황에서 카리스마적 리더가 출현하게 되는가에 초점을 두었다.

• 카리스마 리더의 특성으로 높은 수준의 자기확신, 선명하고 강한 비전과 그에 대한 믿음, 전통적 규범과는 다른 형태의 독특한 행동 양식, 개혁적·변화지향적 모습, 조직환경의 변화에 대한 민감성, 의사소통, 높은 수준의 에너지, 행동지향적 태도 등을 제시하였다.

• 하우스는 조직환경적 상황이 상대적으로 열악할 때 카리스마 리더에 대한 요구가 높아진다고 보았다. 카리스마 리더는 리더에 대한 구성원들의 신뢰를 바탕으로 조직의 위기 극복 및 미션 달성을 가져온다고 보았다. 다만 카리스마 리더가 지나치게 독단적, 충동적으로 행동할 경우 역효과가 일어날 수 있다는 문제도 있다.

중요도

최근 출제경향은 서번트 리더십까지 꼼꼼히 학습해야 한다.

잠깐!

카리스마 리더십의 효시

1920년대 막스 베버는 권위를 전통적 권위, 합법적 권위, 카리스마적 권위로 구분하여 제시하였다. 이때 카리스마의 개념은 천부적인 능력자로 비춰져 대중으로부터 맹목적인 추종과 무조건적 헌신을 이끌어내는 영향력이라고 이해했었다.

'servant'는 보통 '하인, 종업원' 등으로 직역되지만, 'servant leadership'은 '섬기는 리더십', '섬김의 리더십', '봉사적 리더십' 등으로 번역되고 있다.

(2) 서번트 리더십(servant leadership) [34]

• 그린리프(K. Greenleaf)가 1970년대에 처음 주창한 이론으로 "다른 사람의 요구에 귀를 기울이는 하인이 결국은 모두를 이끄는 리더가 된다"는 것이 핵심이다. 구성원들에게 인간존중을 바탕으로 봉사하며, 구성원들이 잠재력을 발휘할 수 있도록 앞에서 이끌어주는 리더십이다.

• 서번트 리더의 특성적 요소로는 경청하는 자세, 공감대 형성을 위한 노력, 부하들의 고통치유에 대한 관심, 분명한 인식을 통한 대안 제시, 설득에 의한 동반 추구, 폭넓은 사고를 통한 비전 제시, 예리한 통찰력으로 미래예측을 지원, 청지기적인 태도로 봉사, 부하들의 능력개발에 대한 노력, 구성원들 간 공동체 형성을 위한 조력 등을 제시하였다.

2 리더십 유형

기출회차

강의로 복습하는 기출회독 시리즈

Keyword 207

1. 리더십 기본 유형

(1) 리더십 유형(Carlisle) ⭐꼭!

리더십은 지시형(directive), 참여형(participative), 자율형/자유형(freerein) 등 3가지 유형으로 구분된다. 그 중 자율형 리더십의 사용은 전문가로 구성된 특별 팀이나 위원회 조직 등 그 적용이 극히 제한되어 있기 때문에 주로 지시형과 참여형의 리더십이 사용된다.

① 지시적 리더십
- 명령과 복종을 강조하고 독선적이며, 조직 구성원을 보상−처벌의 연속선에서 통제한다.
- 정책에 일관성이 있고 신속한 결정이 가능하여 위기 시에 유리하다.
- 조직원의 사기저하와 경직성이라는 단점이 있다.

② 참여적 리더십
- 민주적 리더십으로, 구성원들이 의사결정에 참여하도록 하여 자율성을 어느 정도 인정하면서도 상급관리자로서의 권한과 책임을 다하는 리더십이다.
- 리더와 부하 사이에 의사소통이 활발하고, 구성원들의 지식과 기술을 활용하기에 용이하다. 구성원들은 조직의 목표에 대한 참여동기가 증대되어 적극적으로 조직활동에 임하게 된다.
- 의사결정에 시간이 소모되어 긴급한 결정에는 불리한 측면이 있으며, 자칫 어중간한 타협으로 의사결정이 이루어질 수 있다.

③ 자율적 리더십
- 방임적 리더십으로 대부분의 의사결정권을 부하직원에게 위임한다.
- 구성원들의 자율성이 극대화된다.
- 일의 처리에 대한 정보제공이 부족하고 내부갈등에 개입이 어려워 혼란을 야기할 수 있다는 단점이 있다.

중요도 ⭐ ★

참여적 리더십과 자율적 리더십(방임적 리더십)을 헷갈려하는 경우가 많기 때문에 이에 주의해야 하며, 참여적 리더십에는 의사결정 시간이 낭비될 수 있다는 단점도 있음을 주의해야 한다.

합격자의 한마디

참여형과 자율형 헷갈리지 맙시다.
참여형은 '우리 같이 해요'
자율형은 '알아서 하세요'

(2) 리더십의 연속성

탄넨바움(Tannenbaum)과 슈미트(Schmidt)는 연속선상의 리더십을 제시하였다. 즉, 의사결정 과정에서 부하직원의 참여가 낮은 수준에서 높은 수준으로 변화됨에 따라 리더의 유형도 제시적, 참여적, 위임적 유형으로 연결되어 변화한다는 것이다. 이들에 의하면, 보스 중심의 리더십과 부하 중심의 리더십 사이에는 다양한 형태의 역할과 관계가 있다.

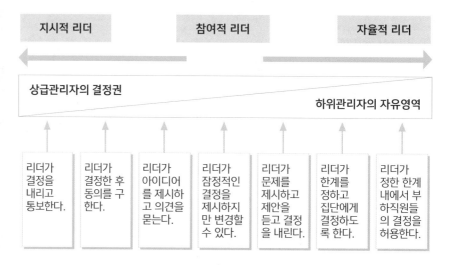

리더십 유형

2. 계층별 리더십 수준

(1) 최고관리층의 리더십(upper-level leadership)

- 최고관리층이란, 사회정책을 사회복지행정으로 전환하고 필요한 재정을 획득하며 정치적 지지를 얻어내는 책임을 지고 있는 계층이다. 조직 외부의 다양한 이익집단과 지역사회와 네트워크를 가져야 하며, 조직 내·외부 환경의 변화에도 적절히 적응하여 조직을 이끌어나가야 한다.
- 최고관리층의 과업은 내부운영을 지시하고 조정하고, 외부환경과의 관계를 확립하는 것이다.
- 최고관리층이 가져야 할 리더십 기술
  - 조직의 기본적인 임무의 설정
  - 외부의 이해관계 집단과 교섭하고 중재하여 조직의 정체성 확립
  - 임무 수행을 위한 서비스 기술의 선정
  - 내부구조를 발전시키고 유지
  - 변화를 주도하고 수행

(2) 중간관리층의 리더십(middle-level leadership)

- 중간관리층은 조직의 한 부서를 책임지고 있는 계층이다. 이들은 최고관리층의 지시를 구체적인 프로그램으로 전환하고, 필요한 인적·물적 자원을 확보하며, 프로그램을 관리·감독·조정·평가하는 일을 담당한다.
- 중간관리층은 최고관리층의 지시를 전달하고 하위관리층의 욕구나 관심사를 대변하는 중개역할을 해야 하므로 매우 중요한 입장에 서게 되며, 동등한 위치에 있는 다른 부서의 중간관리층과도 수평적인 의사소통을 해야 하는 책임을 가진 계층이다.
- 중간관리층이 가져야 할 리더십 기술
  - 수직적 – 수평적 연결자로서의 기술
  - 직원들의 욕구를 조직의 목표에 통합시키는 인간관계기술

(3) 하위관리층의 리더십(lower-level leadership)

- 하위관리층은 일선 사회복지사들을 관리하고 접촉하는 슈퍼바이저로서 일선 요원들의 프로그램 수행을 감독하고 업무를 위임하거나 분담하고 일선 요원들에게 충고와 지침을 제공하고 부족한 지식과 기술을 지적해주며 개인적인 성과를 평가한다.
- 단위 감독자, 팀 리더의 역할을 수행하는 슈퍼바이저들은 일선 요원들과 일상적으로 긴밀한 관계를 맺고 있는 특징을 가지고 있으며 직접적인 서비스 분야의 전문적인 기술을 가지고 있어야 하며 중간관리층과 일선 요원 간의 원활한 의사소통을 위한 연결쇠로서 역할을 수행한다.
- 하위관리층이 가져야 할 리더십 기술
  - 전문적 기술: 슈퍼바이저가 직원과 자원을 효율적으로 사용하도록 돕고, 일선 요원들의 업무를 조직화하고 조정하는 데 도움을 준다.
  - 공평에 대한 관심: 승진과 보상을 위해 윗사람에게 아첨을 하거나, 반대로 지나친 비판으로 윗사람에게 위협을 가하는 행동을 하지 말아야 한다. 또한 일선 요원들의 동기부여 및 조직의 일체감을 발전시키기 위해 공평하게 대해야 한다.

각기 다른 수준에서 요구되는 관리자의 기술(Katz)

기능적(사무적) 기술		
	인간관계 기술	
		의사결정(개념적) 기술
하위관리자	중간관리자	상위관리자

1. 구성원들이 규칙과 과정을 준수하도록 동기부여

사회복지전문가의 자율성과 통제성 사이에는 갈등과 긴장이 발생할 수 있으며, 이로 인해 구성원들이 조직의 규칙과 과정을 준수할 수 있는 동기를 유발하도록 하는 리더십이 필요하다.

2. 환경의 변화에 대응

사회복지서비스 분야에는 끊임없이 변화하는 환경적 압력이 증가하고 있으며, 이에 대응할 리더십이 필요하다.

3. 조직의 내부적 변화를 조직에 통합

사회복지서비스 분야에 있어서 새로운 기술의 도입이나 새로운 직원의 채용과 같이 구조적인 변화가 조직에 통합될 수 있도록 리더십이 필요하다.

4. 조직의 목표와 구성원의 목표의 일치를 유도

조직의 목표와 개인의 목표는 다를 수 있으며 행정책임자는 최대한 이들의 일치를 유도하기 위한 리더십을 발휘해야 한다.

※ 참고: 신복기 외, 2008: 248-249.

3 조직문화

기출회차
강의로 복습하는 기출회독 시리즈

1. 조직문화의 정의 및 의의

(1) 정의

- 조직문화란 조직 구성원들이 집단적으로 공유하는 조직 행동의 기본 전제이다.
- 조직의 가치와 신념, 규범, 관습 및 행동양식을 포함한다.
- 조직 구성원들의 상호작용을 규정하는 메커니즘으로 조직의 분위기를 결정한다.

(2) 의의

- 조직문화는 조직이 가지고 있는 가치와 신념에 의해 형성되는 그 조직 고유의 분위기라고 할 수 있으며, 이러한 조직문화는 조직관리에 영향을 미친다.
- 조직 내적인 측면에서 구성원들에게 조직의 정체성을 공유하게 하고, 의사소통·의사결정·과업수행 등에 영향을 미친다.
- 조직 외적인 측면에서는 환경과의 관계에 영향을 미치는 요소이다.

(3) 기능

- 조직문화는 일상적으로 일어나는 업무 관행이나 의사결정 관행에 영향을 미친다.
- 조직문화는 조직이 정책이나 전략을 선택하는 데에 영향을 미친다.
- 조직문화는 조직이 처한 내외부적 환경에 대해 대처하거나 조직에 적합한 기술을 선택하는 데에 영향을 미쳐 조직의 성과를 극대화할 수 있도록 한다.
- 조직문화는 조직 내에 성격이 다른 소집단들을 통합하거나 합병 등에 따라 상이한 두 조직을 통합하는 데에 결정적인 요소가 된다.

중요도

조직문화의 의의 및 기능을 비롯해 형성, 변화 등에 관련된 사항은 주의 깊게 살펴볼 필요가 있다. 또한 조직문화는 조직의 내부환경 및 외부환경과도 깊은 연관이 있기 때문에 조직구조, 조직기술, 조직환경 등과 관련된 문제에서 답을 찾는 데에도 도움이 될 수 있다.

2. 조직문화의 구성과 강도

(1) 조직문화의 구성
- 가장 심층부의 잠재수준: 기본적인 믿음과 전제
- 인식 수준: 가치와 규범
- 가시적으로 보이는 인공물: 문화의 표현물, 말하는 방식, 행동하는 방식, 이해하고 의사소통하는 방식 등

(2) 조직문화의 강도 [35]
- 조직의 믿음과 가치들이 더 깊게 공유될 때 강해진다.
- 조직의 믿음과 가치들이 더 넓게 공유될 때 강해진다.
- 조직의 믿음과 가치가 분명하게 위계되었을 때 강해진다.
- 조직문화와 같이하는 리더십이 강할 때 강해진다.
- 조직 구성원이 오랫동안 조직에서 헌신할 때 강해진다.
- 조직의 규모도 영향을 미칠 수 있다.

야유회·체육대회 등 이벤트, 포스터 등 홍보물 발행, 간담회, 워크숍 등은 모두 조직문화의 형성·유지를 위한 노력이다.

3. 조직문화의 형성과 확대 [36]

(1) 조직문화의 형성
- 조직문화의 형성과 관련해서 중요한 요소는 조직의 설립자 또는 최고경영자의 경영이념과 철학이다.
- 설립자나 최고경영자의 경영이념과 철학이 조직이 지향하는 가치관의 형성에 직접적인 영향을 미치고, 이것이 조직의 역사 속에서 구성원들에게 뿌리 내려 조직문화가 형성된다.

(2) 조직문화의 유지와 전파
- 조직문화에 적합한 사람의 선발, 오리엔테이션 및 훈련·교육, 최고경영자의 발언과 행동, 조직 내에서의 행사 등을 통해 유지·전파된다.
- 조직문화는 조직 내 의사소통을 통해 조직 구성원들을 사회화시켜 특정한 형태의 가치와 규범이 형성되는 것이다.

(3) 조직문화의 변화가 용이한 상황
- 조직이 극단적인 위험에 처해 있을 때
- 기존과는 다른 대안 가치체계를 가진 새로운 리더로 변화될 때

- 조직이 수명주기상 형성기에 있을 때
- 조직의 규모가 상대적으로 작을 때
- 기존의 조직문화가 강하지 않을 때

한걸음 더

조직문화와 조직성과

조직문화와 조직성과는 밀접한 관련이 있다. 조직의 핵심가치를 공유하는 조직 구성원이 많을수록 조직성과가 향상되며, 조직문화가 조직의 전략 및 정책과 일치할수록 조직성과를 향상시킬 수 있다. 조직문화는 한번 뿌리내리면 쉽게 변하지 않는 성질이 있기는 하지만 그렇다고 고정적인 조직문화가 반드시 조직성과에 긍정적인 것은 아니다. 반대로 조직문화가 쉽게 변화하는 조직이라고 해서 조직성과에 도움이 된다고 볼 수도 없다. 즉 조직문화는 조직의 특성에 따라 형성되며, 적절하게 형성된 조직문화를 통해 조직의 성과를 기대할 수 있는 것이기 때문에 조직이 처한 상황에 따라 조직문화는 고정화되기도 하고 변화되기도 한다.

1. 적응성 중심의 조직문화
조직을 둘러싼 환경이 자주 변화하고, 기술이 복잡하고, 과업의 구조화가 낮은 조직에서는 적응성 중심의 조직문화가 적합하다.

2. 일관성 중심의 조직문화
조직을 둘러싼 환경이 비교적 안정화되어 있고, 사용하는 기술이 단순하며, 과업이 표준화되어 있는 조직에서는 일관성 중심의 조직문화가 적합하다.

※ 신복기 외, 2008: 174.

8장 인적자원관리

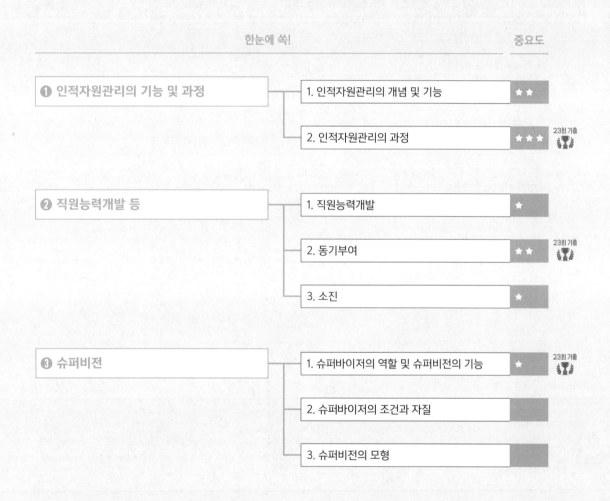

기출경향 살펴보기

이 장의 기출 포인트

8장은 최근 시험에서 출제비중이 높아지고 있다. 인사관리 전반에 관한 내용을 다루고 있으며, 직무기술서 및 직무명세서, 직무능력개발, 동기부여이론, 직원의 모집 및 선발, 소진, 평가, 슈퍼비전 등은 한 문제에 담겨 구성되기도 하고, 각각의 내용이 단독문제로도 출제되므로 반드시 꼼꼼하게 정리해야 한다. 최근에는 인적자원관리의 요소 같은 기본 내용을 묻는 문제도 등장한 바 있다.

최근 5개년 출제 분포도

연도별 그래프

평균출제문항수

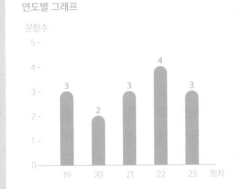

문항수

3.0 문항

2단계 학습전략

데이터의 힘을 믿으세요!
강의로 복습하는 **기출회독 시리즈**

3회독 복습과정을 통해
최신 기출경향 파악

최근 10개년 핵심 키워드

기출회독 208	사회복지조직에서의 인적자원관리	16문항
기출회독 209	동기부여이론	8문항
기출회독 210	슈퍼비전	3문항

기본개념 완성을 위한 **학습자료 제공**

기본개념 강의, 기본쌓기 문제, ○×퀴즈, 기출문제, 정오표, 묻고답하기, 지식창고, 보충자료 등을 **아임패스**를 통해 만나실 수 있습니다.

1

인적자원관리의 기능 및 과정

기출회차

1	2	3	4	5
6	7	8	9	10
11	12	13	14	15
16	17	18	19	20
21	22	23		

강의로 복습하는 기출회독 시리즈

Keyword 208

중요도

인적자원관리의 개념, 의의, 요소 등은 인적자원관리에 관한 종합적인 문제에서 주로 등장했지만, 최근에는 인적자원관리의 구성요소(기능)에 관한 문제가 단독으로 출제되기도 했다.

1. 인적자원관리의 개념 및 기능

(1) 개념

인사행정 또는 인사관리란 조직의 직무수행에 필요한 인적자원의 효율적 관리와 관련된 활동을 의미한다. 또한, 조직의 목표를 달성하기 위해 직원을 채용하고, 교육 및 훈련, 동기부여, 사기진작 등으로 조직 구성원을 유지하고 관리하는 활동이다. 특히 지식정보화 사회에서는 조직 구성원을 단순한 노동력(man power)이 아닌, 조직의 생존과 발전에 핵심적인 역할을 하는 인적자원(human resources)으로 인식한다. 이에 따라 단순한 인사관리의 차원을 넘어서 더 높은 수준의 인적자원을 개발하는 측면으로 인적자원관리라는 개념을 사용한다.

잠깐!~

인적자원관리의 변화 방향

전통적 인적자원관리는 승진 중심의 수직적 이동, 지시·통제를 통한 관리, 직급 중심의 인사체계를 토대로 조직 간 이동성이 낮은 양상을 보여 왔다. 그러나 최근의 인적자원관리는 전문성을 바탕으로 한 수평적·수직적 이동이 가능하며, 직무와 역량 중심의 인사체계를 토대로 조직 간의 이동성이 높은 특징이 있다.

(2) 인사관리의 의의

- 인적자원관리란 기관의 운영 목적을 달성하기 위하여 인적자원을 최대로 활용하기 위한 관리 활동이라고 할 수 있다.
- 사회복지조직에서는 조직, 사회복지사, 클라이언트의 욕구를 모두 고려한 인적자원관리가 요구된다.

(3) 구성요소

인적자원관리의 기능 혹은 범위 등으로 소개되기도 한다. 학자마다 다르게 제시되지만 대체로 4~5가지의 요소로 제시된다.

- 채용
  - 조달(확보): 모집, 충원, 선발 등
  - 배치: 직무할당, 업무분장, 승진, 해고
- 개발(유지): 직원능력개발, 동기부여, 슈퍼비전 등
- 보상: 평가에 따른 성과 인정
- 규정: 근태관리, 작업환경에 관한 규율, 고충처리 절차 등

2. 인적자원관리의 과정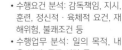

중요도 ★ ★

직무분석 이후 직무명세서를 작성한다는 점도 꾸준히 출제되는 내용이므로 꼭 기억해두자. 23회 시험에서는 인적자원관리체계의 과정별 주요 특징을 묻는 문제가 출제되었다.

(1) 충원계획 수립

직원이나 클라이언트들과 원만한 인간관계를 이루어 나갈 수 있는 유능한 사람을 채용하는 것으로, 단기 · 중기 · 장기적 차원으로 직원충원 계획을 수립하여 수행해야 한다.

(2) 모집과 선발

- 직무분석 → 직무기술서 및 직무명세서 작성 → 지원자 모집공고 → 지원자의 자질 파악 → 선발 → 합격 통지 등의 과정으로 이루어진다.
- 선발의 책임은 기관장이나 중간관리직 또는 인사위원회 등 다양하다.

잠깐!

직무분석

- 수행요건 분석: 감독책임, 지시, 훈련, 정신적 · 육체적 요건, 재해위험, 불쾌조건 등
- 수행업무 분석: 일의 목적, 내용, 방법, 근무 시간 등

① 모집

- 공석 중인 직위에 자격을 갖추어 지원한 사람들을 유치하는 과정이다. 대체로 전문성과 원만한 대인관계를 맺을 수 있는 능력 등을 중요시한다.
- 모집을 위해서는 해당 직무에 대한 업무내용과 책임범위 등을 파악하는 직무분석이 선행되어야 한다.
- 직무분석의 결과를 바탕으로 어떤 업무를 수행하게 되는지를 서술하는 직무기술서 및 어떤 자격을 갖춰야 하는지를 정리하는 직무명세서를 작성한다.

직무기술서와 직무명세서

직무기술서(job description)	직무명세서(job specification)
특정 직무 · 직위에 부가된 임무와 책임을 구체적으로 기술한 것	특정 직무를 수행하는 데 요구되는 최소한의 자격요건을 기술한 것
• 직무명칭(소속부서, 직무번호, 직속상관 등) • 직무개요(직무의 목적과 직무에서 기대되는 결과) • 장비(직무에 필요한 도구) • 환경(직무의 환경적 특성) • 작업활동(직무의 임무 및 책임과 직무에 요구되는 사회적 측면)	• 사회복지사, 운전면허 등 관련 자격증 • 교육수준 및 경력 • 판단력과 주도력, 책임 • 육체적 노력 및 육체적 기술 • 의사소통기술 • 정서적 특징 • 필요한 능력과 그 수준 • 감각기능의 사용도와 필요도

※ 직무기술서와 직무명세서는 큰 차이가 없으나, 직무기술서가 직무의 내용에 좀 더 비중을 두는 반면, 직무명세서는 인적 요건에 좀 더 비중을 둔다.

② 선발

- 사회복지조직에서 직원 선발은 조직문화에 기초하여 선발되어야 하며 전문성과 원만한 인간관계, 클라이언트 및 직원들을 보호할 수 있는 능력이 고려된 사람을 선발해야 한다.
- 선발을 위한 시험은 객관성과 타당성을 갖추어야 한다.
- 필기시험: 관리가 용이하고 시간과 경비 절약, 객관도, 타당도를 높일 수 있다.
  - 주관식 시험: 통찰력, 추리력, 판단력과 같은 고도의 복잡성을 지닌 사고능력을 측정하는 것으로, 시험출제에 비교적 적은 시간이 소요된다. 그러나 채점자의 객관성이 의심받을 수 있으며, 채점에 많은 시간과 경비가 소요된다.
  - 객관식 시험: 채점이 용이하고 고도의 객관도를 확보할 수 있으나 고도의 복잡성을 지닌 사고능력을 측정하는 데는 비효과적이다.
- 실기시험: 실제 근무와 같은 조건에서 같은 도구나 기구를 써서 일을 해보는 것이다. 타당도가 높다는 장점이 있으나 많은 사람을 한번에 테스트하기 어렵고 채점의 객관도나 신뢰도에 문제가 있을 수 있다.
- 면접시험: 필기시험에서 알아보기 어려운 태도, 성격, 창의성, 협조성 등을 파악하기 위한 것이다. 면접관의 선입견이 개입될 가능성이 있으므로 면접관의 훈련, 면접조사방법의 개발 등이 필요하다.

시험의 종류

종류		장점	단점
필기시험	주관식	• 통찰력, 판단력 등 사고력 측정 가능 • 시험출제에 적은 시간 소요	• 채점자의 객관도 • 채점에 시간과 경비 소요
	객관식	• 용이한 채점 • 객관성 확보 가능	사고력 측정에는 비효과적
실기시험		높은 타당도	• 다수에게 적용 불가 • 채점에서 객관도, 신뢰도 저하
면접시험		태도, 창의성, 협조성, 성격을 파악	면접관의 선입견이 개입될 가능성이 높음

(3) 채용 및 배치

- 채용: 모집하여 선발하고 근로계약을 체결한다.
- 배치: 채용된 직원들을 어떤 부서에서 어떤 직무를 맡길 것인지를 정한다.

(4) 오리엔테이션(신입직원 훈련)

오리엔테이션은 신규채용자를 대상으로 하는 훈련으로 기관과 그 서비스 및 지역사회를 새로운 직원에게 소개하는 과정이다.

(5) 평가

- 직무평가는 전문직을 발전시키는 데에 목적이 있다. 직무수행 평가를 통해 직원에게 현재의 수행능력을 알리고, 업적에 의한 봉급인상의 결정, 훈련 필요성의 발견, 승진 후보자의 확인, 업무향상에 대한 장애나 문제점의 파악, 직무개선 방법의 토의기회 제공 등에 활용한다.
- 직무수행평가의 순서
  직무수행 기준 확립 → 직원에게 직무수행의 기대치 전달 → 평가도구를 통해 직무수행 측정 → 직무수행 기준과 실제 직무수행 비교 → 평가회의: 평가결과에 대한 토의 (→ 직무수행 기대치 및 직무수행 기준 등을 수정)

직무평가와 직원평가

직무평가와 직원평가는 다르다. 직무평가는 직무 자체의 상대적 가치를 분석·평가하는 것으로써 직원을 평가하는 것이 아니라 직무의 중요도와 난이도, 책임과 필요 등을 기준으로 평가하여 공정한 임금체계를 구축하는 데 주로 활용된다. 쉽게 말해 직무평가는 이 직무는 다른 직무와 비교하여 얼마나 중요한가에 초점을 둔다면, 직원평가는 이 직원은 해당 직무를 얼마나 잘 수행하는가에 초점이 있다고 할 수 있다.

(6) 승진

승진은 직무에 대한 직원의 수행결과에 기초하여 지위와 보수를 발전시키는 것을 의미한다. 건전한 행정은 승진의 기준과 절차를 명확하게 규정한다. 승진과 봉급인상에서 중요한 요소는 근무연한(경력), 업무수행 능력이며, 학력, 시험성적, 교육훈련 성적, 상벌사항 등이 기준으로 활용될 수 있다.

보충자료

**직원평가의
원칙 및 유형**

(7) 해임

해임이란 어떤 지위나 맡은 임무를 그만두게 하는 것을 뜻하는데, 개인과 기관 모두를 위해서 되도록 짧은 시간에 공정하게 이루어져야 한다.

2

직원능력개발 등

기출회차

1	2	3	4	5
6	7	8	9	10
11	12	13	14	15
16	17	18	19	20
21	22	23		

강의로 복습하는 기출회독 시리즈

Keyword 208, 209

중요도 ★

단독 문제가 아니더라도 인사관리에 관한 종합적인 문제에서도 충분히 다뤄질 수 있기 때문에 다양한 직원능력개발 방법을 한번쯤 훑어보도록 하자.

잠깐!

최근에는 단순히 직무능력을 향상시키려는 노력에서 더 나아가 긴장감, 스트레스 완화를 위한 노력이나 직무환경 개선을 위한 노력도 직원능력개발의 범주로 인식되고 있다.

1. 직원능력개발

(1) 직원능력개발의 개념 및 의의

- 직원능력개발은 직원들의 소양과 능력을 개발하고 직무수행에 필요한 지식과 기술을 향상시키며 가치관과 태도를 바람직한 방향으로 변화시키기 위한 교육 및 훈련 활동을 말한다.
- 새로운 지식과 기술의 진보에 따라 효과적인 서비스 제공을 위해서는 직원능력개발이 필요하며, 이를 통해 전문적 태도를 심화할 수 있는 기회를 제공한다.
- 직원능력개발은 대체로 상급자가 필요성을 파악하고 방향을 설정한 다음, 그 내용을 하급자에게 적용하게 된다. 그러나 그 내용과 범위에 따라 상급자와 하급자 간에 상호조정이 필요하기도 하다.

(2) 직원능력개발의 과정

① 사정

직원들이 업무를 수행하는 과정에서 어떤 부분이 미흡한지를 파악하고 어떤 변화가 필요할지를 진단하는 과정이다.

② 전략의 선택 및 실행

문제를 파악한 후에는 적절한 목표를 설정하고 실천가능한 전략을 선택한다.

③ 평가

직원능력개발을 위한 다양한 방법들이 실행된 이후 그것이 얼마나 효과적인지를 판단하기 위한 과정이다. 새로운 기술이나 지식을 습득했는지, 업무 태도에 있어 어떠한 변화가 일어났는지 등을 토대로 실제로 직무수행 능력이 향상되었는지를 확인하는 과정이다.

(3) 직원능력개발의 종류

① 신규채용자 훈련(오리엔테이션)
- 새로운 직원에게 조직과 조직의 서비스 및 지역사회를 소개하는 과정으로 적응훈련 또는 기초훈련이라고도 한다.
- 조직의 역사와 미션, 목적, 기본정책, 규정, 조직 구조, 급여, 보상체계 등이 소개된다.

② 일반 직원 훈련
- 직무수행 개선을 위한 교육훈련으로 현재 근무하고 있는 직원들에게 필요한 새로운 기법을 습득하게 되는 등의 직무수행능력을 향상시키는 것을 목적으로 한다.
- 장기적이고 지속적으로 실시되어야 한다.

③ 감독자 훈련
- 슈퍼바이저(지도·감독을 맡고 있는 관리자)에 대한 훈련으로서 업무수행에 필요한 지식과 리더십, 의사전달, 인간관계, 인사관리 등에 대해 훈련한다.
- 훈련방법으로는 강의, 토의, 사례발표 등이 이용되고 있다.

④ 관리자 훈련
- 최고 계층에 속하는 중·고급 관리자에 대한 훈련으로서 정책 수립에 관한 훈련과 함께 리더십에 관한 훈련을 받게 된다.
- 교육 방법으로는 사례발표, 회의, 토의, 신디케이트가 이용될 수 있다.

⑤ 멘토링
- 상위 단계의 업무에 대해서 경험이 많지 않은 구성원들에게 경험을 공유시키면서 역량개발을 유도하는 방법이다.
- 멘토와 멘티의 지속적인 상호작용을 강조한다.
- 멘토링의 기능
  - 경력 관련 기능
  - 심리사회적 기능
  - 역할모델 및 네트워크 기능
- 성공적인 멘토링 프로그램
  - 자발적인 참여

- 절차상의 유연성
- 능력과 의지를 갖춘 멘토 선택
- 목적에 대한 명확한 이해

⑥ 경력(career) 개발

경력개발이란 구성원들의 경력에 대한 욕구, 가치지향, 강점과 제한점 등에 대한 파악과 함께 경력의 목표형성과 행동계획 수립을 위해 지원하는 것, 유용한 정보와 관련된 업무경험 등을 제공하는 것을 의미한다. 경력개발을 위해서는 조직 구성원과 관리자 그리고 조직 시스템이 함께 움직이는 과정이 필요하다. 또한 인사관리체계 내에서 경력개발 프로그램을 체계화시키는 것이 필요하다.

(4) 직원능력개발의 방법

① 계속교육

학교교육, 정규교육이 끝난 직원들을 대상으로 전문성 유지 및 향상을 위해 계속적으로 교육하는 것으로, 평생교육의 한 형태로 볼 수 있다. 보통 직장에서 실시하는 직무연수를 비롯해 사회복지사 보수교육도 계속교육의 차원이라고 볼 수 있다.

② 토의

소수의 사람들이 주제발표를 한 다음 여러 사람이 찬반논쟁을 벌이는 방식이다.

③ 패널토의(panel)

토의법의 하나로서 사회자의 진행에 따라 정해진 테마에 대하여 지식·경험이 풍부한 여러 명의 전문가가 토의를 하고 연수자들은 그 토의를 듣는 학습방식이다.

④ 포럼(forum)

토의법의 하나로 공개토론회라고도 한다. 특정 주제에 관하여 전문가가 새로운 자료와 견해를 제공하여 청중들의 관심을 높이고 필요한 정보를 제공하여 문제를 명확하게 한 후 각자의 의견을 표명하도록 촉진하는 것이다.

⑤ 신디케이트(syndicate, 분단연구반 / 분임토의)

10명 내외의 소집단으로 나누고 각 집단별로 동일한 문제를 토의하여 해결방안을 작성하고, 다시 전체가 모인 자리에서 각 집단별로 문제해결방안을 발표하고 토론하여 하나의 합리적인 문제해결방안을 모색하는 방법이다.

⑥ 집단행동

집단적으로 격리된 장소에서 합숙훈련을 하면서 이루어지며 태도 및 행동의 변화를 기하거나 구성원의 결속력을 다지는 데 효과적인 방법이다.

⑦ 사례발표

직원들이 돌아가면서 사례를 발표하고 이에 대해 다른 직원들이 평가와 토의를 하는 방식이다.

⑧ 역할연기(role playing)

여러 직원들 앞에서 2인 또는 그 이상의 직원들이 실제로 연기한 후 여러 직원들이 평가, 토론하여 사회자가 결론적인 설명을 하는 방법이다.

⑨ 임시대역(understudy)

공연에서 배역을 대신 연기하는 것에서 온 용어로, 상사의 부재시에 대비하여 직무수행을 대리하게 하는 방식이다.

⑩ 순환보직(rotation)

일정한 시일의 간격을 두고 여러 다른 직위나 직급에 전보 또는 순환보직 등을 통해 훈련하는 방법을 말한다. 이러한 훈련방법은 여러 가지 보직을 담당하는 과정에서 시야와 경험을 넓히고 관리능력을 향상시키는 장점이 있는 반면에, 전보가 빈번히 이루어지는 경우 업무 수행의 전문성과 능률성을 저하시키고 행정의 일관성을 해칠 우려가 있다.

⑪ OJT(On the Job Training)

직장훈련, 현장훈련, 직무상 훈련 등으로 표현하기도 한다. 근무현장 내에서 이루어지는 훈련으로 실제 직무를 수행하면서 선임자(직속 상사)로부터 개별 훈련 지도를 통하여 직무수행 능력을 개발하는 것이다. 업무수행과 함께 진행되며 업무요령 습득이 가능하다는 장점도 있지만, 훈련 내용이 체계화되기 어렵고 어떤 선임자를 만나느냐에 따라 훈련 효과가 다를 수 있다는 우려도 있다.

※ Off-JT(Off the Job Training): 직장 외 교육이라고도 하며, 직장 내외의 전문가를 초빙하여 직무현장이 아닌 교실에서 강의식으로 교육하는 방법이다. 그러므로 OJT와는 달리 실습이 없고, 시간적으로 융통성이 없다. 일 처리의 원리와 일반 지식을 교육하는 데 적합하다.

2. 동기부여 🏆 23회 기출

- 동기부여(motivation)는 근무의욕을 북돋우고 사기를 진작시켜 업무의 생산성을 향상시키며, 나아가 서비스 제공에 있어 효과성과 효율성을 높이기 위한 중요한 요소이다.
- 내용이론은 동기를 부여하는 실제적인 내용이 무엇인가에 초점을 둔다. 즉 무엇이 인간의 행동을 일으키는가와 관련된다. 개인의 욕구충족을 위해 동기가 발생하는 것으로 보기 때문에 내용이론을 욕구이론이라고도 한다. 내용이론이 개인의 욕구에만 주목함에 따라 조직 내에서 일하고 있는 구성원들의 동기를 어떻게 유발할 수 있는지에 대해서는 설명하지 못한 측면이 있는데 바로 이러한 부분을 설명하고자 한 것이 과정이론이다. 과정이론은 조직 구성원이 조직의 목표달성 과정에서 어떤 요인에 의해 행동을 일으키는지에 초점을 둔다. 즉 인간의 욕구에 기초를 두고, 거기에 더하여 행위의 선택을 유발하는 요인이 무엇인가를 추가적으로 설명한 것이다.

(1) 내용이론

① 매슬로우(Maslow)의 욕구계층이론

매슬로우는 욕구가 낮은 단계에서 높은 단계로 올라가는 계층으로 구성되어 있다고 주장하였다. 실증적으로 욕구가 단계적인가에 대한 근거가 부족하며, 직무만족은 매슬로우의 단계와 관계없는 요소의 영향을 받을 수 있다는 비판이 있다.

- 1단계 – 생리적 욕구: 인간에게 있어 가장 기본적인 욕구인 의식주와 관련된 최하위 단계의 욕구
- 2단계 – 안전의 욕구: 추위 · 질병 · 위험 등으로부터 자신을 보호하는 욕구
- 3단계 – 사랑과 소속에 대한 욕구(사회적 욕구): 가정을 이루고, 친구를 사귀는 등 애정 및 소속감에 관한 욕구
- 4단계 – 자기존중의 욕구: 소속단체의 구성원으로 명예나 권력을 누리려는 욕구
- 5단계 – 자아실현의 욕구: 자신의 재능과 잠재력을 충분히 발휘하여 자신이 이룰 수 있는 모든 것을 성취하려는 최고 수준의 욕구

② 허즈버그(Herzberg)의 동기 – 위생이론(2요인이론)

허즈버그는 조직 구성원에게 불만족을 주는 요인과 만족을 주는 요인은 서로 다른 차원으로서 '상호독립적'임을 지적하였다. 이를 풀이하면, 불만족요인이

충족되었다고 해서 만족된 상태가 되는 것이 아니라 단지 불만족이 아닌 상태 내지는 불만족이 감소된 상태가 되는 것이며, 마찬가지로 만족요인이 충족되지 않는 것은 불만족을 의미하는 것이 아니라 만족이 아닌 상태일 뿐이라고 보았다. 따라서 불만족요인인 위생요인이 충족됨으로써 만족하는 것이 아니라, 만족요인에 해당하는 동기요인의 충족을 통해 동기가 부여된다고 주장했다.

- 위생요인: 갖추어지지 않을 경우 불만족을 초래하는 요인으로서 주로 '환경적 요인'과 관련된다. 매슬로우의 욕구 단계 중 저차원적 욕구와 유사하다. 조직의 정책과 경영, 감독기술, 급여, 인간관계, 작업조건 등 5가지가 이에 해당한다.
- 동기요인: 갖추어졌을 경우 만족을 주는 요인으로서 직무를 통한 '정신적 성장' 및 '자기실현' 욕구와 관련된다. 달성, 인정, 일에 대한 책임, 승진 등이 이에 해당하며, 일에 대한 책임, 일 그 자체, 승진 등의 3가지 요소가 일에 대한 의욕과 정열을 지속시키는 요인이 된다고 보았다.

③ 알더퍼(Alderfer)의 ERG이론

알더퍼는 매슬로우의 5단계가 현실적인 조직 생활에는 적용하기가 매우 모호하다는 점을 비판하면서 존재욕구, 관계욕구, 성장욕구 등 3가지 욕구의 범주를 제시했다. 알더퍼는 각 욕구는 순서대로 나타나는 것이 아니라 어느 시점에서 어떤 욕구든 나타날 수 있다고 보았다. 다만, 고순위 욕구가 좌절될 경우 저순위 욕구가 중요해진다는 좌절−퇴행 접근을 주장했다.

- E(존재욕구, Existence): 매슬로우의 생리적 욕구나 일부 안전의 욕구와 같이 인간이 자신의 존재를 확보하는 데 필요한 욕구이다. 급여, 육체적 작업에 대한 욕구, 물질적 욕구 등이다.
- R(관계욕구, Relatedness): 개인이 주변 사람들과 의미 있는 인간관계를 형성하고 싶은 욕구를 말한다. 매슬로우의 안전에 대한 욕구, 사회적 욕구, 일부 자기존중의 욕구가 이에 해당한다.
- G(성장욕구, Growth): 매슬로우의 자기존중의 욕구와 자아실현의 욕구를 뜻하는 것이다. 개인의 잠재력 개발과 관련된 욕구이다.

④ 맥클리랜드(McClelland)의 성취동기이론

맥클리랜드는 3가지 욕구가 위계적인 관계는 아니라고 하면서도 성취욕구가 가장 중요하다고 보았다.

- 성취욕구(달성욕구): 어려운 일을 달성하려는 욕구, 장애를 극복하여 높은 목표를 이루려는 욕구, 다른 사람들과 경쟁하여 이기고 싶은 욕구, 자신의 능력을 최대한 발휘하고자 하는 욕구 등

- 권력욕구: 구성원들에게 통제력을 행사하거나 행동에 영향을 미치려는 욕구
- 친화욕구(귀속욕구): 다른 사람과 친근하고 밀접한 관계를 맺으려는 욕구

⑤ 맥그리거의 X·Y이론(인간관에 따른 관리전략)

X이론과 Y이론은 조직 내 인력자원의 동기수준, 직무의 성질, 조직의 상황요인 등을 고려해서 적용되어야 한다.

- X이론: 매슬로우의 하위욕구에 초점을 맞춘 강제, 통제, 명령, 처벌 등을 기초로 한 관리전략(권위적 관리)
- Y이론: 상위욕구를 중요시하여 '자율에 의한 통제'를 강조하면서, 조직 구성원의 잠재력이 능동적으로 발휘될 수 있는 관리전략을 통해 개인의 목표와 조직의 목표를 서로 통합(민주적 관리)

(2) 과정이론

① 아담스(Adams, 1963)의 형평성 / 공평성이론

구성원 개인이 조직의 보상체계가 공정하다고 인식하는지의 여부에 따라 동기가 발생한다고 본다. 이를테면, 조직원은 자신이 받는 보상(산출)과 자신이 기울인 노력(투입) 사이에 차이가 있는 것을 인지하면 이를 줄이려는 동기가 생긴다는 것이다. 한편으로는, 조직원은 다른 사람의 투입 대비 산출과 자신의 투입 대비 산출을 비교하여 불공평함을 느낀다면 그 차이를 줄이는 방향으로 동기가 부여된다는 것이다. 그래서 조직은 개개인에 대한 보상 정도를 정함에 있어 공정성을 검토해야 한다고 보았다.

② 브룸(V. Vroom, 1964)의 기대이론(VIE이론)

인간이 행동하는 방향과 강도는 그 행동이 일정한 성과(O: Outcome)로 이어진다는 '기대(E)'의 강도와 실제로 이어진 '결과(I)'에 대해 느끼는 '매력(V)'에 달려 있다. 사람은 행동에 앞서서 행동의 결과에 대해 생각하고, 어떤 결과가 이루어질 확률(가능성)을 고려해서 행동하며, 그 선택은 결과를 초래하는 인지된 매력에 의해 영향을 받는다고 가정한다.

③ 로크(Locke, 1968)의 목표설정이론

목표설정 자체가 사람들의 인지에 영향을 미치고 동기화에 결정적인 역할을 할 수 있다고 보는 이론이다. 이 이론은 인간은 자신이 얻으려고 설정한 목표를 달성하기 위해 의식적이고 합리적으로 행동한다고 보았다. 즉, 목표는 인간이 행동하는 방향을 결정하며 동기의 기초를 제공한다는 것이다. 목표는

조직이나 개인의 성과를 평가하는 기준이 되는데, 더 높은 목표를 달성하면 더 좋은 평가를 받는다는 점에서 동기부여가 일어난다. 따라서 조직은 구성원들의 동기를 형성시키기 위한 방안 중 하나로 목표설정에 대한 관리가 필요하다고 주장한다.

3. 소진(burnout)

중요도

소진에 대해서만 단독으로 출제된 적이 많지는 않지만 인적자원관리에 관한 종합적인 문제에서 소진의 단계가 종종 등장했으므로 꼭 기억해두자.

(1) 소진의 개념
전에는 헌신적이었던 전문직업인이 직업에서 경험하는 스트레스와 고통들에 대한 반응으로 직무에서부터 멀어져 가는 과정을 말하며, 직업에 대한 이상, 열정, 목적의식이나 관심을 점차적으로 상실해가는 과정을 의미한다.

(2) 소진의 단계
업무자의 개인적 특성과 기관의 직무환경 등에 따라 차이가 있을 수 있고, 단계가 진행되는 소요시간이 길거나 짧을 수 있으며 각 단계가 중첩적으로 느껴질 수도 있다.
- 열성의 단계: 희망과 정열을 갖고 많은 시간과 노력을 투자하는 단계이다.
- 침체의 단계: 보수, 근무시간과 근무환경에 신경을 쓰고 개인적 욕구충족을 중요시하는 단계이다.
- 좌절의 단계: 자신의 직무수행능력과 일 자체의 가치에 의문을 갖는 단계이다. 클라이언트와의 직접적인 접촉을 피하고, 피로, 두통, 복통 등의 증상을 호소하는 단계이다.
- 무관심의 단계: 정신적·신체적으로 기권 상태에서 클라이언트에게 무관심해지거나 그 직업을 떠나는 단계이다.

(3) 소진 방지를 위한 전략
- 역할교대, 워크샵, 교육훈련 등
- 조직의 사명, 목적, 목표를 분명히 하고, 이를 구성원들과 공유
- 정서적 지지를 위한 분위기 조성
- 비효율적인 서류 업무 및 부수적인 업무 축소
- 근무시간 선택 등 다양한 근무제도 도입
- 지속적인 슈퍼비전

한걸음 더 직무만족

근로자가 자신의 업무에 대해 만족하는 정도를 말한다. 대체로 직무만족이 낮으면 소진이 높게, 빨리 나타나는 것으로 보고되고 있다.

- 내적 만족: 난이도, 도전감, 중요성, 다양성, 책임 등 직무 그 자체의 내재적 가치가 주는 만족감
- 외적 만족: 보상, 작업환경, 승진 등 직무수행의 결과에 따라 부여되는 외재적 가치가 주는 만족감

3 슈퍼비전

기출회차

	2	3	4	5
6		8	9	10
11	12	13	14	15
16			19	20
21	22	23		

강의로 복습하는 기출회독 시리즈

Keyword 210

1. 슈퍼바이저의 역할 및 슈퍼비전의 기능 _{23회 기출}

슈퍼비전(supervision)은 직원개발에 주된 관심을 두는 공식적이고 행정적인 과정이다. 실무 직원이 서비스를 효과적·효율적으로 전달하기 위하여 지식과 기술을 잘 사용할 수 있도록 상급자가 부하직원을 도와주는 활동이다.

(1) 슈퍼비전의 기능 ★꼭!

① 행정적 슈퍼비전

• 일선 사회복지사에게 지시, 지도, 행정적 업무를 돕는다.
• 직원의 채용과 선발, 사회복지사의 임명과 배치, 업무의 계획 수립 및 위임, 업무에 대한 모니터링, 의사소통의 촉진, 변화의 매개자, 행정적 수장으로서의 역할

② 교육적 슈퍼비전

• 사회복지사에게 업무에 필요한 전문적인 지식과 기술 등을 증진시킨다.
• 학습의 촉진, 훈련 및 교육, 경험과 지식의 공유, 정보제공, 안내, 명확화, 문제해결에 대한 원조, 조언 및 제안 등

③ 지지적 슈퍼비전

• 일선 사회복지사가 스스로 업무를 진행할 수 있도록 용기를 북돋워주고 지지해준다.
• 스트레스 유발상황에 대한 대처 및 해소 지원, 사회복지사와의 신뢰 형성, 관점의 공유, 결정에 대한 책임 공유, 성공을 위한 기회 제공, 심리적 지지, 긴장의 완화 등

중요도 ★

슈퍼비전에 관한 문제는 단독으로 출제되지 않더라도 인적자원관리에 관한 문제에서도 선택지로 등장할 수 있으므로 유의해서 살펴보자. 23회 시험에서는 슈퍼비전의 기능, 역할, 구성요소 등 슈퍼비전의 전반적인 내용을 묻는 문제가 출제되었다.

합격자의 한마디

행정적 상급자	=	행정적
교육자	=	교육적
상담자	=	지지적

(2) 슈퍼바이저의 역할(카두신, Kadushin)

슈퍼바이저의 역할은 다음과 같이 3가지 유형으로 구분되는데, 실제 슈퍼비전 상황에서는 어느 한 가지 역할만 수행하게 되는 것이 아니기 때문에 역할 갈등을 경험할 수 있다.

① 행정적인 상급자로서의 역할

• 하급자가 기관의 정책이나 과정, 규정 등을 잘 지키고 있는지를 감독하는 역할이다.
• 업무를 처리하고 조직의 통제와 책임성을 유지하는 행정적 과정을 강조한다.

② 교육자로서의 역할

직접 서비스를 제공하는 일선 사회복지사에게 전문적인 지식과 기술을 증진시키는 역할로 전통적인 교육 기능을 강조한다.

③ 상담자로서의 역할

• 클라이언트의 문제로 인해 감정적으로 소진된 사회복지사에게 사회적 지지를 제공하는 역할이다.
• 동기를 부여하고, 사기를 진작시키고, 좌절과 불만에 대해 도움을 제공하며, 전문가로서의 가치를 느끼고 기관에 대한 소속감과 직무수행에 있어 안정감을 갖도록 한다.

2. 슈퍼바이저의 조건과 자질

• 풍부한 지식
• 실천 기술
• 접근의 용이성
• 진지한 자세
• 솔직성
• 긍정적인 보상(칭찬과 인정)

3. 슈퍼비전의 모형(왓슨, Watson)

합격자의 한마디

슈퍼비전이 꼭 슈퍼바이저와 슈퍼바이지가 1:1로 진행해야 하는 것은 아니랍니다~.

- 동료집단 슈퍼비전: 특정한 슈퍼바이저 없이 동료들이 동등한 자격으로 참여한다.
- 직렬 슈퍼비전: 두 업무자가 동등한 자격으로 슈퍼비전을 상호간에 제공한다.
- 팀 슈퍼비전: 다양한 성격을 가진 구성원으로 팀을 구성하여 진행한다.
- 개인교습 모델: 개인교사와 학생의 관계와 유사하게 1:1의 관계로 슈퍼비전을 주고받는다.
- 슈퍼비전 집단: 한 명의 슈퍼바이저와 한 집단의 슈퍼바이지로 구성된다 (개인교습 모델에서 발전된 방식).
- 케이스 상담: 업무자와 상담인의 체계로 형성된다.

9장 재정관리/재무관리

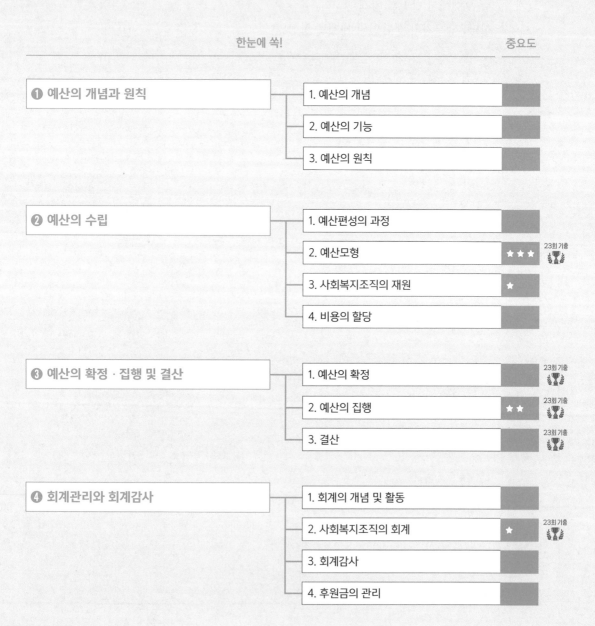

한눈에 쏙!　　　　　　　　　　　중요도

❶ 예산의 개념과 원칙

1. 예산의 개념

2. 예산의 기능

3. 예산의 원칙

❷ 예산의 수립

1. 예산편성의 과정

2. 예산모형　★★★　23회 기출

3. 사회복지조직의 재원　★

4. 비용의 할당

❸ 예산의 확정 · 집행 및 결산

1. 예산의 확정　23회 기출

2. 예산의 집행　★★　23회 기출

3. 결산　23회 기출

❹ 회계관리와 회계감사

1. 회계의 개념 및 활동

2. 사회복지조직의 회계　★　23회 기출

3. 회계감사

4. 후원금의 관리

기출경향 살펴보기

이 장의 기출 포인트

9장은 매회 평균 2문제 정도가 출제되고 있다. 예전에는 주로 예산모형에 관한 내용에 한정되어 출제되었지만, 최근에는 예산통제의 원칙이 단독문제로 출제되기도 하며, 예산 첨부서류, 결산 첨부서류, 예산의 전용, 준예산 등 '사회복지법인 및 사회복지시설 재무·회계 규칙'의 규정들에 관해 상세하게 묻는 문제가 출제되기도 한다.

최근 5개년 출제 분포도

연도별 그래프

평균출제문항수

2.0 문항

2단계 학습전략

데이터의 힘을 믿으세요!
강의로 복습하는 **기출회독 시리즈**

3회독 복습과정을 통해
최신 기출경향 파악

최근 10개년 핵심 키워드

| 기출회독 211 | 예산모형 | 6문항 |
| 기출회독 212 | 사회복지조직에서의 재정관리 | 10문항 |

기본개념 완성을 위한 **학습자료 제공**

기본개념 강의, 기본쌓기 문제, OX 퀴즈, 기출문제, 정오표, 묻고답하기, 지식창고, 보충자료 등을
아임패스를 통해 만나실 수 있습니다.

예산의 개념과 원칙

1. 예산의 개념

(1) 예산의 정의

- 예산(budget)은 독립적인 실체에서 행할 장래 일정 기간의 계획된 지출과 그 지출을 위한 자금조달 계획으로, 재정활동에 대한 감시 장치가 된다.
- 예산은 수입 · 지출의 종류 및 금액을 계통적 · 조직적으로 편성한 예정적 계산이며, 사업 계획의 내용과 방향을 수적으로 표시하여 재정의 규모, 내용 및 방향을 알 수 있도록 한다.

(2) 사회복지조직에서의 재정관리와 예산

재정관리의 과정
예산 편성 → 심의·의결 → 예산 집행 → 결산 및 회계감사 → 결산보고서 심의 및 승인

- 사회복지조직에서는 사회복지를 목적으로 다양한 형태로 제공되는 서비스를 위해 많은 비용을 필요로 한다. 특히, 영리기업이 아니기 때문에 수요자에게 무상 혹은 최소한의 비용으로 서비스를 제공하고, 정부보조금이나 민간 기부금 및 후원금이 기관 재정에서 절대적인 비율을 차지하고 있기 때문에 예산 운용에 대한 법적 · 도덕적 책임을 갖게 된다.
- 사회복지조직에서 재정관리는 예상되는 수입을 검토하여 지출을 맞추어 나가는 재정계획, 기금조성을 위한 활동, 예산 수립, 지출 조정, 평가의 과정으로 순환된다.

2. 예산의 기능

프로그램 논리모델인 '투입 → 전환 → 산출 → 성과'의 관계를 토대로 예산의 기능을 살펴볼 수 있다. 전통적으로 통제기능이 강조되었지만 최근에는 효율성, 효과성과 관련된 관리기능과 기획기능이 강조되고 있다.

(1) 통제기능
프로그램의 투입과 전환 간의 관계를 통해 기관과 프로그램의 재정상태를 검토하는 기능이다. 예산을 계획된 목적 외에는 사용할 수 없도록 통제하는 기능이다.

통제기능 → 품목별 예산
관리기능 → 성과주의 예산
기획기능 → PPBS

(2) 관리기능
프로그램의 투입과 산출 간의 관계를 통해 기관과 프로그램의 효율성을 파악하는 기능이다. 최소한의 예산으로 신속하게 효율적으로 목표를 달성할 수 있도록 하는 기능이다.

(3) 기획기능
프로그램의 투입과 결과(성과) 간의 관계를 통해 주로 기관과 프로그램의 효과성을 검토하는 기능이다. 예산이 목표달성에 얼마나 효과적인가를 파악하는 기능으로, 단기적 계획뿐만 아니라 장기적 계획을 모두 포함한다.

3. 예산의 원칙

(1) 공개성
예산 과정에서 주요 단계는 공개하여야 한다.

(2) 명료성
국민이 쉽게 이해할 수 있도록 합리적인 관점에서 분류되고 수지의 추계가 명확하고 수입의 유래와 용도가 분명하게 표시되어야 한다.

(3) 사전의결
예산은 집행 전에 승인을 받아야 한다.

(4) 정확성
예산과 결산은 가급적 일치해야 한다.

(5) 한정성
정해진 목적을 위해 정해진 금액을 정해진 기간 내에 사용해야 한다.

(6) 통일성

기부금, 후원금, 사업수익 등 모든 수입을 하나의 공통된 창구에 포함한 후 지출해야 한다는 것으로, 특정한 수입과 특정한 사업을 직접 연결시켜서는 안 된다.

(7) 단일성

조직 내 재정활동은 하나로 묶어야 한다는 원칙이다. 독립된 복수의 예산이 있게 되면 전체적인 관련성이 불명확하게 되어 혼란을 야기하기 때문이다.

(8) 포괄성(완전성)

예산총계주의 원칙을 따라 세입과 세출은 모두 예산에 계상하여야 한다.

(9) 연례성

예산은 회계연도 단위로 작성되어야 하며, 이를 예산단연주의라고 한다.

(10) 배타성

예산에 있어서는 재정적인 문제만을 취급해야 한다.

2 예산의 수립

기출회차

1	2	3	4	5
6	7	8	9	10
11	12	13	14	15
16	17	18	19	20
21	22	23		

강의로 복습하는 기출회독 시리즈

Keyword 211

1. 예산편성의 과정(Skidmore)

(1) 조직의 목표(objective) 설정

단기적이고 관찰과 측정이 가능해야 하며, 구체적인 세부목표(objective)가 장기적인 목표(goal)에 부합하는지를 검토하여 수립한다.

(2) 기관운영에 관한 사실의 확인

과거와 현재 기관 운영에 관하여 이용할 수 있는 기본적인 정보를 입수하고 연구하는 과정이다. 조직의 운영에 관해 이용할 수 있는 자료, 즉 부서별, 개인별 업무내용과 프로그램 실적, 프로그램 평가, 조직 내외의 가용자원, 재정현황 등이 기본적인 정보가 될 수 있다.

(3) 운영대안의 검토

회계연도 내에 가능한 재원을 활용하는 여러 가지 대안을 검토한다.

(4) 우선순위의 결정

조직의 목표와 효과성, 효율성, 시급성, 재정의 가용성 등 기존의 운영방법과 새로 설정된 운영방법을 비교하여 우선순위를 결정하고, 이 과정에서 어느 것이 기관의 정책 및 목표와 일치하는가를 살펴본다.

(5) 예산에 관한 최종적인 결정

전체 기관과 기관 내에서 활동하는 개인들의 잠재력과 요구를 고려하여 부서들의 요구를 조정하여 최종적인 예산안을 확정짓는다.

(6) 적절한 해석과 홍보

확정된 예산안에 대한 필요성을 설명하여 최종적인 예산승인을 얻는다.

예산편성지침

법인의 대표이사는 재정의 건전화를 위해 매 회계연도 개시 1개월 전까지 그 법인과 해당 법인이 설치·운영하는 시설의 예산편성 지침을 정하여야 한다. 법인 또는 시설의 소재지를 관할하는 시장·군수·구청장은 특히 필요하다고 인정되는 사항에 관하여는 예산편성 지침을 정하여 매 회계연도 개시 2개월 전까지 법인 및 시설에 통보할 수 있다.

중요도 ★★★★

각각의 예산모형이 단독으로 출제되기도 하며, 여러 모형이 한꺼번에 한 문제로 출제되기도 한다. 각 예산방식의 주요 특징을 파악해두어야 한다. 23회 시험에서는 예산모형별 주요 특징을 비교하는 문제가 출제되었다.

합격자의 한마디

품목별 예산은 '점증주의적 특성, 작성의 용이성, 보편적으로 사용됨', 성과주의 예산은 '단위원가, 성과관리', PPBS는 '장기적 계획에 활용, 목표와의 연결', 영기준예산은 '전년도 예산과 무관' 등의 주요 특징을 기억해둡시다.

2. 예산모형 ²³회 기출 🏆

(1) 품목별 예산(항목별 예산, LIB: Line-Item Budget) ⭐ 꼭!

항목별 예산의 예

항목	전년도 예산	금년도 예산
급여	93,580	102,290
임대료	5,500	6,300
소모품비	7,330	8,000
장비비	2,390	4,500
우편 및 소포비	…	…
인쇄 출판비	…	…
출장비	…	…
회의비	…	…
잡비	…	…
총 지출	…	…

대개 1회계연도를 기준으로 작성하는 가장 기본적인 예산형식이며, 사회복지지관에서 가장 많이 사용되고 있는 형식이기도 하다. 예산을 수입과 지출의 항목별로 혹은 지출 항목별로 구체적으로 제시한다. 예산을 배분함에 있어 전년도 예산을 토대로 하는 점증주의적 특성이 강하게 나타난다.

잠깐!

점증주의(점진주의) 예산편성
관행적으로 전년도 예산을 기준으로 물가상승률 정도를 반영하여 액수를 점진적으로 증가시켜 다음 해의 예산을 편성하는 방법이다.

① 장점
- 전체 예상 지출 항목들을 수직으로 나열하여 사용하기에 간편하고 단순하다.
- 지출 근거가 명확하므로 예산 통제에 효과적이다.
- 지출이 예산 항목별로 정리되어 회계에 유리하다.

② 단점
- 전년도 예산을 기준으로 하여 물가상승률 정도만 반영되어 예산이 책정되기 때문에 예산 증감의 신축성이 없다(비탄력적이다).
- 예산의 항목만 제시될 뿐 구체적으로 그 비용이 왜 필요한지, 어떻게 사용되는지에 대한 근거가 명확하지 않아 예산에 대한 타당성이 부족하다.
- 프로그램 목표나 내용, 결과 등과의 연결성이 없기 때문에 프로그램의 사회적 책임성이라는 요구를 충족시키기 어렵다.

(2) 성과주의 예산(PB: Performance Budget) ⭐꼭!

성과주의 예산의 예

항목	전년도 예산	금년도 예산
집단 식사제공 프로그램 단위원가가 5,000원인 1,000회의 식사 = 5,000 × 1,000 = 5,000,000원	…	5,000,000
사회화 및 오락 프로그램 단위원가가 12,000원인 3,000시간의 서비스 = 12,000 × 3,000 = 36,000,000원	…	36,000,000
교통 프로그램 단위원가가 7,000원인 9,000회의 운송 = 7,000 × 9,000 = 63,000,000원	…	63,000,000
총 지출	…	…

예산에 제시된 업무량이 실제로 달성되었는지를 통해 성과를 관리한다는 점에서 성과주의 예산이라고 하며, 기능적 예산 관리(functional budgeting system)라고도 한다. 개별 지출 항목들을 조직활동과 연결시키며, 프로그램의 비용을 구체적으로 단위원가와 업무량에 따라 계산하여 예산을 수립한다. 프로그램을 위한 직접비용 외에도 프로그램 제공을 위해 필요한 간접비용도 함께 제시한다. 성과의 달성 정도가 다음 회계 예산편성의 자료로 활용된다는 점에서 다소 점증주의적 성격을 갖는다.

사회복지조직의 책임성과 관련하여 중요성이 강조되고 있으며, 우리나라는 1990년대 후반부터 성과주의 예산제도를 도입하고 있다.

합격자의 한마디

'성과주의'라고 해서 결과에만 관심을 두는 것은 아니며, 업무량을 검토함으로써 목표를 달성하는 과정에도 관심을 둡니다.

① 장점

- 무엇을 얼마나 제공할 것인지가 작성되므로 프로그램의 목표와 운영에 대한 모니터링이 가능하다.
- 성과물이 예산 할당의 기준이 되기 때문에 프로그램의 효율성을 기할 수 있다.
- 단위원가를 계산하여 합리적 자금배분이 가능하다.

② 단점

- 직접비용과 간접비용을 계산해야 하므로 범위를 정하는 것이 쉽지 않다.
- 비용산출의 단위(시간, 횟수, 클라이언트 수) 설정과 단위원가를 책정하는 데 어려움이 있다.
- 단기적으로 성과가 드러나는 사업이나 성과를 명확하게 측정할 수 있는 사업에 대해서 예산 배분이 치중될 수 있다.
- 사업별로 예산의 책임이 분산된다는 점에서 조직 전체 차원에서의 예산 통제는 어려울 수 있다.

(3) 프로그램기획 예산(PPBS: Planning – Programming – Budgeting System) ⭐ ^{꼭!}

프로그램기획 예산의 예

항목	전년도 예산	금년도 예산
집단 식사제공 프로그램 300만원의 총비용으로 200명의 노인에 대한 영양을 유지하거나 개선하는 것	…	3,000,000
사회화 및 오락 프로그램 200만원의 총비용으로 200명의 노인에 대한 사회적 기능을 유지하거나 개선하는 것	…	2,000,000
교통 프로그램 500만원의 총비용으로 200명의 노인에 대한 이동편의를 증진시키고 교통비에 대한 경제적 부담을 감소시키는 것	…	5,000,000
총 지출	…	…

성과주의 예산이 비용을 산출물(업무량)에 결부시킨다면, 프로그램기획 예산은 프로그램 목표에 결부시킨다.

프로그램기획 예산방식은 프로그램의 계획과 예산 수립의 괴리를 좁혀 프로그램의 효과성을 높이기 위해 개발되었다. 목표달성을 위한 장기적인 계획을 수립하고 그 계획을 연차적으로 실행하기 위해 예산을 사업별로 편성함에 따라 프로그램과 예산이 통합되는 방식이다. 프로그램 중심이자, 산출을 중심으로 한 예산방식이다. 구체적인 목표의 수립과 그에 맞는 달성을 강조한다.

① 장점

- 한정된 자원에 대한 최적의 활용 · 분배 방법을 계산하여 능률과 절약에 기여한다.
- 체제분석, 비용효과분석 등을 통해 의사결정에 있어 주관적 편견을 배제하고 객관적이고 합리적인 판단을 내릴 수 있다.
- 목표와 프로그램을 명확히 알 수 있고, 계획과 예산이 결합되어 조직 운영의 통합성을 꾀할 수 있다.

② 단점

- 사업에 필요한 품목들이나 단위원가가 직접적으로 제시되지 않는다.
- 장기적인 계획에 의해 프로그램 목표와 재정 계획이 뒷받침되어야 한다.
- 결과에만 치중하여 과정을 무시하고, 권력과 의사결정이 중앙집권화될 경향이 있다. 프로그램기획 예산의 핵심은 프로그램에 있으며, 프로그램의 경우 조직의 목표달성을 위해 존재하게 된다. 따라서 예산수립이 전체 조

직의 비전에 의해 좌지우지될 가능성이 높으며, 이는 집권화를 야기하는 원인이 되기도 한다.

③ 프로그램기획 예산의 절차

장기적이고 일반적인 목표 확인 및 개발 → 구체적이고 시간제한적이며 계량적인 목표를 잠정적으로 결정 → 목표달성과 관련된 정보 수집 → 구체적 목표설정 및 우선순위 결정 → 제반 대안개발 및 대안들 간 비교분석을 통해 최적의 것을 선택 → 실행가능성 검토 → 현실성 있게 예산 수정 → 최종적 예산 채택

(4) 영기준 예산(ZBB: Zero – Based Budget) ⭐

전년도 예산과는 무관하게 영(0)의 상태에서 기존 프로그램이나 신규 프로그램의 정당화를 역설하고 프로그램의 우선순위에 따라 예산을 편성하는 형식으로서 일몰법(sunset law)과 관계가 깊다. 현재 진행될 프로그램들의 효과성, 효율성, 시급성을 검토하여 그에 따라 예산의 증감을 결정하므로 점증주의적 특성을 갖지 않는다.

① 장점

- 관례적 예산 책정을 탈피한다는 점에서 예산절약과 프로그램의 쇄신에 기여하는 점이 있지만, 예산절약은 과정 상에 나타나는 장점일 뿐 궁극적인 목표는 아니다.
- 재정자원의 합리적인 배분이 가능하며, 탄력적인 특성을 갖는다.
- 프로그램의 효과성, 효율성에 기여한다.

② 단점

- 의사소통, 의사결정, 프로그램 평가에 대한 관리자의 전문성과 객관성이 요구되기 때문에 이와 관련한 관리자의 교육, 훈련이 이루어져야 한다.
- 합리성만을 강조하므로 심리적인 요인을 무시하는 경향이 있다.
- 이 예산 방식을 적용하면 다음 해에 진행될 같은 프로그램의 예산을 미리 예측하기가 어렵기 때문에 장기적인 프로그램의 예산계획으로는 부적절하다.

③ 영기준 예산의 절차

의사결정 단위 설정 → 의사결정 패키지 설정 → 각 패키지에 우선순위 부여 → 예산 배정 → 예산집행의 성과 평가

의사결정 단위

조직의 관리자가 독자적인 업무수행의 범위 및 예산편성의 결정권을 갖는(최하수준의) 사업단위 또는 조직단위

예산체계 유형의 비교

	항목별 예산	성과주의 예산	프로그램기획 예산	영기준 예산
범위	투입	투입 · 산출	투입 · 산출 · 효과 · 대안	투입 · 산출 · 효과 · 대안
기능	통제	관리	기획 및 경제성	관리, 기획
중요 정보	지출의 대상	기관의 활동	기관의 목적	기관의 목적, 사업의 목적
특징	• 통제중심 예산 • 전년도 예산이 주요 근거가 됨 • 회계계정별, 구입품 목별로 편성 • 통제적 기능이 강함 • 회계실무자에게 유리	• 관리중심 예산 • 과정중심 예산 • 단위원가×업무량= 예산 • 장기적 계획을 고려 하지 않음 • 효율성을 중시함 • 관리기능이 강함 • 관리자에게 유리	• 계획지향 예산 • 장기적 계획과 단기 적 예산편성을 구체 적인 사업실행 계획 을 통하여 연결 • 장기적 계획에 유리 • 목표의 명확화 및 목표의 달성을 강조 • 계획자에게 유리	• 순위지향 예산 • 사업목표와 수행능 력에 따라 매년 새 로이 편성 • 동등한 기회 부여 • 사업의 비교평가에 기초함 • 의사결정기능 강함 • 소비자에게 유리
장점	• 지출근거가 명확하 게 드러남 • 예산통제에 효과적 • 간편성으로 인해 쉽 게 사용가능	• 목표와 사업을 분명 히 이해함 • 자금 배분의 합리성 • 사업별 통제가 가능 • 사업의 효율성 제고	• 목표 및 사업과 예 산 간의 괴리 극복 • 합리적 자금 배분 • 장기적 사업계획에 유리 • 사업의 효과성 제고	• 예산 절약과 사업의 쇄신 기여 • 탄력적, 합리적 자 금 배분 • 사업의 효율성 · 효 과성 제고
단점	• 예산의 신축성 저해 • 예산 증대의 정당성 근거가 희박함 • 결과나 목표달성에 대한 고려가 부족함 • 사업내용 파악 곤란 • 효율성 무시	• 예산통제가 어려움 • 비용산출의 단위설 정과 비용책정이 어 려움 • 효율성을 강조하여 효과성이 무시됨	• 목표설정의 어려움 • 결과에 치중하여 과 정이 무시됨 • 권력과 의사결정이 중앙집권화 될 경향 이 있음	• 의사소통, 의사결 정, 사업평가 등 관 리자 훈련 필요 • 정치적 · 심리적 요 인이 무시됨 • 장기계획에 의한 사 업수행이 곤란함

※ 참고: 황성철 외, 2014: 318, 우종모 외, 2004: 348-349.

중요도

바우처 제도의 성격 정도는 살펴 보기 바란다.

3. 사회복지조직의 재원

(1) 정부 측 재정원천

① 정부보조금

- 사회복지법인, 사회복지사업을 수행하는 비영리법인, 사회복지시설 보호 대상자를 수용하거나 보육 · 상담 및 자립지원을 하기 위하여 사회복지시설 을 설치 · 운영하는 개인 등이 정부보조금 지급 대상에 포함된다.
- 국가 또는 지방자치단체가 이미 교부한 보조금이라도 거짓이나 기타 부정 한 방법으로 보조금의 교부를 받은 때, 보조금을 사업목적 이외의 용도에 사용한 때, 법인이 사회복지사업법 또는 동법 시행령을 위반한 때에는 그

전부 또는 일부의 반환을 명할 수 있다.

② 위탁비

위탁은 중앙정부 또는 지방자치단체가 행해야 할 사업을 민간 사회복지시설에 맡긴 것으로 국가의 책임 하에 실시된다. 서비스를 대행하여 실시하는 대가로 지불되는 것이 위탁비이다.

③ 바우처 제도

바우처 제도는 정부가 수요자에게 쿠폰을 지급하여 원하는 공급자를 선택하도록 하고, 공급자가 수요자로부터 받은 쿠폰을 정부에 제시하면 정부가 그 재정을 지원하는 방식이다. 그렇기 때문에 기관의 재정을 지원하는 측면도 있지만, 이용자에 대한 보조금으로 볼 수도 있다. 사회복지와 관련하여 노인돌봄, 장애인활동 지원, 산모/신생아 도우미 지원, 가사 · 간병 · 방문사업 등 다양한 전자바우처 제도가 도입되고 있다.

(2) 민간 측 재정원천

민간 측의 재정원천은 일반 기부금, 후원금, 영리기업과 협약을 통한 기부금, 결연 후원금, 자선파티나 음악회 등 특별행사를 통한 모금, 유증(유산증여), 개인 및 타 조직으로부터 받는 회비, 지역 공동모금의 배분, 서비스 이용 요금, 자체 수익사업(건물임대, 이자증식 등)을 통해 발생한 금액 등이 있다.

4. 비용의 할당

각 프로그램별로 예산의 출처들을 명확하게 구분하여 지출해 나가도록 해야 한다. 이는 예산을 제공할 각 자원제공처들에 대해서 예산집행에 따르는 책임성을 확실시하기 위한 것이다.

(1) 가변비용, 반가변비용, 고정비용
- 가변비용: 생산량에 정비례해서 움직이는 비용 예 물품구입비, 물세 전기세 등
- 반가변 비용: 생산량 증가에 대해 단계적인 증가를 보이는 비용
- 고정비용: 생산량의 증가와 관계없이 일정하게 드는 비용 예 임대료 등

(2) 직접비용과 간접비용
- 직접비용: 프로그램 운영에 직접적으로 투입되는 비용 예 프로그램 홍보비, 직접

서비스 비용 등

• 간접비용: 프로그램 활동에서 단지 부분적이거나 간접적으로 나타나는 비용 일반행정비나 간접경비, 일반 목적의 회의비 등

(3) 기술비용과 임의비용

• 기술비용: 각 부서에 대해 합당하게 부과할 수 있는 비용(주로 가변비용) 물품비 등

• 임의비용: 각 부서의 부담률이 뚜렷하지 않은 경우 행정관리자 임의로(자유재량으로) 결정하는 비용(주로 반가변 비용이나 고정비용) 건물유지비, 예비비 등

잠깐!

행정비용들이 대개 임의적으로 결정되기 쉬운데 사회복지조직들의 행정의 투명성과 명확성 확보를 위해서는 기존에 임의비용으로 처리되던 것을 점진적으로 기술비용으로 바꾸어 나가려는 노력이 필요하다.

3 예산의 확정 · 집행 및 결산

기출회차

강의로 복습하는 기출회독 시리즈

Keyword 212

1. 예산의 확정 _{23회기출}

(1) 예산의 편성 및 결정(재무 · 회계 규칙 제10조)

• 법인의 대표이사 및 시설의 장은 예산을 편성하여 각각 법인 이사회의 의결 및 시설운영위원회에의 보고를 거쳐 확정한다. 다만, 법인이 설치 · 운영하는 시설은 시설운영위원회에 보고 후 법인 이사회의 의결을 거쳐 확정한다. 법인의 대표이사 및 시설의 장은 확정한 예산을 매 회계연도 개시 5일 전까지 관할 시장 · 군수 · 구청장에게 제출하여야 한다.

• 시장 · 군수 · 구청장이 예산을 제출받은 때에는 20일 이내에 세입 · 세출명세서를 시 · 군 · 구의 게시판과 인터넷 홈페이지에 20일 이상 공고하고, 법인의 대표이사 및 시설의 장으로 하여금 해당 법인 및 시설의 게시판과 인터넷 홈페이지에 20일 이상 공고하도록 하여야 한다.

(2) 예산에 첨부하여야 할 서류(재무 · 회계 규칙 제11조)

예산에는 다음의 서류가 첨부되어야 한다. 다만, 단식부기로 회계를 처리하는 경우에는 제1호 · 제2호 · 제5호 및 제6호의 서류만을 첨부할 수 있고, 국가 · 지방자치단체 · 법인 외의 자가 설치 · 운영하는 시설로서 거주자 정원 또는 일일평균 이용자가 20명 이하인 소규모시설은 제2호, 제5호(노인장기요양기관의 경우만 해당) 및 제6호의 서류만을 첨부할 수 있다.

1. 예산총칙
2. 세입 · 세출명세서
3. 추정대차대조표
4. 추정수지계산서
5. 임 · 직원 보수일람표
6. 당해 예산을 의결한 이사회 회의록 또는 해당 예산을 보고받은 시설운영위원회 회의록 사본

잠깐!

※알림: 이 책에서 '재무 · 회계 규칙'은 '사회복지법인 및 사회복지시설 재무 · 회계 규칙'을 말합니다.

합격자의 한마디

예산 첨부서류 및 결산 첨부서류는 각 서류가 예산 집행 전에 작성되는지 집행 후에 작성되는지를 구분할 수 있으면 수월하게 답을 찾을 수 있습니다.

한걸음 더
단식부기와 복식부기

부기는 기록계산법의 목적과 방법의 차이에서 단식부기(單式簿記, single entry bookkeeping)와 복식부기(複式簿記, double entry bookkeeping)로 구분된다.

- 단식부기는 개개 재산의 변동만을 단독으로 기록·계산하는 것으로 상식적인 기장(記帳)을 하는 부기법이다. 재산이나 자본의 정확한 계산을 하는 것보다는 오히려 기장기술(記帳技術)이 간편한 것을 바라는 소규모조직에서 쓰이고 있다.
- 복식부기는 개개의 재산변동을 다른 것과의 유기적 관련으로 파악하여 대차평균의 원리 아래서 조직적·합리적으로 기록·계산하는 것으로, 이론적·실천적으로 많은 특징을 가지고 있어, 오늘날 지배적인 기술체계로 되어 있다.
- 단식부기가 우리가 흔히 쓰는 용돈기입장이나 가계부처럼 현금의 수입과 지출을 단순히 기록하는 방법이라면, 복식부기는 그 거래내용에 관한 구체적인 리스트를 모두 기록하여 원인과 결과가 드러나도록 하는 방식이다.

중요도 ★★

예산의 목적 외 사용금지나 전용, 이월 등이 가능한지를 확인하는 차원에서 다뤄지기도 하지만, 준예산의 개념이나 준예산이 가능한 경비를 확인하는 문제도 출제된 바 있다. 예산을 집행함에 있어 고려해야 할 원칙도 살펴봐야 한다. 23회 시험에서는 사회복지시설의 예산 편성 및 결정 절차를 순서대로 나열하는 문제가 출제되었다.

2. 예산의 집행 [23회 기출] 🏆

예산집행은 예산안이 담고 있는 목표를 성취하는 데에 필요한 수입과 지출을 실행하는 것이다. 사회복지조직에서 예산집행의 중요성은 자원활용의 효율성 및 조직운영의 투명성을 제고하기 위한 차원에서도 강조된다.

(1) 사회복지조직의 예산 집행 ⭐

① 예산의 목적 외 사용금지(재무·회계 규칙 제15조)
법인회계 및 시설회계의 예산은 세출예산이 정한 목적 외에 이를 사용하지 못한다.

전용(轉用)
예정된 곳이 아닌 다른 곳에 사용함

② 예산의 전용(재무·회계 규칙 제16조)
- 법인의 대표이사 및 시설의 장은 관·항·목간의 예산을 전용할 수 있다. 다만, 소규모시설을 제외한 법인 및 시설의 관간 전용 또는 동일 관내의 항 간 전용을 하려면 각각 법인 이사회의 의결 또는 시설운영위원회에의 보고를 거쳐야 하되, 법인이 설치·운영하는 시설인 경우에는 시설운영위원회에 보고한 후 법인 이사회의 의결을 거쳐야 한다.
- 단, 예산총칙에서 전용을 제한하고 있거나 이사회 및 시설 예산심의 과정에서 삭감한 관·항·목으로는 전용하여서는 안 된다.
- 법인의 대표이사 및 시설의 장은 관·항 간 예산을 전용한 경우에는 관할 시·군·구청장에게 결산보고서를 제출할 때에 과목 전용조서를 첨부하여

야 한다.

③ 세출예산의 이월(재무 · 회계 규칙 제17조)

- 법인의 대표이사 및 시설의 장은 법인회계와 시설회계의 세출예산 중 경비의 성질상 당해 회계연도 안에 지출을 마치지 못할 것으로 예측되는 경비와 연도 내에 지출원인행위를 하고 불가피한 사유로 인하여 연도 내에 지출하지 못한 경비를 각각 이사회의 의결 및 시설운영위원회에의 보고를 거쳐 다음 연도에 이월하여 사용할 수 있다.
- 다만, 법인이 설치 · 운영하는 시설인 경우에는 시설운영위원회에 사전 보고한 후 법인 이사회의 의결을 거쳐야 한다.

④ 특정목적사업 예산(재무 · 회계 규칙 제18조)

- 법인의 대표이사 및 시설의 장은 완성에 수년을 요하는 공사나 제조, 그 밖의 특수한 사업을 위하여 2회계연도 이상에 걸쳐서 그 재원을 적립할 필요가 있는 때에는 회계연도마다 일정액을 예산에 계상하여 특정목적사업을 위한 적립금으로 적립할 수 있다.
- 적립금의 적립 및 사용 계획(변경된 계획 포함)은 시 · 군 · 구청장에게 사전에 보고하여야 한다. 적립금은 그 적립목적에만 사용하여야 한다.

> **잠깐!**
>
> **계상(計上)**
> 계산하여 올린다는 말로, 예산 편성에 올린다는 의미로 쓰인다.

⑤ 준예산(재무 · 회계 규칙 제12조)

- 회계연도 개시 전까지 법인 및 시설의 예산이 성립되지 아니한 때에는 법인의 대표이사 및 시설의 장은 시장 · 군수 · 구청장에게 그 사유를 보고하고 예산이 성립될 때까지 전년도 예산에 준하여 집행할 수 있다.
- 준예산은 임 · 직원의 보수, 법인 및 시설운영에 직접 사용되는 필수적인 경비, 법령상 지급의무가 있는 경비 등에 가능하다.

⑥ 추가경정예산(재무 · 회계 규칙 제13조)

- 법인의 대표이사 및 시설의 장은 예산성립 후에 생긴 사유로 인하여 이미 성립된 예산에 변경을 가할 필요가 있을 때에는 제10조(예산의 편성 및 결정절차) 및 제11조(예산에 첨부하여야 할 서류)의 규정에 의한 절차에 준하여 추가경정예산을 편성 · 확정할 수 있다.
- 법인의 대표이사 및 시설의 장은 추가경정예산이 확정된 날로부터 7일 이내에 이를 시장 · 군수 · 구청장에게 제출하여야 한다.

⑦ 예비비(재무 · 회계 규칙 제14조)

법인의 대표이사 및 시설의 장은 예측할 수 없는 예산외의 지출 또는 예산의 초과지출에 충당하기 위하여 예비비를 세출예산에 계상할 수 있다.

(2) 예산 통제(집행)의 원칙 ⭐꼭!

① 개별화의 원칙

재정통제 체계는 기관의 제약조건, 요구사항 및 기대사항에 맞게 고안한다.

② 강제의 원칙

재정통제 체계는 강제성을 띠는 명시적인 규정이 있어야 한다. 때로는 개별성이 무시될 수 있으나 규칙의 동일한 적용을 통해 공평성을 공식화해야 한다.

합격자의 한마디

예외 사항이 없도록 하는 것이 아니라, 발생할 수 있는 예외 사항에 대한 별도의 원칙이 마련되어야 한다는 점(예외의 원칙)은 헷갈리기 쉬우므로 기억해두자.

③ 예외의 원칙

규칙에는 반드시 예외 사항을 고려해야 하고, 예외 사항에 적용되는 다른 규칙이 명시되어야 한다.

④ 보고의 원칙

재정 관련 행위를 공식적으로 감시하고 통제한다. 예산의 남용이나 개인적 유용, 항목변경 등의 사실이 있음에도 보고되지 않으면 재정활동에 큰 문제가 발생할 수 있다.

⑤ 개정의 원칙

규칙은 대개 일정기간 동안만 적용할 수 있도록 제한한다. 적용시의 부작용에 대비해 일정 기간이 지난 후에는 규칙을 새로 개정할 수 있어야 한다.

⑥ 효율성의 원칙

비용과 노력을 최소화하는 정도에서 이루어진다.

⑦ 의미의 법칙

효과적인 통제가 되기 위해서 규칙, 기준, 의사소통 및 계약 등은 관계되는 모든 사람들이 잘 이해할 수 있도록 전달되어야 한다.

⑧ 환류의 원칙

재정통제 체계에 관한 여러 가지 부작용 및 장단점 등을 관련자들로부터 취합하고, 이를 개정과 개선의 기초로 활용해야 한다.

⑨ 생산성의 원칙

재정통제는 서비스가 효과적으로 전달되도록 하기 위한 수단이므로 이로 인하여 서비스 전달이라는 생산성에 장애와 갈등이 발생하지 않도록 유의해야 한다.

(3) 예산 집행을 통제하는 기제

① 분기별 할당

수입과 지출을 분기별로 조절하여 균형을 유지한다.

② 지출의 사전승인

지출 전 최고관리자 또는 중간관리자에게 승인을 받도록 하여 계획된 지출을 할 수 있도록 유도하고, 기관의 재정상황에 맞게 적절한 지출이 이루어질 수도 있도록 한다.

③ 지출의 취소

예상된 수입액이 충족되지 않은 경우 계획했던 지출을 일시적 혹은 최종적으로 취소하여 재정을 관리해야 한다.

④ 보고

관리자는 월별, 분기별 등 정기적으로 재정현황을 보고받아 검토해야 한다.

⑤ 대체

과다지출된 부분과 과소지출된 부분을 점검하여 전체적인 재정상태를 맞춘다.

⑥ 지불 연기

조직 내·외부에서 요청되는 지불이 당장 어려울 때에 사용할 수 있는 방법으로, 수입이 발생할 때를 고려하여 최대한 지불을 지연시키는 방법이다. 지불 연기에 따른 이자가 과다하게 발생할 때에는 그 적용에 대해 신중히 검토해야 한다.

⑦ 차용

은행 등 금융권 및 관련 단체나 정부기관 등을 통해 일정 자금을 빌릴 수 있다. 현재 재정이 불충분하고 계획된 수입이 없음에도 불가피하게 지출이 발생하게 될 경우 고려하게 되는 방법이다.

3. 결산 ^{23회 기출} 🏆

결산(closing)이란 일정기간(회계기간 또는 사업연도)이 경과한 시점의 재정상태 및 일정 기간 동안의 경영성과를 파악하고, 재무상태의 변동을 밝히기 위해 장부마감을 하고 결산서를 작성하는 절차를 말한다.

(1) 결산서의 작성 · 제출(재무 · 회계 규칙 제19조)

① 결산보고서 제출
사회복지법인의 대표이사는 법인회계와 시설회계의 세입 · 세출결산보고서를 작성하여 이사회의 의결을 거친 후 다음 연도 3월 31일까지 시장 · 군수 · 구청장에게 제출하여야 한다.

② 시 · 군 · 구의 공고
시장 · 군수 · 구청장이 결산보고서를 제출받은 때에는 20일 이내에 법인과 시설의 세입 · 세출결산 개요, 후원금품의 수입 및 사용내역 개요를 시 · 군 · 구의 게시판에 20일 이상 공고하고, 법인의 대표이사로 하여금 당해 법인과 시설의 게시판에 20일 이상 공고하도록 하여야 한다.

(2) 결산보고서에 첨부하여야 할 서류(재무 · 회계 규칙 제20조)
결산보고서에는 다음 각 호의 서류가 첨부되어야 한다. 다만, 단식부기로 회계를 처리하는 경우에는 제1호부터 제3호, 제14호부터 제23호의 서류만을 첨부할 수 있다. 소규모시설의 경우에는 1호, 17호의 서류(노인장기요양기관의 경우에는 제1호부터 제3호까지 및 제16호부터 제21호까지의 서류)만을 첨부할 수 있다.
1. 세입 · 세출결산서
2. 과목 전용조서
3. 예비비 사용조서
4. 대차대조표
5. 수지계산서
6. 현금 및 예금명세서부터

7. 유가증권명세서

8. 미수금명세서

9. 재고자산명세서

10. 그 밖의 유동자산명세서(제6호부터 제9호까지의 유동자산 외의 유동자산)

11. 고정자산(토지·건물·차량운반구·비품·전화가입권)명세서

12. 부채명세서(차입금·미지급금 포함)

13. 제충당금명세서

14. 기본재산수입명세서(법인만 해당)

15. 사업수입명세서

16. 정부보조금명세서

17. 후원금수입명세 및 사용결과보고서(전산파일 포함)

18. 후원금 전용계좌의 입출금내역

19. 인건비명세서

20. 사업비명세서

21. 그 밖의 비용명세서(인건비 및 사업비를 제외한 비용)

22. 감사보고서

23. 법인세 신고서(수익사업이 있는 경우만 해당)

한걸음 더 — 국가재정법

국가재정법은 국가가 지원하거나 보조금을 지급하는 모든 사업(사회복지사업 포함)에 적용된다.

1. 목적(제1조)
국가의 예산·기금·결산·성과관리 및 국가채무 등 재정에 관한 사항을 정함으로써 효율적이고 성과 지향적이며, 투명한 재정운용과 건전재정의 기틀을 확립하고 재정운용의 공공성을 증진하는 것을 목적으로 한다.

2. 회계연도(제2조)
국가의 회계연도는 매년 1월 1일에 시작하여 12월 31일에 종료한다.

3. 예산의 원칙(제16조)
• 예산의 공공성과 재정건정성 확보
• 국민부담 최소화
• 재정지출의 성과 제고
• 재정운용과정의 투명성 확보
• 행정부와 국회 간 견제와 균형

4 회계관리와 회계감사

1. 회계의 개념 및 활동

(1) 회계의 개념

회계란 금전 거래 등 어떤 조직체의 재정적 활동과 수지에 관한 사실 확인과 그 결과를 해석하는 여러 가지 사건들의 관점에서 본 기록과 분류 및 요약의 기술이며, 재정적 거래를 분류 · 기록 · 요약하고 그 결과를 해석하고 표준화한 기술적 방법을 의미한다. 회계는 이해관계자들의 의사결정에 유용한 정보 제공을 목적으로 한다.

(2) 재무회계와 관리회계

분개
거래 비용을 차변과 대변에 나누어 적는 일

① 재무회계

내부 및 외부 정보 이용자의 경제적 의사결정에 유용하도록 일정기간 동안의 수입과 지출 사항을 측정하여 보고하는 것을 의미한다. 거래자료 기록, 시산표 작성, 분개 작성, 결산 등을 주요 내용으로 한다.

② 관리회계

행정책임자가 행정적 의사결정을 하는 데 필요하도록 재정관계 자료를 정리하는 것으로 예산단위의 비용을 계산하여 예산의 실행성과를 분석하는 것을 주요 내용으로 한다.

재무회계와 관리회계의 비교

항목	재무회계	관리회계
정보이용자	외부 이해관계자	내부 의사결정자
정보내용	재무상태, 경영성과, 현금흐름의 변동	관리적 의사결정과 통제에 유용한 정보 모두
거래의 성격	과거의 거래	미래 상황에 대한 예측
작성기준	일반적으로 인정된 회계 원칙	의사결정에 필요한 합리성

(3) 주요 회계활동

① **기록업무:** 수입과 지출에 관한 기록 장부를 마련하고 회계원칙에 따라 장부에 기록하는 일이다.

② **정리업무:** 장부에 기록된 회계사항을 월별, 분기별로 종결하여 정리하는 업무로서 재정상태를 파악하기 위한 재정보고서 작성에 필요한 절차이다.

③ **재정보고서 작성 및 발행:** 사회복지조직의 재정상태를 파악하고 재정자원의 사용현황을 알리기 위해 약식의 보고서를 작성하여 시설 내부 및 이사회에 보고하고, 회계연도 말에는 정부기관과 이사회에 보고한다.

2. 사회복지조직의 회계

(1) 회계 연도
법인 및 시설의 회계연도는 정부의 회계연도에 따른다. 우리나라의 정부 회계연도는 매년 1월 1일에 시작해 같은 해 12월 31일에 종료하도록 규정하고 있다.

(2) 회계의 구분(재무 · 회계 규칙 제6조)
법인의 회계는 법인회계, 해당 법인이 설치 · 운영하는 시설의 시설회계 및 수익사업회계로 구분하여야 하며, 시설의 회계는 해당 시설의 시설회계로 한다.
- 법인회계: 법인의 업무전반에 관한 회계
- 시설회계: 시설의 운영에 관한 회계
- 수익사업회계: 법인이 수행하는 수익사업에 관한 회계

(3) 회계의 방법(재무 · 회계 규칙 제23조)
회계는 단식부기를 원칙으로 하되, 법인회계와 수익사업회계에 있어서 복식부기의 필요가 있는 경우에는 복식부기를 한다.

(4) 회계 장부(재무 · 회계 규칙 제24조)
현금출납부(일정 기간 동안 현금의 입 · 출금을 기록한 장부), 총계정원장(분개 작성을 마친 후 합계 잔액시산표를 작성하기 위해 자산, 부채, 자본, 수익, 비용에 속하는 모든 계정을 기록), 재산대장, 비품관리대장을 둔다.

중요도

사회복지 법인 및 시설의 회계연도는 정부의 회계연도를 따르며, 법인회계, 시설회계, 수익사업회계로 구분된다는 점, 단식부기가 원칙이라는 점 등은 간혹 등장하는 내용들이다. 23회 시험에서는 사회복지조직의 재무 · 회계에 관한 전반적인 내용을 묻는 문제가 출제되었다.

3. 회계감사 [37)

회계감사란 조직의 수입·지출의 결과에 관한 사실을 확인하고 검증하며 이를 보고하기 위하여 장부 및 기타 기록을 체계적으로 검사하는 것을 말한다.

(1) 주체에 따른 종류

① 내부감사
조직의 최고행정책임자와 같은 조직 내부의 관리자가 감사한다.

② 외부감사
정부의 감독관이나 공인회계사가 감사한다.

(2) 목적에 따른 종류

① 규정준수(순응) 감사
기관의 재정운영이 적절한 절차에 따라 시행되며, 재정이나 다른 보고서들이 적절하게 구비되었는지, 조직에 적용된 각종 규칙과 규제들은 잘 준수하고 있는지를 확인하는 과정을 말한다. 주로 품목별 예산형식에서 각 항목별로 지출이 바르게 이루어지고 있는지를 요구하는 방식으로 사용한다.

② 운영 감사
예산과 관련하여 바람직한 프로그램 운영의 산출 여부, 조직의 목표를 달성하는 데 있어서 효과성과 능률성 등의 문제에 관심을 갖는 감사를 말한다.

(3) 대상조직에 따른 종류

① 정부기관에 대한 감사
정부의 감독관인 감사원이 실시한다.

② 법인에 대한 감사
법인의 감사, 또는 외부의 회계기관 또는 감독관청이 실시한다.

③ 사회복지조직에 대한 감사
당해 법인, 외부 회계기관 및 감독관청이 실시한다.

감사(監査, audit)

감사는 넓은 의미로는 경영감사나 업무감사를 포함하지만 일반적으로 회계감사를 가리키며, 독립된 제3자인 공인회계사가 기업의 재정과 경영 상태를 분석적으로 검토하는 것이다. 감사를 통하여 기관의 재정 상태와 경영실적을 판정하고 당해 기관의 이해관계자에게 이를 제공한다.

보충자료

내부감사와 외부감사

4. 후원금의 관리

(1) 후원금의 영수증 발급(재무 · 회계 규칙 제41조의4)

- 법인의 대표이사와 시설의 장은 후원금을 받은 때에는 소득세법 시행규칙 또는 법인세법 시행규칙에 따른 기부금영수증 서식에 따라 후원금 영수증을 발급하여야 하며, 영수증 발급목록을 별도의 장부로 작성 · 비치하여야 한다.
- 법인의 대표이사와 시설의 장은 금융기관 또는 체신관서의 계좌입금을 통하여 후원금을 받은 때에는 법인명의의 후원금전용계좌나 시설의 명칭이 부기된 시설장 명의의 계좌를 사용하여야 한다. 이 경우 후원자가 영수증 발급을 원하는 경우를 제외하고는 영수증의 발급을 생략할 수 있다.

(2) 후원금의 수입 및 사용내용통보(재무 · 회계 규칙 제41조의5)

법인의 대표이사와 시설의 장은 연 1회 이상 해당 후원금의 수입 및 사용내용을 후원금을 낸 법인 · 단체 또는 개인에게 통보하여야 한다(법인 발행 정기간행물 또는 홍보지 등을 통한 일괄 통보 가능).

(3) 후원금의 수입 · 사용결과 보고 및 공개(재무 · 회계 규칙 제41조의6)

법인의 대표이사와 시설의 장은 결산보고서를 제출할 때에 후원금수입및사용결과보고서를 관할 시 · 군 · 구청장에게 제출하여야 한다. 시 · 군 · 구청장은 제출받은 보고서를 제출받은 날부터 20일 이내에 인터넷 등을 통하여 3개월 동안 공개해야 하며, 법인의 대표이사 및 시설의 장은 같은 기간 동안 해당 법인 및 시설의 게시판과 인터넷 홈페이지에 공개하여야 한다. 다만, 후원자의 성명(법인 등의 경우는 그 명칭)은 공개하지 않는다.

(4) 후원금의 용도 외 사용금지(재무 · 회계 규칙 제41조의7)

법인의 대표이사와 시설의 장은 후원금을 후원자가 지정한 사용용도 외의 용도로 사용하지 못한다. 보건복지부장관은 후원자가 사용용도를 지정하지 아니한 후원금에 대하여 그 사용기준을 정할 수 있다. 후원금의 수입 및 지출은 세입 · 세출예산에 편성하여 사용하여야 한다.

10장 프로그램 개발과 평가

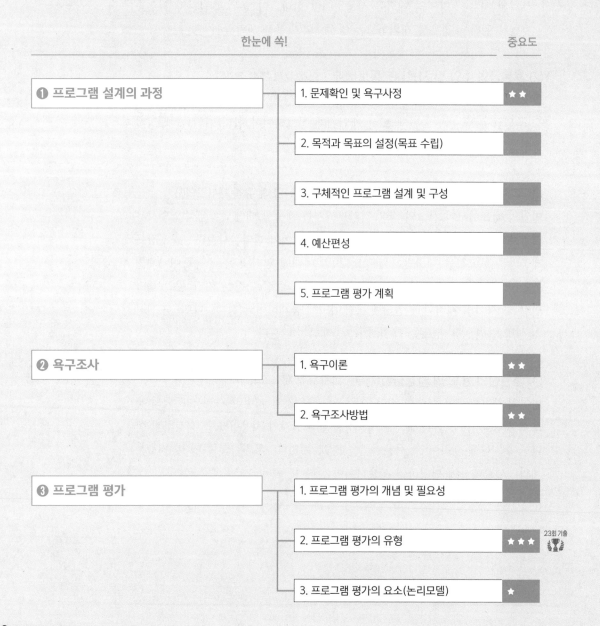

한눈에 쏙!   중요도

❶ 프로그램 설계의 과정 | 1. 문제확인 및 욕구사정 | ★ ★

| 2. 목적과 목표의 설정(목표 수립) |

| 3. 구체적인 프로그램 설계 및 구성 |

| 4. 예산편성 |

| 5. 프로그램 평가 계획 |

❷ 욕구조사 | 1. 욕구이론 | ★ ★

| 2. 욕구조사방법 | ★ ★

❸ 프로그램 평가 | 1. 프로그램 평가의 개념 및 필요성 |

| 2. 프로그램 평가의 유형 | ★ ★ ★ 23회 기출

| 3. 프로그램 평가의 요소(논리모델) | ★

기출경향 살펴보기

이 장의 기출 포인트

10장은 최근 출제비중이 줄어 매회 평균 1문제 정도가 출제되고 있다. 대부분 프로그램 평가 유형 및 기준에 관한 문제가 출제되고 있는데, 평가기준은 프로그램 평가가 아닌 시설평가나 책임성 평가 등의 부분에서도 공통적으로 출제될 수 있다. 논리모델이나 브래드쇼의 욕구이론에 관한 문제도 출제된 바 있다.

최근 5개년 출제 분포도

연도별 그래프

문항수

회차	문항수
19	2
20	1
21	1
22	1
23	1

평균출제문항수

1.2 문항

2단계 학습전략

데이터의 힘을 믿으세요!
강의로 복습하는 **기출회독 시리즈**

3회독 복습과정을 통해
최신 기출경향 파악

최근 10개년 핵심 키워드

기출회독 213	평가 유형 및 기준	11문항
기출회독 214	논리모델	4문항
기출회독 215	프로그램 설계 과정 등	4문항

기본개념 완성을 위한 **학습자료 제공**

기본개념 강의, 기본쌓기 문제, ○X 퀴즈, 기출문제, 정오표, 묻고답하기, 지식창고, 보충자료 등을 **아임패스**를 통해 만나실 수 있습니다.

1

프로그램 설계의 과정

기출회차

1	2	3	4	5
6	7	8	9	10
11	12	13	14	15
16	17	18	19	20
21	22	23		

강의로 복습하는 기출회독 시리즈

Keyword 215

> **프로그램 설계 과정**
>
> 문제확인 및 욕구사정 → 목적과 목표의 설정 → 개입전략 선정 → 프로그램 설계 및 구성 → 예산편성 → 프로그램 평가 계획

프로그램 설계 과정은 순서대로 나열하는 문제나 각 단계의 과업이 바르게 설명된 것을 찾는 문제 등이 출제되므로 각 과정들의 과업과 함께 흐름을 연결하여 공부하자.

1. 문제확인 및 욕구사정

(1) 문제확인 및 대상자 선정

① 문제확인

- 프로그램 개발의 필요성과 타당성이 객관적으로 이해될 수 있는 문제 및 욕구의 규모와 심각성, 필요성을 제기하고 현존 서비스들의 중복이나 결함을 파악한다. 문제는 반드시 욕구로 변형되어야 한다.
- 문제의 원인과 실태가 제대로 파악되어야만 다음 단계인 프로그램의 목표와 대상이 구체화될 수 있다.

② 대상집단 선정

보충자료

대상집단 선정
추가설명

- 문제와 관련된 표적집단을 확인하고 클라이언트의 수, 즉 프로그램 수요자의 수를 헤아려보는 작업이 이루어져야 한다.
- '일반집단 〉 위기집단 〉 표적집단 〉 클라이언트 집단' 순으로 범위를 좁혀가며 클라이언트의 규모를 가늠해볼 수 있다.
  - 일반집단: 대상집단이 속한 모집단으로 서비스를 제공하는 행정구역 내의 일반 사람들을 포함한다.
  - 위기(위험)집단: 일반집단 중에서 문제에 노출되었거나 문제를 겪은 경험이 있는 사람들로 구성된다.
  - 표적집단: 프로그램 제공을 통한 문제해결의 대상으로 삼는 인구집단을 의미한다. 반드시 서비스가 제공되어야 하는 대상이다. 위기집단으로부터 표적대상을 추출할 때는 기준을 정하여 문제의 심각성이 높은 집단을

선정하되 지리적 접근이 용이한 사람들로 한정한다.

- 클라이언트 집단: 제출하는 프로포절에서 제공될 프로그램에 직접 참여하게 되는 사람들을 의미한다. 실제 서비스를 이용하는 사람들로 자발성이 강조되어야 한다.

(2) 욕구사정

- 욕구사정은 욕구조사 또는 욕구측정이라고도 하며, 해당 지역 안에 있는 사람들의 욕구 수준을 확인하여 이를 수량화, 계량화하는 것을 의미한다.
- 욕구조사는 일반적인 기준에 따라, 부족한 지역사회의 재화와 서비스를 발견하고 규명하기 위한 관점을 가지고 자원 분배에 투입할 자료 수집에 대한 체계적 분석 과정이다.
- 욕구사정은 클라이언트의 잠재적인 수요를 파악하고, 예산 등 프로그램을 운영하는 데 필요한 자원을 할당하는 기준을 세우고, 진행 중인 프로그램의 운영 상황을 파악하고, 지역사회 내 타 기관들과의 상호관계를 파악하기 위해 활용될 수 있다.

잠깐!

조직이 갖고 있는 자원은 한정되어 있기 때문에 제공할 수 있는 서비스의 양을 고려하여 표적집단에서 클라이언트의 수를 추리게 된다. 자원이 여유롭다면 표적집단과 클라이언트 집단은 동일할 수 있다.

2. 목적과 목표의 설정(목표 수립)

문제를 분석하고 욕구사정을 마치고 난 후, 문제를 가진 사람들의 욕구를 충족시킴으로써 문제를 줄이거나 제거하기 위해 실현가능하고 구체적인 목표를 설정한다.

(1) 목적과 목표

① 목적(purpose)
프로그램을 통해 궁극적으로 달성하고자 하는 포괄적이고 추상적인 지향점이다.

② 목표(goal)
목적에서 구체화하여 방향성을 제시하지만 여전히 추상적이고 장기적인 차원이다.

1. 목표들의 위계적 구분

'소비자목표 → 활동목표 → 성취목표 → 영향목표'의 순으로 위계화할 수 있으나 모든 프로그램들이 반드시 이 목표들을 포함해야 함을 의미하는 것은 아니며, 실제로 이에 따라 구성하기 어려운 경우도 있다. 다만, 여기서는 각각을 구분하는 특징들과 함께 각 목표들이 서로 논리적 관련성을 맺고 있음을 이해하면 된다.

- 소비자목표: 얼마나 많은 소비자들이 서비스를 받게 될 것인지를 구체화한다. **예** 150명이 프로그램에 참여할 수 있다.
- 활동목표: 얼마나 많은 서비스가 제공될 수 있는지를 구체화하는 것으로, 주로 시간 개념을 가진 서비스 단위로 표현된다. **예** 프로그램은 3시간씩 6회기를 진행한다.
- 성취목표: 무엇이 어느 정도 성취되어야 할지를 목적이 성취될 숫자로 구체화한 것으로, 프로그램으로 인해 나타난 변화 양상을 중심으로 기술된다. **예** 참여자의 취업률을 60% 이상으로 한다.
- 영향목표: 프로그램이 문제지표들에 대해 얼마나 많은 영향을 끼칠 수 있는가를 구체화하는 것으로, 주로 지역사회에 미치는 파급효과를 나타낸다. **예** 지역사회 내 경력단절 여성의 재취업률을 높이도록 한다.

2. 프로그램 결과에 따른 구분

산출과 성과에 대한 개념은 잠시 뒤에 배울 '논리모델'에서의 산출, 성과 개념과 동일하게 생각하면 된다. 덧붙여 성과목표는 위계적 구분에서의 성취목표와 유사하다.

- 산출(output) 목표: 프로그램에 따른 직접적인 산출물을 중심으로 한다.
  예 학습지원 자원봉사자를 ○○명에게 연결한다.
  예 A프로그램을 이용하는 어르신들에게 각 1회 이상의 심리검사를 실시한다.
- 성과(outcome) 목표: 프로그램의 결과로 나타난 변화와 관련된 내용으로 기술한다.
  예 저소득층 자녀의 학습능력 향상 및 정서적 지지를 꾀한다.

(2) 세부목표(objectives)

- 세부목표는 프로그램을 통해 달성하고자 하는 구체적인 목표를 말한다.
- 시간적 한계가 명확한 단기적인 목표를 의미한다.
- 세부목표의 달성은 프로그램 성공 여부에 밀접한 영향을 준다. 세부목표는 달성해야 할 목표이기 때문에 세부목표를 달성했는지의 여부는 프로그램 성과를 평가함에 있어 중요한 요소가 된다.

① 세부목표의 8가지 기준

- 클라이언트 중심적이고, 결과지향적이어야 한다.
- 명확하게 설정되어야 한다.
- 긍정적이어야 한다.
- 현실적으로 달성가능해야 한다.
- 단일 기준을 설정해야 한다.
- 측정이 가능해야 한다.

- 시간 변수(시간의 제한)를 갖는다.
- 목표와 연관되어 있어야 한다.

② 목표 설정을 위한 SMART 기법(G. Egan)

- S(Specific): 구체적으로 명료하게 작성한다.
- M(Measurable): 측정가능하게 양적으로 작성한다.
- A(Achievable/Appropriate): 달성가능성을 생각해 적절하게 작성한다.
- R(Realistic): 현실성있게 작성한다.
- T(Time frame): 시간구조를 갖도록 작성한다(시의적절성 및 시간제한성).

SMART 기준에서 'R'은 Relevant (관련성) 혹은 Result-orieted(결과지향) 등으로 설명되기도 한다.

3. 구체적인 프로그램 설계 및 구성

- 프로그램 설계는 프로그램의 목표를 달성하기 위해 필요한 여러 가지 서비스들을 기획하고 이를 프로그램 내에 통합하는 과정이다. 세부목표에 맞춰 단위별로 제공할 프로그램이 정해지면 서비스 대안들을 전달하기 위한 방법을 결정해야 한다. 설정된 구체적인 목표들을 단계별로 달성하기 위해 적절한 대안을 선정하여 해당 과업과 책임을 결정한다.
- 프로그램을 설계할 때에는 조직의 비전과 가치가 반영되도록 하되, 이용자들이 받아들일 수 있는 차원이어야 한다.
- 객관적인 자료를 바탕으로 설계된 프로그램은 효과성과 신뢰감을 높일 수 있다.
- 자원 확보 등 현실적 제약을 고려해 실현가능성을 고려해야 하며, 프로그램 실행을 위한 환경적 준비가 마련되어야 한다.

보충자료
프로그램 설계의 개념 및 고려할 사항

4. 예산편성

프로그램을 구성하였다면 프로그램을 운영하는 데에 필요한 예산의 편성작업이 수행되어야 한다. 조직의 장/단기적이고 구체적인 목표에 초점을 맞추어 예산을 수립하되 항목별 예산, 성과주의 예산, 프로그램기획 예산, 영기준 예산 등 다양한 예산모형을 고려하여 예산을 편성한다.

5. 프로그램 평가 계획

- 목표달성의 여부에 대한 평가 계획으로 수적으로 평가할 수 있는 목표의 식별, 월별/연도별 업무수행상황 점검, 부족한 사항 등을 분석하기 위한 계획을 수립한다.
- 프로그램에 대한 평가는 프로그램이 종료된 후에만 진행되는 것은 아니기 때문에 미리 계획을 세워두는 것이 필요하다.

2

욕구조사

기출회차

1	2	3	4	5
6	7	8	9	10
11	12	13	14	15
16	17	18	19	20
21	22	23		

강의로 복습하는 기출회독 시리즈

Keyword 215

1. 욕구이론

중요도 ★ ★

매슬로우의 욕구 5단계는 워낙 상식 같은 내용이라 기본적으로 알아두어야 한다. 브래드쇼의 욕구 유형도 이따금 출제되고 있는데, 사례제시형으로 출제되는 경우 쉽게 헷갈릴 수 있으므로 각 유형의 차이를 잘 살펴두도록 하자.

(1) 매슬로우(Maslow)

욕구 5단계설을 제시하면서 하위 단계의 욕구가 충족된 후에만 상위 단계의 욕구가 발생한다고 보았다.

매슬로우의 욕구 5단계

5단계 욕구	자아실현의 욕구	자신의 재능과 잠재력을 충분히 발휘해서 자기가 이룰 수 있는 모든 것을 성취하려는 최고 수준의 욕구
4단계 욕구	자기존중의 욕구	소속단체의 구성원으로 명예나 권력을 누리려는 욕구
3단계 욕구	사랑과 소속에 대한 욕구	가정을 이루고, 친구를 사귀는 등 애정 및 소속감에 관한 욕구
2단계 욕구	안전의 욕구	추위, 질병 등을 포함한 각종 신체적, 감정적, 경제적 위험으로부터 자신을 보호하려는 욕구
1단계 욕구	생리적 욕구	인간에게 있어 가장 기본적인 욕구인 의식주와 관련된 욕구로 최하위 단계의 욕구

(2) 폰시오엔(Ponsioen)

- 폰시오엔은 사회(지역사회)의 우선적인 책임은 구성원의 생물학적 · 사회적 · 정서적 · 정신적 요소를 포함한 기본적인 생존의 욕구를 충족시키는 것이라고 주장했다. 각 사회 또는 지역사회는 더 이상 내려갈 수 없는 최소한의 욕구의 수준을 규정하게 된다.
- 이러한 준거틀에서, 어떤 집단은 '필수' 재화 또는 서비스를 소유하는 데 반하여 다른 집단은 이러한 것들에 접근하지 못하게 되는데, 이때 사회적 욕구가 발생하게 된다. 이런 면에서 욕구는 상대적이며, 따라서 사회복지정책 및 프로그램 기획의 쟁점은 분배 및 재분배에 관한 것이 된다.
- 영국은 이 이론을 바탕으로 국민보건서비스(National Health Service)를 발달시켰다.

(3) 브래드쇼(Bradshaw) ⭐ ^{꼭!}

① 규범적 욕구(normative need)

- 전문가의 판단에 의해 규정된 욕구
- 정부 차원에서 공표하는 최저임금 등이 이에 해당한다.
- 관습이나 권위, 일반적 여론의 일치로 확립된 표준을 의미하는 욕구로, 기존의 자료나 유사한 지역사회 조사나 전문가들의 판단에 의해 제안된 욕구이다. 이 목표는 기존의 서비스 수준과 비교 가능한 비율로 표시되는데 실제 비율이 특정 기준에 미치지 못하면 욕구가 존재한다고 본다.
- 계량화가 쉽고 구체적인 변화의 표적을 만들어낼 수 있다는 장점이 있지만, 연구 · 조사자의 성향 및 지식 · 기술 · 가치의 변화에 따라 결과가 달라질 수 있다는 단점도 있다.

② 인지(감촉)적 욕구(perceived need)

- 개개인이 느끼는 욕구
- 사람들이 욕구로 생각하는 것, 선호(want, preference)하는 것으로 주로 사회조사를 통해 응답자에게 그들이 선호하는 것을 물어 보는 방식으로 욕구를 파악한다. 단, 응답자가 인지하고 있는 욕구와 실제 욕구가 같은가에 대한 균형이 유지되어야 한다.
- 사람의 기대에 따라 각각 기준이 불안정하고 수시로 변경될 수 있다는 단점이 있다.

③ 표출적 욕구(expressed need)

- 서비스의 수요에 기초한 욕구
- 사회복지서비스에 가장 많이 이용되는 욕구의 개념으로 수요(demand)에 의해 느껴진 욕구가 행동으로 표출된 것이다. 개인이 서비스를 얻기 위해 실제로 노력을 했는가에 대한 여부가 핵심적인 변수이기 때문에 경제학자들이 주로 활용하는 방법이다.
- 인지한 욕구를 실제로 행동에 옮기게 되는 상황을 강조한 개념이지만, 실제로 욕구를 가진 모든 사람이 서비스를 원하는 것은 아니라는 점에서 한계가 있다.

④ 상대(비교)적 욕구(relative need)

- 다른 사람이나 타 지역과 비교해서 정해지는 욕구
- 이 욕구는 특정한 기준에 의해 발생하는 것이 아니라, 한 지역의 욕구와 유

사한 다른 지역에 존재하는 서비스와 차이에서 측정되는 비교욕구로서 비슷한 다른 지역에서 서비스가 제공되지만 해당 지역에서는 제공받지 못한 욕구를 파악하는 데 도움이 된다. 지역의 특성을 고려한 상태에서 두 집단의 욕구를 비교하는 것이 바람직하다.
- 동일한 욕구를 가진 클라이언트에게는 동일한 수준의 서비스가 제공되어야 한다고 간주하므로 형평성(평등성) 이념과 관계가 깊다.

2. 욕구조사방법(욕구사정을 위한 자료수집 방법)

중요도 ★ ★

델파이 기법, 명목집단 기법, 초점집단 기법, 포럼 등은 행정론에서도 종종 출제되지만, 사회복지조사론이나 지역사회복지론 등 다른 영역에서도 다뤄지는 내용으로 각각의 특징을 잘 정리해 두자.

(1) 지표분석(사회지표) 방법
정부기관이나 사회복지 관련 조직의 기존 자료를 분석하여 욕구를 알아내는 방법이다.

(2) 사회조사 방법
전화조사, 면접조사, 설문지 조사, 클라이언트와 전문가의 서신 등을 포함한 다양한 방법으로 지역사회 내에서 충족되지 않은 욕구에 대한 정보를 수집한다.

(3) 지역사회집단 접근
사회조사, 시민조사의 방법으로서 가장 널리 쓰이는 욕구조사 방법이다. 전체 지역사회나 하위 지역사회에서 개인 인터뷰, 우편 설문지, 전화 인터뷰 등을 한다.

(4) 델파이 기법
필요한 정보를 갖고 있다고 여겨지는 전문가들로부터 몇 차례 우편조사를 사용해 자료를 수집하여 욕구조사를 실행하는 방법이다.

합격자의 한마디

델파이 기법은 참여자들이 만나지 않고, 명목집단 기법은 참여자들이 한 곳에 모이지만 무기명으로 의견을 제출하여 참여자 간 영향력이 통제됨.

(5) 명목집단 기법
한 장소에 모이지만 말없이 아이디어를 적어내고 그 후에 발표를 통해 아이디어를 공유한다.

(6) 주요정보제공자 기법(핵심정보제공자 기법)
- 주요정보제공자는 지역사회 지도자, 서비스 제공자, 전문가 등 문제 또는 주제와 관련된 특별한 지식과 정보를 가진 사람을 말한다. 질문지나 인터

뷰 등을 통해 지역주민의 욕구나 현재 기관 및 프로그램에서 보완할 점 등에 대한 의견을 얻는다.

- 기존의 조사자료를 이용할 수 있어 신속한 욕구파악이 가능하고, 비용과 인력이 적게 들어 경제적이다. 주요정보제공자를 통해 지역사회 자원과의 연계를 구축할 수 있다.
- 지역의 지도자나 정치가가 보는 문제는 정치적일 수 있고 실제 욕구와 다를 수 있다. 대표자나 지도자를 선정하는 기준이 모호하고, 지역대표자나 지도자가 주민의 의견을 대변할 수 있는지에 대한 의문이 제기될 수 있다.

(7) 초점집단 기법(포커스그룹 인터뷰)

초점집단 인터뷰의 참여자는 문제를 겪거나 문제와 관련된 사람으로 구성되어 개인적인 경험과 느낌 등을 나누는 것이 일반적이지만 사안에 따라 전문가로 구성하기도 한다.

- 보통 표적집단이 되는 사람들 중에서 소수의 응답자(보통 6~10명)를 선정하여 집중적인 대화를 통하여 정보를 찾아내는 면접조사이다.
- 보통 1시간 30분에서 2시간 정도 걸리며, 응답자들 간의 상호작용을 통하여 유익한 정보가 도출되어야 하므로 면접자는 응답자 전원이 자유로운 분위기에서 자신의 의견을 말할 수 있도록 유도한다.
- 집단 간 대화 기법이나 명목집단 기법을 실시하기 어렵고, 해당 문제나 욕구가 발생한 맥락을 조사하고 싶은 경우에 유용하다.
- 집단 구성원들이 첨예한 문제들을 자유롭게 토론할 수 있는 편안한 분위기를 조성한다.
- 조사자는 상호 합의된 답변을 얻는 것을 최우선 과제로 삼는다. 조사자(진행자)의 능력과 자질이 중요한 기법이다.

(8) 비공식 인터뷰

- 지역조사자들이 지역주민이나 유지들과의 자연스러운 만남을 통해 향후 전개될 조사의 방향이나 기본 요소들을 인식할 수 있는 지역사회 욕구사정의 첫 번째 단계이다.
- 지역현장을 관찰하는 동안 면접자와 조사대상자 간의 자연스러운 만남이다.
- 특별한 계획 없이 발생하는 우연적 상호작용이다.
- 의견교환이 일어날 수 있고, 조사대상자의 특정한 입장에 상관없이 정보를 수집할 수 있다.
- 지역사회 내의 중요한 쟁점을 파악하여 문제를 확정할 수 있다.

(9) 공식 인터뷰

- 지역사회의 쟁점들에 관한 전문적 지식을 가진 주요정보제공자들과 사전 계획된 대면이나 전화면접 등을 통해 이루어진다.

- 조사대상자의 선택은 비확률 표집 기법이 많이 쓰인다.
- 기존 정보로 확보된 적은 수의 정보제공자들을 효과적으로 활용하여 점차 대상을 확대해갈 수 있다.
- 포괄적 욕구사정을 위해서는 정보제공자들이 다양한 욕구를 표출할 수 있도록 다양한 집단으로 구성되어야 한다. **예** 지역주민, 상인, 지역의원, 복지서비스 제공자, 시민단체 및 담당지역 공무원
- 조사대상자들이 자세하게 기록할 수 있도록 개방형 구성이 중요하다.
- 사전 인터뷰를 토대로 요약적 인터뷰가이드를 작성한다.
- 자료수집의 신뢰도를 위해 표준화된 도구를 이용한다.

(10) 참여관찰
지역사회 욕구사정가가 계속적인 활동과 질문을 하면서 지역을 관찰하고 '돌아다님'으로써 정보를 얻는 방법이다.

(11) 지역사회포럼
- 지역사회포럼은 지역사회의 다양한 구성원들로부터 가치나 태도, 의견 등을 직접 청취하여 수집하는 방법으로 수집하는 정보의 내용을 사전에 결정하지 않기 때문에 자유로운 지역사회의 의견들이 포럼을 통해 도출될 수 있다는 장점이 있다.
- 지역주민들이 지역문제에 대해 공유한 생각들을 문서화하는 것을 주된 목적으로 한다.
- 문제들의 명확화, 우선순위 설정, 해결책 도출 등에 유용하다.

공청회
국가나 지방자치단체의 기관이 일정한 사항에 대한 의사결정 과정에서 공개적으로 국민의 의견을 듣기 위한 것으로 포럼의 형식으로 진행된다.

3

기출회차

	2	3	4	5
6	7	8	9	10
11	12	13	14	15
16	17	18	19	20
21	22	23		

강의로 복습하는 기출회독 시리즈

Keyword 213, 214

프로그램 평가

1. 프로그램 평가의 개념 및 필요성

(1) 프로그램 평가의 개념

- 프로그램 평가(program evaluation)는 사회복지 실천과 조사의 공통영역 이다. 프로그램 평가의 주요 목적은 과학적 사고, 방법, 측정, 분석을 사용 하여 사회복지서비스를 질적으로 향상시키고 사회문제를 효과적이고 효율 적으로 해결하고자 하는 것이다.
- 프로그램 평가는 의도한 결과의 달성 및 그 결과에 미친 영향 등을 파악하 는데, 프로그램의 총체적인 측면이나 결과뿐만 아니라 프로그램의 형성이 나 과정도 강조한다.

(2) 프로그램 평가의 필요성

프로그램 평가의 목적 및 필요성 은 학자마다 다양하다. 주된 역할 은 프로그램의 효과성 및 성과 파 악, 프로그램이 가진 가치 판단, 정보제공 등이 제시되고 있다. 다만, 평가의 목적이 프로그램 중 단, 폐지, 수정, 확대 등의 근거자료 를 만들기 위한 것은 아니다. 그래 서 프로그램 중단이나 수정이 평가 결과에 따라 이루어질 수는 있지만 평가결과가 좋지 않더라도 반드시 중단, 폐지, 수정이 즉각적으로 이 루어져야 하는 것은 아니다.

① **자료 및 정보:** 이용자들의 특성, 프로그램에 대한 만족도, 실제 효과 등 평 가조사 과정에서 생성된 자료는 그 자체로 정보가 된다. 이는 향후 프로그 램 개선 및 새로운 프로그램 기획을 위한 자료가 될 수 있다.

② **피드백:** 프로그램 운영에 관련된 자료로서 실무자에게 평가결과를 제공한다.

③ **경영통제:** 관리층에 있어서는 자원의 효율적 활용에 관한 관리적 차원의 자 료가 되며, 실무자의 실적에 관한 자료가 되기도 한다.

④ **책임성:** 프로그램 운영에 대한 사회적 책임을 이행한다는 의미가 있다.

⑤ **학술성:** 프로그램 속에 내재된 변수 간의 인과관계를 검증하여 이론형성에 기여할 수 있다.

2. 프로그램 평가의 유형 ^{23회기출}

중요도

평가기준을 살펴보는 문제는 꾸준히 등장하고 있다. 사례에서 강조되는 기준을 찾는 문제, 여러 평가기준 중 옳은 설명을 찾는 문제, 총괄평가와 형성평가를 구분하는 문제 등이 출제되어 왔다. 효율성 평가를 위한 비용효과분석 및 비용편익분석도 종종 등장한다. 23회 시험에서는 프로그램 평가 분류에 따른 유형별 특징을 비교하는 문제가 출제되었다.

(1) 평가목적에 따른 분류 ★^{꼭!}

① **형성평가:** 프로그램의 수행 및 전달 과정 중에 실시하는 평가이다. 형성평가는 사업내용의 수정·변경 여부의 결정에 도움을 주고, 사업의 효과나 부작용의 경로를 밝힘으로써 총괄평가를 보완하는 기능을 수행한다. 모니터링도 형성평가에 속한다.

② **총괄평가:** 프로그램 투입에 대한 총체적인 판단을 내리기 위한 평가이다. 주로 사업이 종료된 후 그 사업이 지역사회에 미치는 영향을 추정하는 조사활동이다.

③ **통합평가:** 형성평가와 총괄평가를 혼합한 방식이다.

④ **메타평가:** 평가에 대한 평가 내지는 평가의 평가이다. 메타평가는 평가에 포함된 정보의 질에 대한 판단 자료가 되며, 평가활동의 영향 또는 평가결과의 활용도를 파악하고 장래에 적합한 평가자를 선정하는 데 지침이 된다.

한걸음 더

형성평가와 총괄평가의 차이

- 형성평가는 진행 과정에서 피드백이 필요한 정보를 수집하는 데에 관심을 두는 반면, 총괄평가는 프로그램의 결과에 해당하는 성과의 발생 여부와 그 성과에 수반된 비용의 문제에 관심을 둔다.
- 형성평가는 프로그램의 진행 중 개선할 점을 찾아 반영하기 위해 진행하기 때문에 과정지향적인 특성이 있다. 반면, 총괄평가는 프로그램을 통해 목표가 얼마나 효과적으로, 효율적으로 달성되었는지를 판단하기 위한 것으로 목표지향적인 특성이 있다.
- 형성평가는 대체로 조직 내부적으로 활용될 정보를 수집하기 위한 것이기 때문에 외부평가를 진행하는 경우는 드물게 일어나지만, 총괄평가는 전문적인 평가를 위해 외부평가를 진행하는 경우가 많다.
- 형성평가는 비교적 유연한 틀을 적용하지만, 총괄평가는 보통 엄격한 틀을 가지고 전문적이고 과학적인 평가결과를 끌어내기 위해 노력한다.

※ 김영종, 2003: 428-429.

(2) 평가주체에 따른 분류

여기에서는 자체평가와 내부평가
를 구분하여 소개했지만, 교재에
따라서는 내부평가 안에 자체평
가를 포함시켜 소개하는 경우도
있다.

① 자체평가

프로그램 담당자가 스스로 행하는 평가

② 내부평가

프로그램을 직접 담당하지 않는 기관의 내부인에 의해 이루어지는 평가

③ 외부평가

대학교수 등 전문가나 조사연구전문기관 등 외부의 제3자가 진행하는 평가.
평가결과는 외부에 공표되거나 타 기관과의 비교자료로 활용되기도 함

내부평가와 외부평가

	내부평가	외부평가
장점	• 내부인은 외부인보다 조직 전반에 관한 사항을 더 많이 알고 이해할 수 있다. • 내부인은 프로그램의 결과로 서술된 내용에 대해 전후 상황의 맥락을 파악할 수 있다.	• 외부평가자는 프로그램의 재정과 행정을 독립적으로 보기 때문에 신뢰성을 확보할 수 있다. • 외부평가자는 대체로 관련 전문가로 구성된다는 점에서 확보되고 신뢰도가 높을 수 있다.
단점	• 외부인보다 객관성, 공정성이 부족할 수 있다. • 내부인은 '우리 기관'의 프로그램이라는 생각 때문에 비판적인 시각을 유지하기가 어려울 수 있다.	• 외부인의 정보는 내부인의 정보보다 부족할 가능성이 높기 때문에 질적 수준보다 양적 수준의 평가에 집중될 수 있다. • 외부평가단이 조직 구성원(혹은 프로그램 운영자)과 친분관계가 있는 경우 객관성, 신뢰성이 보장되지 않을 수도 있다. • 외부평가자들도 프로그램이 종료되는 것보다는 프로그램의 수정을 통해 존속되는 것을 원하는 경우가 많기 때문에 지나치게 부정적인 평가는 피하기도 한다.

(3) 평가기준 혹은 평가규범에 따른 분류(York) ⭐꼭!

잠깐!

효율성 평가와 효과성 평가의 내
용은 성과(performance) 평가의
바탕이 된다.

① 효과성 평가

제공된 프로그램과 서비스에 의해 의도했던 목표들이 달성되었는지, 즉 목표
대비 성과를 평가한다.

예 클라이언트의 취업률 향상, 가족 기능의 향상 등 직접 자료, 클라이언트의 서비스 참여나 만족도 등 간접
자료

한걸음 더 ──── 효과성 평가 모형

1. 목표달성모형

계획한 목표를 달성하는 조직이 효과적인 조직이라는 관점의 모형이다. 조직과 구성원 모두 계획한 목표를 달성하기 위하여 합리적인 행동을 한다는 전제가 깔려 있다. 이 모형은 외부환경적 요인에 대해서는 큰 관심을 두지 않으며, 조직 내부의 효율성보다는 고객만족에 집중한다. 상대적으로 많은 사람들이 동의하는 목표가 있는 조직에서 유용하게 사용될 수 있다.

2. 체계모형

목표나 산출 그 자체보다는 목표달성을 위해 필요로 하는 수단이나 과정에 초점을 두고 있는 모형이다. 모든 조직을 상호연관된 하위체계들로 이루어져 있다고 본다. 외부환경적 요인이 조직 내에 영향을 미치고 조직은 그 영향을 받아들여 다시 환경으로 산출하는 과정에 기초한다.

② 효율성 평가

투입된 비용 대비 산출된 서비스의 양 또는 성과를 비교하여 평가한다.

예 프로그램 산출 단위와 관련된 비용, 프로그램 목표를 성취하는 데 부과된 비용 등

한걸음 더 ──── 효율성 분석 방법

1. 비용효과분석

여러 정책대안 가운데 가장 효과적인 대안을 찾기 위하여 각 대안이 초래할 비용과 산출 효과를 비교·분석하는 기법을 말한다. 이 기법은 특정 프로젝트에 투입되는 비용들은 금전적 가치로 환산하나, 그 프로젝트로부터 얻게 되는 편익 또는 산출은 금전적 가치로 환산하지 않고 산출물 그대로 분석에 활용하는 특징을 지닌다. 이 기법은 산출물을 금전적 가치로 환산하기 어렵거나, 산출물이 동일한 사업의 평가에 주로 이용되고 있다.

2. 비용편익분석

여러 정책대안 가운데 목표달성에 가장 효과적인 대안을 찾기 위하여, 각 대안이 초래할 비용과 편익을 비교·분석하는 기법을 말한다. 즉, 어떤 프로그램과 관련된 편익과 비용들은 모두 금전적 가치로 환산한 다음 이 결과를 토대로 프로젝트의 소망성을 평가하는 방법이다. 각 대안의 비교에는 비용편익비(費用便益比, B/C ratio), 순현재가치(純現在價値, net present value), 내부수익률(內部收益率, IRR) 등의 기준이 사용된다.

③ 노력성 평가

얼마나 많은 양의 인적·물적 자원이 투입되었는지, 얼마나 많은 양의 서비스가 제공되었는지, 어떤 활동들이 얼마나 많은 클라이언트에게 제공되었는지 등을 평가한다.

예 클라이언트, 표적인구의 서비스 활용 정도, 클라이언트에 의한 서비스 경험, 서비스 담당자들의 활동·업무 수행의 질, 지출과 자원 활용, 서비스 비용 등

④ 공평성 평가

프로그램의 효과와 비용이 사회집단 간에, 서비스 이용자 간에 공평하게 배분되었는지를 평가한다.

⑤ 영향 평가

프로그램과 관련된 지역사회 문제해결에 얼마나 기여했는지, 어느 정도 영향을 미쳤는지를 평가한다.

⑥ 서비스의 질 평가

제공되는 서비스들이 전문적인 지식과 기술을 가진 직원들에 의해서 제공되는지에 대한 여부와 서비스를 제공받는 사람들의 신체적, 정서적, 인지적, 사회적, 경제적 욕구를 충족시킬 수 있는 수준으로 제공되었는지를 평가

⑦ 과정 평가

프로그램이 진행된 과정을 살펴봄으로써 프로그램의 성공 혹은 실패에 대한 이유를 분석

데 프로그램 자체의 속성, 서비스 대상별 차별적 효과, 프로그램이 제공되는 환경적 조건, 효과의 지속성 등

평가기준별 평가요소

평가기준	평가목적	주요 평가요소
효과성	목표달성 정도	• 클라이언트의 정서적, 인지적 변화 • 클라이언트의 행동적 변화 • 클라이언트의 사회적 변화
효율성	비용 대비 산출 비교	• 소요된 비용 • 산출내용의 금전적 가치
노력성	활동 및 제공량	• 전문인력의 수와 투입시간 • 소요된 인적, 물적(비용) 자원의 양 • 프로그램 제공 기간, 횟수
공평성	배분의 형평성	• 대상자 선정 기준의 공정성 • 서비스 제공을 통한 격차 완화 정도
영향	사회문제 해결에 미친 영향	• 위기집단과 표적집단의 변화 • 문제와 관련된 사회지표의 변화
서비스 질	서비스의 전문성	• 서비스 인력의 전문자격 • 서비스와 관련된 정보, 지식, 기술 수준
과정	성공 혹은 실패에 대한 과정상 원인 분석	• 프로그램 자체의 오류 등 속성 • 대상별 성과의 차이 • 프로그램이 이루어진 상황적, 환경적 조건

3. 프로그램 평가의 요소(논리모델)

중요도

논리모델은 최근 출제율은 주춤하고 있지만, 단순히 각 요소의 개념을 확인하는 문제부터 실제 사례와 연결해보는 문제 등 다양한 유형으로 출제되어 왔고, 앞으로도 언제든 고난이도 문제로 등장할 수 있는 내용이다.

(1) 논리모델의 특징

- 논리모델은 체계이론을 기반으로 하며, 프로그램의 목표와 결과 사이의 인과관계를 설명하기 위한 것이다.
- 각 단계 사이의 인과관계가 설명될 수 있어야 한다. 프로그램의 목적과 성과 간의 연관성, 프로그램을 통한 클라이언트의 변화 등 프로그램의 영향력이나 효과성 등이 프로그램과의 인과관계를 통해 드러나야 한다.

(2) 논리모델의 단계 ★꼭!

- 투입(input): 프로그램에 필요한 인적·물적 자원, 클라이언트의 자격 요건
- 전환/활동(process): 프로그램에 투입이 진행되는 과정 동안 이루어지는 구체적인 활동
- 산출(output): 프로그램 활동으로 나타나는 일차적 결과물, 프로그램 종료 시 만들어진 생산물·실적(양적 측면에서 파악)
- 성과(outcome): 산출에 따라 기대되는 단기성과, 프로그램 종결 후 클라이언트의 변화와 관련한 내용(주로 질적 측면의 변화를 파악)
- 영향(impact): 프로그램이 의도했던 문제해결에 미친 영향(장기적, 거시적 차원의 성과)
- 환류(feedback): 프로그램 투입에 대한 재검토 및 사회복지 프로그램 수행 전반에 관련된 정보

논리모델의 예: 독거노인 사회관계형성 프로그램

투입	활동	산출	성과	영향
• 독거노인 20명 • 사회복지사 2명 • 초빙강사 1명 • 자원봉사자 2명 • 예산 • 시설, 장비	• 자원봉사자 모집 • 사회성 향상 프로그램 • 함께하는 취미 프로그램	• 진행 시간 • 이용자 출석률 • 이용만족도 • 수료완료 비율 • 수료자 수	• 새로운 친교관계 획득 • 고독감, 소외감, 고립감 완화 • 정서적 안정 • 적극적 생활태도 • 생활 만족도 향상	• 지역의 독거노인 관심도 향상 • 독거노인의 지역사회 활동 증가

※ 이 사례는 15회 기출문제(기출번호 15-07-21)를 바탕으로 재구성한 것이다.

사회복지조직의 책임성과 평가

11장

한눈에 쏙!   중요도

❶ 사회복지조직의 책임성

1. 책임성의 정의 및 주체와 대상   23회 기출

2. 책임성의 유형

3. 책임성 수행을 위한 행정관리자의 역할

4. 사회복지조직의 책임성에 영향을 미치는 요인   23회 기출

❷ 사회복지 시설평가

1. 주요 특징

2. 사회복지시설의 서비스 최저기준

3. 시설평가의 운용   ★ ★

❸ 성과관리

1. 성과관리의 개념 및 특징   ★

2. 성과관리의 과정   ★

기출경향 살펴보기

이 장의 기출 포인트

11장은 출제비중이 높지는 않으며, 비교적 어렵지 않게 출제되고 있다. 시설평가에 관한 내용이 주로 출제되고 있으며, 책임성에 관한 문제도 종종 출제되고 있다. 성과평가 및 성과관리에 관한 문제도 등장한 바 있는데 출제율이 높지는 않지만 최근 성과가 강조되는 흐름이기 때문에 정리해 둘 필요가 있다.

최근 5개년 출제 분포도

연도별 그래프

문항수

회차	문항수
19	1
20	2
21	0
22	0
23	1

평균출제문항수

0.8 문항

2단계 학습전략

데이터의 힘을 믿으세요!
강의로 복습하는 **기출회독 시리즈**

3회독 복습과정을 통해
최신 기출경향 파악

최근 10개년 핵심 키워드

기출회독 216	사회복지 시설평가	5문항
기출회독 217	사회복지조직의 책임성	3문항
기출회독 218	성과관리	2문항

기본개념 완성을 위한 **학습자료 제공**

기본개념 강의, 기본쌓기 문제, ○ X 퀴즈, 기출문제, 정오표, 묻고답하기, 지식창고, 보충자료 등을
아임패스를 통해 만나실 수 있습니다.

1

사회복지조직의 책임성

기출회차

	2		4	
6		8		10
11	12	13	14	15
16		18	19	20
21	22	23		

강의로 복습하는 기출회독 시리즈

Keyword 217

1. 책임성의 정의 및 주체와 대상 23회기출

(1) 책임성의 정의

- 책임성이란 활동의 결과에 대한 책임감과 함께 과정에 있어서의 정당성도 갖추어야 함을 의미한다. 사회복지조직은 효과성뿐만 아니라 효율성도 중시하여야 하며, 권한의 원칙이나 영향력 등의 정당성까지도 고려해야 한다. 따라서 책임성을 확보하기 위해서 사회복지조직은 클라이언트와 기관 혹은 사회복지사와의 관계같이 조직 내부에서의 책임성과 함께 조직과 외부 지역사회와의 관계에서 정당성을 획득해야 한다.[38]

- 책임성은 일반적으로 광의의 측면에서 효율성과 효과성을 아우르는 개념으로, 책임성에 대한 가장 기본적인 질문은 효율성(자원이 적절하게 사용되었는가?)과 효과성(자원의 사용으로부터 얻어진 결과가 얼마나 좋은가?)이다.

- 사회복지조직의 정당성은 클라이언트와 지역사회에 기반하고 있다. 따라서 사회복지조직은 클라이언트와 지역사회에 대한 책임성을 가져야 하며, 외부환경의 변화를 수용하여 클라이언트와 지역사회의 욕구에 적합한 사회복지서비스를 효율적으로 제공해야 할 의무가 있다.

- 사회복지조직의 책임성은 사회복지조직이 국가나 사회로부터 사회복지서비스 전달에 대해 위임받은 바를 충실하게 수행했는지를 판단할 수 있는 하나의 원칙이다.

한걸음 더

책임성? 책무성?

책임성은 책무성으로 번역되기도 하는데, 최근 사회복지 교재들에서는 책임성으로 통일된 듯하다. 책임성(accountability)은 책임감(Responsibility)보다 포괄적인 개념으로 서비스 이용자, 후원자, 국가기관, 지역사회 등에 대한 책임이 있음을 의미하는 동시에 그 책임을 다하기 위한 전문성을 갖춰야 할 의무를 포함한다. 단순히 결과에 대한 책임을 말하는 것이 아니라 그 결과가 도출된 과정과 이유를 밝히는 데 역점을 둔다.

(2) 책임성의 주체

사회복지서비스에 대한 책임을 갖는 주체는 공공(정부), 사회복지조직, 사회복지 전문가(전문직), 클라이언트, 국민 모두이다.

① 공공(정부)

정부는 빈곤·공공의료 등 사회적 원조가 필요한 부분에서 재정정책, 법률정비, 행정적 시도 등을 통해 복지국가 모델을 향한 지적·정치적 노력을 해야 할 책임이 있다.

② 사회복지조직

- 사회복지조직은 사회복지 전달체계의 하나로서 공공이나 민간의 자금을 이용하여 각종 프로그램, 원조 기술로 사회복지서비스를 직접 실천하는 곳이므로, 경제적 효율성 및 윤리적 책임을 다해야 한다. 이를 위해서는 객관적인 평가기준을 마련하고, 회계감사 절차를 통해서 조직을 통제하며, 실천방법에 있어서 평가를 받아 책임성을 다해야 한다.
- 조직은 전문직의 이미지를 향상시키고, 공공정책에 영향을 주고, 클라이언트와 전문사회복지사의 이익을 옹호하고, 사회복지사의 보상을 개선하기 위한 일을 지속해야 할 것이다.

③ 사회복지 전문직 [39]

- 전문직의 특성에 대해서 그린우드(Greenwood)는 체계적인 이론, 전문적 권위, 사회적 승인, 윤리강령, 전문직 문화 등의 5가지 구별되는 특성이 있다고 언급하였다. 벡(Beck)은 '전문직'을 다양한 상황에서 습득되고 적용될 수 있는 지식체계를 갖추고 있는 사람이라고 정의했다.
- 전문직이 되기 위한 자격시험은 "시험을 통과한 지원자가 전문직이나 직종에서 안전하고 효과적으로 실천해 나가는 데 필요한 지식과 기술을 갖추고 있다는 보증을 제공하는" 심사과정이다.
- 흔히 자격시험이나 면허시험을 통과해야만 전문직의 대열에 동참하게 되나, 사회복지 전문직은 지식을 점검하는 시험통과라는 점 외에도 경험적 기술이 필요하다. 그러므로 공인된 제도를 통하여 전문직이 된 사회복지사는 그가 개입하는 문제에 대해 윤리적·법률적으로 책임을 다하고 타당성 있는 평가를 통해 효과성을 인정받고 신뢰를 얻어야 한다.

④ 클라이언트

- 공공복지의 수혜자이든 개별 프로그램의 대상이든 클라이언트는 모두 일선

사회복지사와 상호작용한다. 이때 사회복지사는 가능한 모든 전략에 관한 정보를 가장 잘 숙지하고 있어야 하지만 경우에 따라서는 클라이언트가 목표달성을 위한 가장 풍부한 아이디어를 가지고 있을 수 있다.

• 클라이언트는 관계가 진전됨에 따라 사회복지사에게 좀 더 많은 경험과 새로운 치료기술을 쌓을 수 있도록 도움을 줄 수 있으며, 지속적으로 계획 과정에 도움을 줄 수 있다.

• 공공복지의 수혜 대상일 경우에는 무임승차나 수혜 대상에 지속적으로 머무르기 위해 노력하지 말고 좀 더 적극적으로 현실에 대응해 나가야 한다.

(3) 책임성의 대상

① 클라이언트에 대한 책임

사회복지서비스는 클라이언트의 자기결정을 존중하여 이용자 중심으로 전달되어야 하며 원조 과정에서 알게 된 개인 정보는 반드시 지켜야 한다는 것을 말한다.

② 사회에 대한 책임

사회복지조직의 제반 활동들이 사회적 공동 목표에 부합하며 긍정적인 영향력을 발휘할 수 있도록 촉진하는 측면에서 책임성이 요구된다. 소득 재분배, 보편성, 평등, 개인의 책임성, 노동과의 연계성을 추구하면서 어떻게 적용 대상, 서비스, 접근용이성에서 공평성을 확보하고, 비용을 절감하면서 질을 높일 수 있는지를 탐구해야 한다.

(4) 책임성의 기준 [40]

책임성의 기준이란, 사회복지행정활동이 책임성을 다하는 방향으로 이루어졌는지를 판단하는 근거로 책임추궁이 필요한 경우, 그 활동내용이 도의적 책임, 법적 책임, 책무적 책임을 다하였는가에 근거하여 책임성을 판단한다.

① 도의적 책임

사회복지행정 활동의 일반적인 원칙에 관한 것으로, 사회복지행정은 공익증진과 클라이언트의 요구에 따라 이루어져야 한다는 원칙이다.

② 법적 책임

활동에 관한 명문화된 기준이 있는 경우, 그 기준을 따라야 한다는 원칙이다.

③ 책무적 책임(기능적 책임)

활동기준이 명문으로 규정되어 있지 않을 경우, 재량으로 책임성 증진을 위한 활동이 이루어지지만, 이때에도 사회복지사로서의 직업윤리, 전문적 기준을 따라야 한다는 원칙이다.

2. 책임성의 유형[41]

(1) 적용의 책임성

적용 대상 범위에 관한 책임성으로서 서비스가 제공될 대상자와 서비스의 내용과 관련됨

(2) 서비스 전달의 책임성

서비스가 자격 있는 종사자에 의해서 책임 있게 전달되는가에 대한 책임성

(3) 영향 책임성

'서비스가 클라이언트 및 지역사회에 긍정적 영향을 주었는가?'와 관련하여 성과 및 사회적 영향 등에 대한 책임성

(4) 효율성 책임성

서비스 제공의 효율성과 관련하여 서비스의 비용적인 측면에 대한 책임성

예 예산 수립에 있어 이용자 혹은 회원 모임을 참여시켜 불필요하거나 과도한 지출을 방지

(5) 재정적 책임성

재정 집행의 투명성에 관련된 책임성

예 후원금 수입 및 지출 내역 공개

(6) 법률적 책임성

모든 서비스들은 법적인 규정이나 계약에 준하는가에 대한 책임성

예 사회복지사업법의 규정에 맞춘 법인 이사회 구성

(7) 윤리적 책임성

모든 서비스들이 도덕적으로 바람직한가에 대한 책임성

(8) 이미지 책임성

클라이언트가 낙인이나 이미지의 부당한 평가절하를 받을 수 있다는 것과 관련된 것으로서 수혜자의 사회적 이미지의 중요성에 대한 책임성

(9) 욕구 책임성

클라이언트의 욕구에 부응하는 이용자 중심의 서비스 제공과 관련된 책임성

한걸음 더

클라이언트를 위한 책임성의 영역

흔히 사회복지사에게는 6가지의 위험에 처할 요소가 존재한다고 알려져 있다. 관리자는 직접 서비스를 제공하는 사회복지사를 모니터링하고, 잘못된 행동에 대한 제재수단을 강구하고, 바람직한 행동을 향한 유인동기를 마련해야 한다. 또한 사회복지사는 자신의 책임을 다해야 한다.

- 잘못된 진단과 치료 방지
- 사기행위 금지
- 비밀유지
- 부정한 성 문제 유발 금지
- 보호 의무: 보호 의무는 피해자인 클라이언트에 대한 보호뿐만 아니라, 가해자인 클라이언트로부터 사회복지사 본인 스스로를 보호하는 경우일 수도 있고 잠재된 또 다른 피해자에 대한 보호일 수도 있다.
- 손상: 사회복지사는 자신이 알코올·약물 중독 또는 정신적인 문제를 겪게 된다면 실천가로서의 업무를 중지할 수 있도록 해야 하며, 만약 그러한 문제를 겪으면서도 실천가로서 업무를 수행하는 동료를 알게 되었을 때에는 부적절한 상황이 발생하지 않도록 조치를 취해야 한다.

3. 책임성 수행을 위한 행정관리자의 역할

잠깐!

행정관리자들은 일선 사회복지사(서비스 직접 제공자)들에 대한 통제 역할도 수행하게 되는데, 이를 위해 일선 요원들의 활동 '기록', '직접관찰', 업무와 관련된 수량화된 측정치를 활용하는 '척도 활용법' 등을 통해 일선 요원들의 활동을 파악하고 그에 맞추어 적절한 통제를 한다.

사회복지조직의 관리자는 지휘자(director), 생산자(producer), 점검자(monitor), 조정자(cordinator), 조력자(mentor), 촉진자(facilitator), 혁신자(innovator), 환경중개자(broker)로서의 역할을 수행하게 된다.[42]

(1) 지휘자 역할

다변하는 외부환경에 적극적으로 대처하고 미래지향적인 조직의 목표를 설정하며 과업을 계획하고 배분하며 진행과정에서 합리적이고 명확한 의사결정을 내릴 수 있어야 하며, 인적·물적 자원의 동원에 힘쓰는 지도자로서의 역할을 수행해야 한다.

(2) 생산자 역할

행동지향적이고 과업지향적인 업무에 초점을 두고 에너지를 쏟는다.

(3) 점검자 역할

정보, 의사전달, 인사행정, 교육, 보고체계, 평가, 시설관리 등의 업무흐름을 점검한다.

(4) 조정자 역할

조직의 목표를 달성할 수 있도록 리더십을 발휘하고 적절히 직원을 배치하고 업무를 조정하며 합리적인 통제를 행사할 수 있어야 한다.

(5) 조력자 역할

지지와 인정을 통해 직원들의 발전을 촉진시킨다.

(6) 촉진자 역할

직원들 사이에 상호작용을 촉진시키고 원만한 관계를 유지하도록 노력하여 구성원이 조직 공동의 목표를 지향하도록 한다.

(7) 혁신자 역할

창조적이고 진취적이며, 개방적으로 새로운 변화를 두려워하지 말아야 한다.

(8) 환경중개자 역할

외부환경을 인식하고 이에 민감하게 반응해야 한다.

4. 사회복지조직의 책임성에 영향을 미치는 요인 43) 23회 기출

(1) 내부적 요인

① 서비스의 다양성

단일한 서비스만 제공하는 사회복지조직은 드물다. 현실적으로 다양한 서비스를 제공하게 되므로 사회복지조직의 책임성을 추구하는 것은 어려워진다.

② 기술의 복잡성

다양성과 함께 제공하는 기술도 복잡해지고 다양해지는데, 이렇게 되면 투입과 성과에 대한 효과성과 효율성을 측정하여 책임을 다했는지를 확인할 방법이 더욱 어려워지게 된다.

③ 목표의 불확실성

사회복지조직에서 투입과 산출 간의 인과관계는 불확실하게 진행된다. 이는 사회복지조직의 특성상 인간이 조직의 원료이면서 산출물이 되기 때문인데, 인간의 능동성으로 인한 이러한 결과는 사회복지조직의 불확실성을 키워 책임의 측정을 어렵게 하는 요인이 된다.

(2) 외부적 요인

① 공급주체의 다원화

공급주체의 다원화는 사회복지 공급 기관의 책임성의 문제로, 비민주적 운영 사례, 후원금 관리의 투명성 의혹, 모금에 대한 행정비 과잉 지출 등이 지적받게 되었다.

② 민영화 경향

시장과 시민사회의 역할이 증대하면서 사회복지조직도 민간의 위탁운영이 많아졌다. 이때 위탁운영체가 지역주민의 욕구를 반영하기보다는 정부의 결정에 더 많은 영향을 받는 경향이 있어 비체계적이고 비효율적이라는 지적을 받고 있다.

③ 법률 정비

우리나라 사회복지사업법에 따라 민간 사회복지기관과 시설은 3년마다 시설평가를 통해 책임성을 입증하도록 제도화되었다.

2 사회복지 시설평가

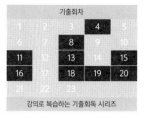

Keyword 216

1. 주요 특징

(1) 평가의 목적 [44]

- 사회복지시설에 대한 평가를 통하여 사회복지시설의 운영 효율화 및 서비스의 질을 제고함으로써 사회복지시설 이용자·생활자에 대한 사회복지서비스의 질 향상 도모
- 합리적 평가지표와 평가체계의 개발을 통한 사회복지시설에 대한 객관적인 평가틀 마련
- 전국적으로 사회복지 시설평가를 통하여 사회복지시설 운영 수준에 대한 지역별·시설종별 차이를 파악하고, 이를 개선하기 위한 사회복지시설 운영 수준의 균형화 대책마련을 위한 기초 자료 확보
- 사회복지 수요 증대에 따른 사회복지시설 운영 상태에 대한 정보 제공으로 사회복지시설에 대한 국민의 선택권 확대 및 보장
- 국민들에게 직접 복지서비스를 제공하는 사회복지시설의 기능강화를 통해 사회안전망을 강화하고 시설 운영의 선진화를 통하여 국민의 복지수준 향상에 기여

시설평가제는 사회복지기관들의 책임성 검증 및 개방성, 투명성, 효율성 확보를 위한 방안으로 도입되었다.

(2) 평가의 원칙 [45]

사회복지시설의 평가는 다음과 같은 기본원칙에 따라 평가의 기준 및 지표 개발, 평가의 시행, 평가결과에 대한 조치를 하도록 하고 있다.

- 운영의 개선 및 서비스의 질 제고를 유도하는 수단으로 작용해야 한다.
- 평가기준은 모든 사람이 이해하고 수용할 수 있도록 쉽게 구성되어야 하며, 평가기준과 평가과정을 사전에 공개하여 평가지표에 대한 이해를 명료하게 인지시킴으로써 평가절차의 투명성을 확보해야 한다.
- 평가대상 기관이 평가과정에 참여하는 참여자로서 스스로 기관의 문제점을 객관적으로 인식하고 개선할 수 있도록 하여야 한다.
- 평가의 목적은 사회복지기관이 전체적으로 최저수준 이상을 견지할 수 있도록 유도하는 것을 기본목표로 한다.

- 이용자 중심의 평가로서 이용자 만족도와 서비스의 질을 고려하도록 한다.
- 사회복지기관과 지역사회의 원활한 상호관계를 유도하는 방향으로 평가내용을 구성한다.

2. 사회복지시설의 서비스 최저기준

- 보건복지부장관은 시설에서 제공하는 서비스의 최저기준을 마련하여야 한다.
- 시설 운영자는 서비스 최저기준 이상으로 서비스 수준을 유지하여야 한다.
- 서비스 최저기준의 사항
  - 시설 이용자의 인권
  - 시설의 환경
  - 시설의 운영
  - 시설의 안전관리
  - 시설의 인력관리
  - 지역사회 연계
  - 서비스의 과정 및 결과
  - 그 밖에 서비스 최저기준 유지에 필요한 사항

중요도 ★ ★

1997년 사회복지사업법 개정을 통해 1999년에 처음 시작되었다는 점을 기억해두고, 법 규정과 관련해서는 3년 주기로 실시된다는 점과 우수시설에 대해 인센티브가 지급되기도 한다는 점을 비롯해서 어떤 영역들을 평가하는지를 살펴보도록 하자.

3. 시설평가의 운용

(1) 평가의 내용 ★꼭!

- 전반적인 운영실태(인력관리, 조직관리, 시설관리, 재정관리)와 프로그램, 이용자 만족도, 지역사회 관계 등 다차원적인 측면으로 구성되어 있다.
- 평가영역은 공통된 영역도 있지만 시설의 유형에 따라 평가의 영역 및 기준에 차이가 있다.

(2) 추진 근거
사회복지사업법 및 동법 시행규칙에 따라 보건복지부장관 및 시 · 도지사는 3년마다 시설평가를 실시하여야 한다.

(3) 추진 경과
- 평가 의무화: 1997년 사회복지사업법 개정, 1998년 시행
- 1999~2001년 제1기 사회복지 시설평가 실시

(4) 평가영역 ★꼭!

- 시설 및 환경: 안전관리, 식품위생, 공간배치 및 청결상태, 편의시설 설치 상태 등
- 재정 및 조직운영: 회계 관련 사항, 운영위원회 구성 및 활동 등
- 인적자원관리: 자격증 소지 직원 비율, 직원의 근속률, 직원의 교육활동, 직원 채용의 공정성, 슈퍼비전, 직원복지 등
- 이용자의 권리: 이용자의 비밀보장, 이용자의 고충처리
- 지역사회관계: 자원봉사자의 활용 및 관리, 외부자원 개발, 후원금 사용 및 관리 등
- 프로그램 및 서비스: 프로그램 기획 · 실행 · 평가, 사례관리에 관한 사항, 프로그램의 차별성 · 참신성 · 전문성, 지역사회조직화 등

(5) 평가결과에 따른 사후 지원 ★꼭!

- 우수시설 인센티브: 종사자 처우개선의 일환으로 우수시설 직원에 대한 역량개발비 지급
- 서비스 품질관리단 운영: 평가하위시설에 대해 컨설팅 지원 등 사회복지시설의 품질관리를 통한 서비스 질 제고

3 성과관리

기출회차

1	2	3	4	5
6	7	8	9	10
11	12	13	14	15
16	17	18	19	20
21	22	23		

강의로 복습하는 기출회독 시리즈

Keyword 218

중요도 ★

성과평가의 개념 및 특징을 살펴
두자.

1. 성과관리의 개념 및 특징

(1) 성과와 성과관리

• 성과(performance)는 조직이 목표를 달성하기 위해 투입된 자원에 대한
결과이다.
• 성과관리는 조직이 목표를 달성하기 위해 계획을 수립하고, 자원을 배분하
고, 업무를 추진하고, 성과를 측정하고, 결과에 따라 개선책을 찾고, 업무
자에 대해 보상을 하는 등의 관리 과정을 말한다.

합격자의 한마디

여기서 배우는 성과(Performance)
는 효율성과 효과성을 모두 포괄함
을 기억해두고, 논리모델의 성과
(outcome)와 다른 개념임에 유의
하자.

(2) 특징

• 활동 그 자체보다 결과에 초점을 둔다.
• 조직의 활동과 과정이 조직의 목표에 부합되도록 한다.
• 성과평가는 효과성과 효율성 측면을 모두 포괄하며, 이용자 만족도, 품질
평가 등 다차원적 접근이 필요하다.

(3) 성과평가와 기준행동[46]

• 수행이나 성과와 관련한 평가 정보들을 측정하기 위해 계량화를 시도하게
될 때, 양적 지표 사용에 따른 부작용으로 업무자들이 서비스 효과성 자체
보다는 지표관리에만 치중하게 되는 기준행동(criterion behavior)의 문제
가 제기될 수 있다.
• 기준행동이란 업무자들이 기준으로 제시된 측정가능한 사안들에만 집중하
여 실질적인 서비스의 효과성에 대해서는 무관심하게 되는 것을 말한다.
• 사회복지서비스에서 직접적으로 측정되기 어려운 요소들이 평가항목에서
누락되어 있는 경우 평가에서 제시되는 계량화된 평가 점수들은 실질적인
효과성과 무관하게 도출될 수 있다. 이러한 현상을 방지하기 위해 평가 본
연의 목적인 서비스 효과성의 제고에 중점을 두고, 평가의 과정이나 방법
이 이러한 목적을 파악할 수 있는지를 고려해야 하며, 평가가 단지 평가를
위한 도구적 · 기계적 차원에 머물지 않도록 해야 한다.

한걸음 더 — 컬렉티브 임팩트(Collective Impact) 관점의 다섯 가지 요소

컬렉티브 임팩트는 집합적 성과, 종합적 영향 등으로 번역되기도 한다. 사회복지는 다양한 관계기관의 협력을 통해 성과를 달성할 수 있다는 점에서 강조되고 있는 관점이다. 이론적으로는 생태체계적 관점을 기반으로 한다.

1. 공동의 목표

모든 참여자들이 변화에 대한 비전을 공유하고 있어야 하며, 문제에 대한 공동의 이해, 합의된 활동들을 통해 문제에 대해 공동의 접근으로 나아가는 것을 포함한다.

2. 공동의 성과 측정 체계

참여 주체들의 노력이 공동의 목표를 향해 집중될 수 있도록 하며, 참여자들의 책무성을 높여주며 서로의 성공과 실패로부터 배울 수 있게 한다.

3. 상호 강화하는 활동

서로 강화하는 활동들의 계획에 기반을 둔 차별화된 활동들의 조합에서 집합적 성과가 나온다.

4. 지속적인 소통

비영리기관, 기업, 정부기관 간의 신뢰를 구축하는 것은 대단히 어려운 과제이며, 부문 간의 소통을 위한 공통의 언어체계를 구축하는 것이 필수적이다.

5. 중추 기관

중추 역할을 할 별도의 기관이 필요하다. 중추 기관은 지속적 조정, 기술 및 소통 지원, 자료 수집 및 보고 등 행정적 세부사항을 처리함으로써 프로젝트를 기획, 관리, 지원한다.

※ 참고: 한국사회복지교육협의회, 2018, '컬렉티브 임팩트 향상을 위한 표준교육 개발연구 보고서', pp.34-35.

2. 성과관리의 과정

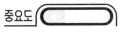

성과평가에서 성과수준을 결정할 때 어떤 사항을 고려해야 하는지 생각해보자.

(1) 목표 수립

조직 전체의 목표를 달성하기 위하여 각 구성원들이 어떤 결과물을 내야 하는지를 구체적으로 제시해야 한다.

(2) 성과측정을 위한 척도 마련

성과를 측정할 수 있는 측정 도구를 마련해야 한다. 이를 통해 투입된 수량, 서비스 및 품질의 타당성, 소요된 비용, 적시성 등이 구체적으로 파악되도록 해야 한다.

(3) 성과수준의 결정

결과물을 어느 정도 달성했는지를 평가하기 위한 기본선, 즉 성과수준을 결정해야 한다. 이는 최저선, 최저요건, 기대치 등으로 표현되기도 하는데, '적어도, 최소한 이 정도는 달성해야 함'을 의미한다.

11장 사회복지조직의 책임성과 평가 **229**

한걸음 더   성과수준을 결정하기 위한 요소

- 성과수준은 결과물을 달성하기 위한 권한과 자원, 자격과 능력이 있고, 어느 정도의 훈련을 받은 사람이라면 누구나 성취할 수 있는 정도의 수준을 의미하기 때문에 그 달성 가능성이 현실적이어야 한다.
- 성과수준은 직원들이 그 기본선 이상을 초과하여 달성할 수 있으며, 초과하여 달성하는 것이 더 큰 성과를 가져온다는 것을 알아야 한다는 점에서 초과 달성할 수 있는 여지가 있도록 설정되어야 한다.
- 성과수준은 기대가 충족되었을 때의 상태를 기술해야 한다.
- 성과수준은 성과의 수량, 품질, 비용, 효과, 방식 또는 행동의 방법으로 표현되어야 한다.
- 성과는 구체적인 방법으로 측정할 수 있어야 한다.

※ 참고: 이봉주 외, 2012: 379.

(4) 지속적인 관리 과정

관리자가 목표를 달성하기 위한 직원들의 활동이 적절하게 이루어지고 있는지를 파악하고 직원에게 피드백을 하는 과정이다. 관리자와 직원 사이의 의사소통, 직원에 대한 동기부여 및 지지 등이 요구된다.

(5) 성과에 대한 분석

이 단계에서는 성과가 목표했던 대로 도출되었는지 뿐만 아니라 성과를 측정하기 위해 마련한 척도가 적절했는지, 활동과 산출은 적절하게 나타났는지, 이후 개선해야 할 점이나 새로이 학습해야 할 기술은 무엇인지 등을 파악한다.

(6) 종합 및 의사소통

성과는 직원들에게 알려 이후 서비스 제공이 개선될 수 있도록 하며, 예산의 주체들(후원자, 국가 · 지자체 등)에게 알려 예산 확보가 지속될 수 있도록 해야 한다.

한걸음 더

균형성과표(BSC, Balanced Score Card)

1992년 캐플란과 노튼(R. Kaplan & D. Norton)이 조직의 내부와 외부, 유형과 무형, 단기와 장기 등의 균형 잡힌 관점에서 성과를 측정하고 관리하기 위해 개발한 것이다. 재무재표 중심의 평가모형이 아닌 조직의 비전과 전략 그리고 이를 실현하기 위한 미래의 성과창출동인을 고객 관점, 재무 관점, 내부 프로세스 관점, 학습과 성장 관점 등 4가지 관점에서 균형 있게 평가하는 전략적 평가모형이다.

1. 고객 관점(Customer Perspectives)

누가 고객이 되는지, 고객에게 무엇을 전달할 것인지 분명히 정의한다. 고객에게 제공하는 가격, 서비스 및 상품, 기업이미지, 기업과의 관계 등을 고려하여 고객을 유인하고 관계를 심화시킬 수 있는 방안을 모색한다.

2. 재무 관점(Financial Perspectives)

재무 관점은 기업의 수익성과 성장 그리고 주주들에게 재무적 지표를 통하여 조직의 성과를 보여주기 위한 것을 말한다. 공공기관 혹은 비영리기관의 재무 관점은 수입이 고객이 아닌 외부조직에 의해 결정되기 때문에 자율적이지 못한 한계를 가지고 있다.

3. 내부 프로세스 관점(Internal Process Perspectives)

지속적으로 고객을 만족시키기 위해 개선되어야 할 프로세스가 무엇인가에 대한 관점이다.

4. 학습과 성장 관점(Learning and Growth Perspectives)

조직의 장기적인 잠재력에 대한 투자는 당장 그 가치가 보이지 않지만 조직 성장의 근본이 된다는 미래지향적 관점이다. 이 관점은 단순히 구성원의 직무숙련도나 생산성을 위한 교육이나 훈련을 의미하는 것이 아니라 직원만족도, 직원이직률, 동기부여, 인력개발, 권한위임, 조직문화, 의사소통체계 등을 포함할 수 있다.

※ 참고: 김만호 외, 2012: 118-120; 최칠성 외, 2022: 343-346.

12장 홍보와 마케팅

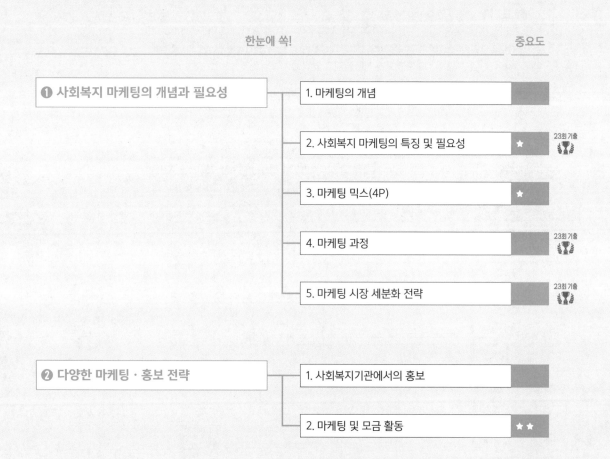

한눈에 쏙!   중요도

❶ 사회복지 마케팅의 개념과 필요성

1. 마케팅의 개념

2. 사회복지 마케팅의 특징 및 필요성   ★   23회 기출

3. 마케팅 믹스(4P)   ★

4. 마케팅 과정   23회 기출

5. 마케팅 시장 세분화 전략   23회 기출

❷ 다양한 마케팅 · 홍보 전략

1. 사회복지기관에서의 홍보

2. 마케팅 및 모금 활동   ★ ★

기출경향 살펴보기

이 장의 기출 포인트

예전에는 사회복지 마케팅 전략에 관한 내용에 편중되어 출제되었으나, 최근에는 비영리조직 마케팅의 특성, 마케팅 4P요소, 다양한 모금활동에 관한 문제도 자주 출제되고 있다. 최근 사회복지 분야의 마케팅과 홍보에 관한 중요성이 강조되고 있는 만큼 최근 시험에서 지속적으로 2문제씩 출제되고 있다.

최근 5개년 출제 분포도

연도별 그래프

문항수

5 -				
4 -				
3 -				
2 - 2		2	2	2
1 -	1			
0 - 19	20	21	22	23 회차

평균출제문항수

1.8 문항

2단계 학습전략

데이터의 힘을 믿으세요!
강의로 복습하는 **기출회독 시리즈**

3회독 복습과정을 통해
최신 기출경향 파악

최근 10개년 핵심 키워드

기출회독 219	사회복지 마케팅의 특징 및 전략	9문항
기출회독 220	마케팅 기법	5문항

기본개념 완성을 위한 **학습자료 제공**

기본개념 강의, 기본쌓기 문제, O X 퀴즈, 기출문제, 정오표, 묻고답하기, 지식창고, 보충자료 등을 **아임패스**를 통해 만나실 수 있습니다.

1

기출회차

1	2	3	4	5
6	7	8	9	10
11	12	13	14	15
16	17	18	19	20
21	22	23		

강의로 복습하는 기출회독 시리즈

Keyword 219

사회복지 마케팅의 개념과 필요성

1. 마케팅의 개념

• 마케팅(marketing)이란 소비자에게 상품과 서비스를 제공하면서 구입하도록 격려하는 활동으로 규정할 수 있다. 마케팅은 구매가능성이 있는 소비자의 욕구를 만족시키면서 기업의 이익을 극대화하기 위해 상호 유익한 교환을 창조 · 촉진 · 유지하고자 제시된 활동을 계획 · 조직 · 통제하는 과정이다.

• 근래에는 기업뿐 아니라 사회복지조직과 같은 비영리조직의 활동에서 있어서도 마케팅의 중요성은 부각되고 있다. 사회복지기관의 책임성과 효율성에 대한 요구가 높아지고, 재원의 한계에 직면하면서 후원 확보를 위한 마케팅 활동이 중요해지고 있다.

한걸음 더

마케팅 개념의 핵심요소

1. 소비자의 욕구와 수요 파악
고객의 욕구와 수요를 정확하게 이해하고 소비자들이 원하는 것을 제공하기 위해 정보를 수집하여야 한다.

2. 소비자의 만족과 가치 인식
소비자는 제품이나 서비스를 통해 소비자들의 욕구와 수요를 가장 잘 충족시킬 수 있는 것을 선택한다.

3. 교환
가치 있는 제품이나 서비스에 대해 대가를 제공하고 획득하는 행위가 교환이다. 교환은 가치를 창조하는 과정이다.

4. 시장
어떤 제품이나 서비스의 실제 또는 잠재적 구매자들의 집합을 의미한다.

2. 사회복지 마케팅의 특징 및 필요성 ^{23회기출}

앞서 1장에서 공부한 사회복지행정의 특징을 떠올리면서 사회복지 마케팅의 특징을 파악해두자. 23회 시험에서는 비영리조직 마케팅의 전반적인 특징을 묻는 문제가 출제되었다.

중요도

(1) 비영리조직 마케팅
비영리조직 마케팅이란, 사회복지조직을 포함한 비영리조직이 조직의 목적을 달성하기 위해 클라이언트 관리, 서비스의 개발·전달, 비용, 홍보, 자금확보 등에 있어 영리조직의 마케팅 기법을 도입하여 다변화하는 사회적 환경에 부응하여 경쟁력을 확보하는 활동이다.

(2) 사회복지행정에서의 마케팅
- 사회복지행정에서 배우는 마케팅 관련 내용은 주로 기관의 자금확보와 관련되어 있다.
- 기금 조성 및 후원 지원, 정부 기관과 법인 재단으로부터 교부금 확보 등을 위해 마케팅 방법을 활용한다.
- 기관의 상품은 서비스 / 프로그램이기 때문에 이를 홍보하는 차원의 마케팅도 진행된다.
- 조직의 전략적 경영으로 마케팅이 이루어지며 목표 후원자가 바라는 조건으로 조직의 활동을 고안한 후에 후원자의 긍정적 반응을 얻어내는 것에 의지하고 있다.
- 기업은 소득을 창출하기 위해 소비자 판촉 방법을 사용하는 반면에 사회복지조직은 소비자인 클라이언트뿐 아니라 기부자, 직원, 후원단체, 타 사회복지기관과의 교류가 이루어져야 하며 생존을 위해 다면적이며, 역동적인 과정으로 만들어야 한다.

(3) 사회복지 마케팅의 특징 ⭐

① 서비스의 무형성
현물이 아니기 때문에 이용하기 전에 먼저 확인할 수가 없으며, 홍보·특허 등이 어렵다.

② 서비스의 다양성과 복잡성
클라이언트가 각각 가지고 있는 다양하고 복잡한 욕구를 개별적으로 다루기 때문에 서비스를 표준화할 수 없어 대량생산이 불가능하고 단위비용이 높아지게 된다.

③ 생산과 소비의 동시 발생

일반적으로 영리부문의 상품은 먼저 생산하면 그 이후에 소비가 이루어지지만, 사회복지서비스는 생산과 소비가 동시에 발생하는 특징이 있다.

④ 서비스의 소멸성

사회복지서비스는 형태가 없기 때문에 쌓아두거나 저장할 수 없고, 반환할 수도 없다.

잠깐!

사회복지조직에서 마케팅의
중요성이 대두된 배경
• 서비스 이용자의 선택권 확대
• 서비스 제공 조직들 간 경쟁 증가
• 고객 중심의 서비스 제공 요구 증가
• 사회서비스의 시장 방식 공급 확대

(4) 사회복지 마케팅의 필요성

① 책임성 측면

사회복지조직은 정부의 보조금이나 기타 단체의 기부금으로 운영이 되기 때문에 서비스 제공에 있어서 효율성과 효과성을 달성할 책임을 가지고 있다. 이러한 책임성의 요구에 부응하려면 비영리조직의 운영에 있어서도 전략적인 마케팅의 도입이 절실하다.

② 대상자 관리의 측면

클라이언트, 기관의 이용자, 기부자, 지역사회를 고객으로 인식하여 욕구를 세분화하고, 관리에 있어 궁극적으로 고객만족을 이끌어내는 마케팅 접근이 필요하다.

③ 서비스 개발의 측면

사회복지조직의 특성상 외부환경의 영향을 강하게 받게 되는데 급변하는 정치적 · 경제적 · 사회적 · 법적 · 문화적 환경(시장)을 세분화하고 분석하여 서비스의 가치를 높여야 한다.

④ 재정 확보의 측면

사회복지조직의 목표를 달성하기 위해 필요한 재정자원의 계획과 동원, 배분, 효율적인 사용과 책임성 있는 관리는 필수적이다. 모금 시장 분석, 다양한 모금상품 개발, 전략적인 모금상품의 홍보는 물론이고 잠재적 후원자의 개발, 이미 개발된 후원자의 1:1 고객관리를 통해 모금의 극대화를 가져와야 한다.

3. 마케팅 믹스(4P)

중요도

4가지 전략과 함께 각 전략이 의미하는 바를 꼭 정리해두자. 출제율이 높은 내용은 아니지만 단독으로 출제되기도하며 사회복지 마케팅에 대한 종합적인 내용들을 다룬 문제에서도 등장하곤 했다.

마케팅 믹스(marketing mix)란 마케팅의 모든 요소를 통합하여 그 효과를 최대한 발휘하는 것을 말한다. 최근에는 적합한 인재의 등용 및 개발을 의미하는 person(people)을 추가하여 5P로 정의하기도 한다.

(1) 상품(Product) 전략

- 어떤 상품을 제공할 것인가?
- 비영리조직에서 상품이란 용어는 생소하지만 목표달성을 위하여 서비스를 제공한다는 의미에서 영리조직과 마찬가지의 상품 전략이 필요하다. 비영리조직의 상품은 프로그램과 서비스라고 할 수 있는데 이 상품의 성격은 그 기관의 사명과 목적에 따라 달라진다. 또한 비영리조직도 브랜드를 개발할 필요가 있다.

(2) 가격(Price) 전략

- 가격을 어떻게 결정할 것인가?
- 비영리조직의 가격은 서비스와 프로그램에 대한 가격을 의미하며 이는 수익사업의 이용료가 될 수도 있고 모금프로그램에 대한 가격, 즉 후원금을 의미하기도 한다.
- 특히 서비스를 상품으로 하는 사회복지조직에서의 '가격'은 좀 더 포괄적인 의미를 갖는다. 서비스를 받기 위해 지급하는 비용 외에도 만약 목표를 달성했을 때 받을 수 있는 보상도 포함되며, 서비스를 받기 위해 투자해야 하는 시간, 노력, 신체적인 부담감, 심리적 긴장감·압박감·불안감 등의 비금전적 비용도 포함된다.

(3) 유통(입지, Place) 전략

- 비영리조직에서 유통전략이란 클라이언트들이 서비스를 쉽게 이용할 수 있어야 한다는 측면에서 서비스의 전달과 입금 경로, 접근성과 관련 있다. 또한 서비스 연계 차원에서 지역사회 네트워크 형성과도 관련이 있다.
- 비영리조직의 유통경로는 상품(서비스)이 기관에서 클라이언트에게 직접적으로 전달되는 형태로서 중간상의 개입없이 지역사회에서 이루어지는 것이 특징이다.

(4) 촉진(Promotion) 전략

- 서비스의 홍보와 더 많은 기부금을 확보하기 위한 인쇄물 제작이나 언론·

방송 매체를 통한 홍보, 인터넷을 이용한 홍보, 판매촉진 등과 같은 커뮤니케이션 수단들이다.
- 후원자 시장이 세분화된 경우에는 직접우편의 방법도 사용한다. 종교단체, 기존의 후원회원, 동창회 등 회원이 특정된 경우에는 대중매체를 이용한 광고보다는 직접우편의 방법이 더욱 효과적인 측면이 있다.
- 사회복지조직의 직원의 후원 요청과 종교단체의 선교활동 등 개인적인 설득을 통한 판촉활동도 효과적이다.

4. 마케팅 과정 47) ²³회기출 🏆

(1) 기관환경 분석(SWOT)

조직 내외부의 환경을 분석하기 위한 방법으로 조직의 강점과 약점, 기회와 위협 요인 등을 분석하는 SWOT 분석 기법을 활용할 수 있다.
- 기관의 목표와 프로그램, 자원, 정당성 등을 토대로 기관의 강점(Strength)과 약점(Weakness)을 분석하여 조직의 준비상태를 확인한다.
- 지역 내의 사회문제, 인구 변화, 경제적 측면 등을 고려하여 외부환경이 기관에 대해 미치는 기회 요인(Opportunity)과 위협 요인(Threat)을 분석한다.

SWOT를 이용한 마케팅 계획 분석의 예

기회 및 위협	강점 및 약점	기관의 강점(S) 요인분석: 구성원들의 업무의욕이 높음	기관의 약점(W) 요인분석: 신규조직이라 재정이 빈약함
환경의 기회(O)	요인분석: 사회문제 증가 (결식아동 증가, 독거노인 증가 등)	대책: 사회문제와 관련된 프로그램 개발	대책: 모금활동 진행 및 후원자 확보
환경의 위협(T)	요인분석: 경제난으로 재정 지원 감소 예상	대책: 조직을 유지하기 위한 수익성 있는 프로그램 개발	대책: 조직의 목표 및 효과성, 효율성 등을 고려하여 프로그램의 구조 조정 단행

(2) 시장욕구분석/마케팅 조사

기관이 관심을 갖는 문제에 대해 지역사회가 가지고 있는 인식과 태도를 분석한다. 일종의 시장조사의 성격을 띠며, 다음의 내용을 분석·확인한다.
- 상품 및 서비스에 대한 욕구: 기관이 관심을 갖는 문제에 관심이 있는가

잠깐!

사회복지 마케팅에 있어서 상품의 구매는 후원을 포함한다.

- 구매욕구: 이 분야에 대한 후원에 관심이 있는가
- 상품 구매력: 후원을 위한 금전적 상황이 되는가
- 구매의 의지: 후원할 의지가 있는가

(3) 마케팅의 목표설정

마케팅의 목표설정을 위해 기관의 목적을 보다 분명히 해서 구체적이고 양적으로 측정가능하고 달성가능한 목표를 제시하는 것이 필요하다.

(4) 기부시장 분석(STP 전략)

- 시장 세분화(Segmentation): 비슷한 욕구, 개성 또는 행위의 특징에 따라 소비자(후원자)를 분류하는 것
- 표적시장 선정(Targeting): 시장이 세분화된 곳의 매력적인 요소(후원 가능성)를 발견하여 하나 또는 그 이상의 시장(후원자)을 선정하여 진입하는 것
- 시장 포지셔닝(Positioning): 세분화되고 표적이 된 각각의 집단을 명확하게 지배하는 것, 즉 대상집단으로 하여금 후원을 하도록 확정하는 것

(5) 마케팅 도구 설정

인터넷, ARS, 캠페인, 이벤트, 정기후원회원 개발, 직접 우편 등의 방법을 활용하여 일반 시민들의 관심과 참여를 이끈다.

(6) 마케팅 기획안 작성 및 실행

마케팅 기획과 실행을 통해 잠재적 기부대상자들에게 기부를 요청한다.

(7) 마케팅 평가

기부발생에 대한 종합적인 평가와 함께 새로운 외부환경에 대한 분석으로 연계한다.

5. 마케팅 시장 세분화 전략 ^{23회 기출}

(1) 대량 마케팅(Mass marketing)

단일 제품이나 서비스를 대량으로 생산, 유통, 촉진, 판매함으로써 다수의 구매자를 대상으로 하는 마케팅으로 비차별적 마케팅이라고도 한다. 최소의 비용으로 최저의 가격을 책정하여, 최대의 잠재시장을 창출해내는 데 초점을 둔다.

(2) 세분화 마케팅(Segment marketing)

표적시장 마케팅(target marketing)이라고도 한다. 이는 전체 시장을 세분화 변수를 동원해 몇 개의 시장 부문으로 세분화하고 그 중에서 조직의 자원과 능력을 고려해 하나 또는 소수의 시장 부문을 목표 시장으로 선정하여 각 목표 시장에 알맞은 마케팅 프로그램을 집행하는 형태로 차별적 마케팅이라고도 한다. 전통적인 마케팅하의 개념상 가장 많이 활용된, 그리고 가장 대표적인 마케팅 전략이라 할 수 있다.

(3) 틈새 마케팅(Niche marketing)

부분시장 집중적 마케팅이라고도 한다. 이는 자원이 제약되어 있고, 작은 시장에서 높은 점유율을 얻고자 하는 경우에 어느 하나 혹은 소수의 세분시장 부문(segment)에만 집중하려는 마케팅 전략이다. 이는 전문화의 유리한 점과 운영상의 경제성을 실현하고자 하는 마케팅 전략이다.

(4) 미시적 마케팅(Micro marketing)

원투원 마케팅이라고도 한다. 고객 개인의 취향을 반영한 '양방향성 맞춤 생산 판매'를 추구한다. 주로 이메일을 통해 고객의 기호와 과거 구매 성향에 따른 개인화된 정보를 제공함으로써 구매 유도 효과를 극대화시키는 전략이다. 시장의 세분화 정도가 가장 높다.

2

다양한 마케팅 · 홍보 전략

1. 사회복지기관에서의 홍보

사회복지기관에서의 상품은 곧 서비스/프로그램이기 때문에, 사회복지기관에서의 홍보는 서비스를 필요로 하는 사람들에게 서비스가 있음을 알리기 위해 진행된다. 또한 자원봉사자 모집이나 후원금 모금 등 인적 · 물적 자원 확보를 위한 홍보 활동도 진행된다.

(1) 사회복지기관의 홍보전략

• 비영리기관인 사회복지기관은 무엇보다도 휴먼서비스를 제공하는 기관이다. 후원자, 자원봉사자, 언론, 여론 지도층, 프로그램 참가자, 지역주민 등의 다양한 대중들을 상대로 어떠한 이미지를 구축하느냐가 기관의 존재에 중요한 영향을 미친다.

• 대중을 상대로 하는 홍보활동은 기관의 좋은 이미지 창출은 물론, 기금모금(Fundraising)에 큰 작용을 하게 된다.

  예 KBS의 '사랑의 리퀘스트'나 SBS의 '기아체험 24'는 대표적인 모금전략 프로그램들이다.

① 기관의 이미지 창출

어린이, 청소년, 장애인, 노인, 입양, 아동학대 예방사업 등 주요 프로그램은 기관의 성격에 따라 다양하다. 어떤 프로그램을 펼치는 기관인지를 명확히 알린다.

② 모금전략 프로그램(Fundraising Program) 개발

비영리기관인 사회복지기관은 보통 후원자들의 후원금과 정부 지원금으로 운영되기 때문에 예산의 측면에서 열악한 환경에 놓여 있다. 다양한 프로그램을 개발하여 대중들로 하여금 호의(Goodwill)를 얻어야 할 것이다.

③ 언론과의 연계

언론사의 사회복지 관련 프로그램 및 특집방송이나 기사 등과 같은 기획 프로그램을 연계한 마케팅 전략을 구사해야 할 것이다.

예 국민일보와 한국복지재단이 함께하는 어린이 돕기에 관한 기획 기사는 모금개발에 큰 영향을 미치는 효과적인 쌍방향 프로그램이다.

④ 홍보대사
유명 연예인나 방송인, 기업가들을 기관의 홍보대사로 임명하는 방법이 있다. 대중에게 많이 노출되어 있는 사람들을 통해 남을 돕는 일이 의미있는 일임을 알릴 수 있다.

(2) 사회복지기관의 홍보 내용
- 사회복지기관의 시설 및 이미지 홍보
- 자원봉사자 모집 홍보
- 후원자 개발 홍보
- 프로그램 홍보

(3) 홍보의 최근 경향
- 단발적 홍보에서 지속적 홍보로 변화
- 즉흥적 홍보에서 계획적 홍보로 변화
- 일방적 홍보에서 쌍방적 홍보로 변화
- 소극적, 수비적 홍보에서 적극적, 공격적 홍보로 변화

한걸음 더 ─ 아웃리치

아웃리치란 서비스 기관이나 담당자들이 직접 이용자를 찾아나서는 방법을 말한다.

단순히 기관의 서비스나 프로그램을 알리기 위한 홍보 전략에 그치는 것이 아니라, 정보 제공, 욕구사정 활동과 연계, 서비스 활용에 대한 동기부여 및 참여유도, 서비스 활용의 심리적 장벽 극복, 인테이크 보조, 서비스 종료 후의 후속적 확인 등 다양한 목적으로 활용된다.

아웃리치는 꼭 사회복지사가 실시해야 할 필요는 없으며, 표적집단이나 클라이언트 중 한 사람이 직접 비슷한 문제를 겪고 있는 사람들과의 대면활동을 할 경우 제공자와 이용자 간의 괴리를 좁힐 수 있다.

아웃리치는 기관 간 협조를 통해서도 실현되는데, 한 기관에서 아웃리치를 시행할 때 관련 기관의 유사 프로그램을 함께 소개하는 방식으로 진행하면 효율성 및 효과성을 더욱 증진시킬 수 있다.

2. 마케팅 및 모금 활동

중요도

(1) 마케팅 방법 ★ ^{꼭!}

DM이나 ARS 같이 일반적으로 알고 있는 마케팅 방법도 시험으로 출제되면 놓치는 경우가 많다. 고객관리관계 마케팅, 공익연계 마케팅까지 꼼꼼히 살펴보자.

① 다이렉트 마케팅(DM: Direct Marketing)

비영리조직에서 DM은 우편에 의해 클라이언트, 서비스 이용자, 기존 기부자 및 잠재적 후원자 등에게 현재 기관의 운영현황이나 이용할 수 있는 서비스와 프로그램에 대한 다양한 정보를 전달하는 가장 전통적인 방법이다.

② 고객관계관리 마케팅(CRM: Customer Relationship Management Marketing)

- 고객과 관련된 조직의 내외부 자료를 분석, 통합하여 고객 특성에 기초한 마케팅 활동을 계획하고, 지원하며, 평가하는 과정이다.
- 고객 데이터의 세분화를 실시하여 신규고객 획득, 우수고객 유지, 고객가치 증진, 잠재고객 활성화, 평생고객화와 같은 사이클을 통하여 고객을 적극적으로 관리하고 유도하며 고객의 가치를 극대화시킬 수 있는 전략을 통하여 마케팅을 실시한다.
- 기존 마케팅이 단발적인 마케팅 전술이라면 고객관계관리 마케팅은 고객과의 지속적인 관계를 유지하면서 '한 번 고객은 평생고객', '고객을 위한 맞춤형 마케팅' 등을 강조한다.

③ 공익연계 마케팅(CRM: Cause-Related Marketing) = 기업연계 마케팅

사회공헌은 사회적 책임을 다하는 기업의 역할적 측면에 초점을 둔 것이다. 반면, 공익연계 마케팅은 공익적 이슈를 기업의 마케팅 활동과 연계시키는 것이므로 마케팅적 측면이 강하다.

- 기업과 사회복지조직의 상호 간 이익을 위해서 기업이나 브랜드를 사회적 명분이나 이슈에 전략적으로 연계시키는 방식이다. 기업은 이 활동을 통해 기업이나 브랜드 이미지를 상승시켜 직접적인 매출 증대의 효과를 꾀할 수 있고, 사회복지조직은 재정 확보 및 홍보 효과를 누릴 수 있다.
- 근대적 의미의 공익연계 마케팅의 첫 사례는 아메리칸익스프레스카드의 '자유의 여신상 보호 캠페인'이다. 아멕스카드 매출액의 일부를 자유의 여신상 보호 기금에 기부하는 방식으로 진행되었다.
- CRM을 구현하기 위한 활동
  - 신용카드 구매나 사용을 특정 NPO의 특정한 공익 프로그램에 링크
  - 한시적 또는 지속적인 이벤트를 후원
  - 쿠폰 발행 등을 통해 특정 상품을 선정해 홍보 및 판매
  - 현물 및 자원봉사 활동과 NPO 프로그램과의 연계 등

1. 이윤추구 모델

기업은 이윤을 추구하는 조직으로, 기업조직이 비영리부문에 참여함으로써 기업 이미지를 긍정적으로 만들어 이윤을 극대화할 수 있다.

2. 자선 모델

단지 이윤추구를 넘어서 도덕적 의무에 따라 후원, 자원봉사 등을 한다.

3. 사회전략 모델

기업은 환경으로부터 정당성을 확보하기 위해 노력하기 때문에 환경보존, 자원절약, 자선활동 등에 참여하여 사회적 신임을 얻고자 한다.

4. 동형화 모델

성공한 다른 기업이 비영리부문에 참여하고 있는 경우, 다른 기업조직들 역시 의례적, 관례적으로 그 기업을 모방하여 참여하게 된다.

④ 데이터베이스 마케팅(DB 마케팅)

- 비영리조직에서 데이터베이스 마케팅은 기관을 찾는 이용자, 즉 클라이언트와의 개별접촉을 통해 명단과 주소, 프로그램 이용 현황(프로그램 명, 이용 횟수, 이용 시기 등)의 정보를 확보한다. 기관이나 프로그램에 대한 느낌이나 태도, 기호와 생활 스타일 등의 세심한 정보까지 많을수록 활용도가 커진다.
- DB 마케팅의 기본전략
  - −재활성화 전략: 과거 고객
  - −고객유지 및 충성도 제고 전략: 기존 고객
  - −교차판매 전략: 기존 고객
  - −고객확보 전략: 신규 고객

⑤ 인터넷 마케팅

- 인터넷 마케팅이란 인터넷을 통해 고객에게 정보를 전달하고 전자우편이나 홈페이지 등을 통하여 이익을 극대화하는 마케팅 기법이다.
- 비영리조직에서 인터넷 마케팅은 인터넷이라는 매체를 활용하여 기관의 사업과 프로그램을 알릴 수 있는 홍보, 기부금 모집 등이 가능하다. 또한 메일링 서비스를 통해 개별적인 고객 관리를 할 수 있으며 배너 교환이나 이메일링 서비스 등의 방법이 있다.
- 인터넷 마케팅은 무엇보다 시간, 공간, 비용, 정보의 양적인 측면에서 매우 경제적이라는 장점이 있다.

⑥ 사회 마케팅(social marketing)

공공의 건강, 안전, 환경 또는 사회복지 등에 관한 개선을 목표로 기업이 특정 행동의 변화를 기획, 시도할 때 적용하는 방식이다. 금연운동, 투표참여 운동 등이 이에 해당한다.

사회마케팅은 단순히 대중의 인식, 사고방식의 변화를 꾀한다기보다 특정 행동, 실천을 장려한다는 점에서 일반적인 공익 캠페인과 다르다.

(2) 다양한 모금 활동 ★꼭!

① 인터넷 모금

인터넷을 통한 모금 방법으로는 기관 홈페이지를 통한 정보 알림, 이용자가 많은 포털사이트와의 협력으로 배너광고나 공익연계 캠페인 등을 통한 후원자 개발, 단체 이메일 발송을 통한 후원자 개발 등이 있다. 인터넷의 활용은 후원자 개발뿐만 아니라, 기관 및 기관의 프로그램 홍보 및 유관기관과의 연계 등에도 활용된다.

② ARS 모금(Audio Response System, 자동응답시스템)

최근 가장 활성화되고 있는 모금 방법으로, 방송 시청자들이 ARS 시스템을 통해 전화를 걸면 통화당 일정 금액의 후원금이 자동으로 전화요금에 부과되어 전화요금과 함께 기부금이 납부되는 방식이다. 최근 ARS가 성공을 거두고 있는 것은 손쉽게 적은 금액으로 부담 없이 후원에 참여할 수 있다는 장점 때문이다.

③ 캠페인 모금

사회 · 정치적 목적 등을 위해 조직적이고 지속적으로 이루어지는 활동이다. 캠페인마다 구체적인 목적으로 다르지만 사회복지기관의 자본화 증진, 즉 재정 자원의 확보를 전제로 한다. 기관 차원에서 진행되기도 하지만, 기업이나 공공기관과의 연계를 통해 진행되기도 한다.

예 자연보호 캠페인, 학교폭력 추방 캠페인, 가정폭력 근절 캠페인, 금연 캠페인, 자살방지 캠페인

④ 이벤트 모금

이벤트 모금은 기관이 대규모 이벤트를 열어 잠재적 후원자를 개발하고 마케팅 성과를 올리는 것이다. 기획의도와 모금 상품, 후원자와의 연계, 이벤트 프로그램 진행 등을 통해 자원을 조달한다. 우리나라의 모금을 위한 대표적인 이벤트로는 월드비전의 기아체험, 기아대책기구의 자선달리기 등이 있다.

13장 환경관리와 정보관리

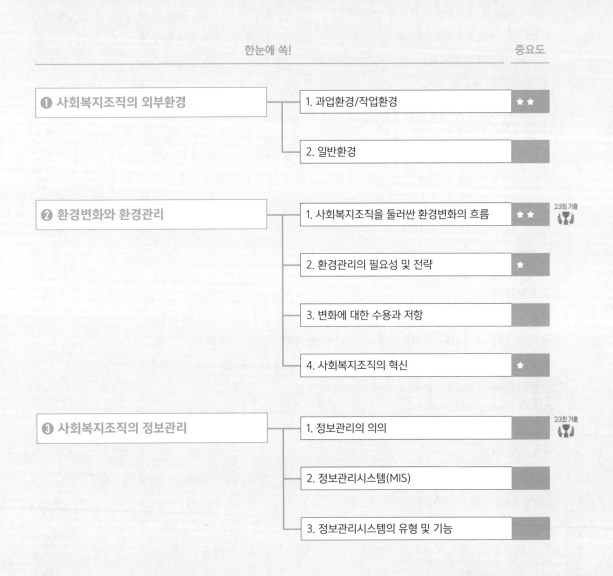

한눈에 쏙!   중요도

❶ 사회복지조직의 외부환경 ┬ 1. 과업환경/작업환경   ★ ★

                         └ 2. 일반환경

❷ 환경변화와 환경관리 ┬ 1. 사회복지조직을 둘러싼 환경변화의 흐름   ★ ★   23회 기출

                     ├ 2. 환경관리의 필요성 및 전략   ★

                     ├ 3. 변화에 대한 수용과 저항

                     └ 4. 사회복지조직의 혁신   ★

❸ 사회복지조직의 정보관리 ┬ 1. 정보관리의 의의   23회 기출

                        ├ 2. 정보관리시스템(MIS)

                        └ 3. 정보관리시스템의 유형 및 기능

기출경향 살펴보기

이 장의 기출 포인트

최근 시험에서는 환경관리에 관한 내용을 묻는 문제가 꾸준히 출제되고 있다. 예전에는 일반환경과 과업환경의 개념에 관한 문제 정도가 출제되었다면, 최근에는 환경변화의 흐름을 확인하는 문제의 출제율이 높아졌고, 조직혁신에 관한 문제도 출제되고 있다. 앞서 학습한 내용들과 연결하여 한 문제에서 묻는 종합형 문제 형태로 출제되기도 한다.

최근 5개년 출제 분포도

연도별 그래프

문항수

5 -
4 -
3 -
2 -
1 -
0 -

| 2 | 1 | 3 | 1 | 2 |
| 19 | 20 | 21 | 22 | 23 | 회차 |

평균출제문항수

1.8 문항

2단계 학습전략

데이터의 힘을 믿으세요!
강의로 복습하는 **기출회독 시리즈**

3회독 복습과정을 통해
최신 기출경향 파악

최근 10개년 핵심 키워드

기출회독 221	환경변화의 흐름 및 대응	11문항
기출회독 222	일반환경과 과업환경	4문항
기출회독 223	사회복지조직의 정보관리	3문항

기본개념 완성을 위한 **학습자료 제공**

기본개념 강의, 기본쌓기 문제, O X 퀴즈, 기출문제, 정오표, 묻고답하기, 지식창고, 보충자료 등을 **아임패스**를 통해 만나실 수 있습니다.

기출회차

1	2	3	4	5
6	7	8	9	10
11	12	13	14	15
16	17	18	19	20
21	22	23		

강의로 복습하는 기출회독 시리즈

Keyword 222

사회복지조직의 중요한 특징 중 하나는 지역사회를 포함한 환경으로부터 지속적인 지지와 자원을 공급받아야 한다는 점이다. 이들 조직은 외부환경으로부터, 특히 지역사회의 규범과 사회문화적 특징으로부터 영향을 받을 수밖에 없다. 따라서 사회복지조직과 환경과의 관계는 중요한 요인이 된다. 환경이란 조직이 생존하기 위해 자원을 동원해야 할 대상인 동시에, 서비스 제공의 목표를 정하는 데 있어 조직이 적응해야 하는 일련의 제약이기도 하다.[48]

중요도 ★★☆

환경과 조직의 관계를 살펴보는 문제, 과업환경의 유형을 파악하는 문제, 일반환경과 과업환경의 차이점을 생각해보는 문제 등 다양한 유형으로 출제되어 왔다. 일반환경이 정치·경제·사회·문화와 같이 거시적인 환경을 뜻한다면, 과업환경은 사회복지 직무 수행과 직접적으로 연관되어 있는 미시 및 중위적 환경에 속한다.

1. 과업환경/작업환경

(1) 과업환경의 개념 ★꼭!

- 과업환경은 조직이 자원과 서비스를 교환하고 조직과 특별한 상호작용의 형태를 취하는 집단들을 의미한다.
- 과업환경은 일반환경의 영향을 받는다.
- 사회복지조직은 과업환경의 영향을 받는 것이 일반적이며, 사회복지조직이 과업환경에 영향을 미치기도 한다.[49]

(2) 과업환경의 종류 ★꼭!

① 합법성과 권위의 제공자
사회복지사업법, 보건복지부, 시·도청, 시·군·구청, 한국사회복지협의회, 한국사회복지사협회

② 재정자원의 제공자
정부, 보건복지부, 공적/사적 사회단체, 외국 민간단체, 개인 등

③ 클라이언트의 제공자
서비스를 제공받는 개인, 가족, 클라이언트를 의뢰하는 타 조직, 집단·개인

등으로 학교, 경찰, 청소년단체, 교회, 사회복지관 등

④ 보충적 서비스의 제공자

타 기관들과의 공식 · 비공식적 협조체계

⑤ 조직이 산출한 것을 소비 · 인수하는 자

클라이언트, 클라이언트와 관계된 자로 가족, 교정기관, 아동복지시설, 학교 등

⑥ 경쟁하는 조직들

클라이언트나 다른 자원들을 놓고 경쟁

2. 일반환경 [50]

(1) 일반환경의 개념 ★꼭!

- 일반환경이란 환경 내의 경제적 · 인구통계적 · 문화적 · 정치적 · 법적 · 기술적 조건들을 의미한다.
- 일반환경들은 모든 조직에 영향을 미치며, 조직이 변화시키기는 어려운, 주어진 조건으로 여겨야 한다. 일반환경에 따라 조직이 가질 수 있는 기회, 제약 및 선택의 범위가 규정된다.

보충자료
**과업환경과 일반환경
구분 예시**

(2) 일반환경의 종류

① 경제적 조건

- 일반적인 경제 상태는 조직 내부의 경제 상태에 직접적으로 영향을 미치며 제약을 가한다.
- 지역사회의 경제적 풍요와 사회복지조직의 자금 조달 능력 사이의 관계는 사회서비스에 투자할 수 있는 지역사회의 능력에 따라 정해진다.
- 경제상황은 사회복지조직을 위한 자원공급을 결정하는 한편, 사회복지서비스에 대한 수요를 좌우하여 경제적 불황은 사회복지기관이 개입해야 하는 대규모 수요를 만들어낸다.
- 욕구가 많은 지역에 낮은 수준의 사회복지서비스가 제공되는 바람직하지 못한 상황을 만들어 내기도 한다.

② 사회인구통계학적 조건

- 연령과 성별분포, 가족구성, 인종분포, 거주지역 그리고 사회적 계급은 여러 가지 사회문제 및 욕구의 발생빈도와 매우 밀접한 관계를 갖고 있다.
- 지역사회인구의 특성은 사회복지조직에 상당한 영향을 미칠 수 있는데, 지역사회의 인구특성에 따라 사회복지조직의 서비스가 달라지게 된다.

③ 문화적 조건

- 사회복지조직은 지역사회의 우세한 문화 및 가치제도에 특히 민감하다.
- 사회복지조직의 특징과 목적은 문제의 원인과 욕구, 욕구해소에 있어서 꼭 지켜야 할 가치관, 그리고 욕구를 해소하는 수단에 대해 엘리트 집단이 가지고 있는 가치와 이념을 반영한다.
- 사회복지조직은 당시의 지배적인 문화적 · 도덕적 체계를 반영하고, 이들 제도를 증진 · 강화 · 지지하는 한편, 다양한 조직들의 발생은 이 조직들을 인가하는 당시의 규범적 체제에 의해 결정된다.

④ 정치적 · 법적 조건

- 사회복지조직이 사용할 수 있는 자원의 주요 부분은 공적으로 관할되고 정치적 과정에 의해서 결정된다. 정치적 조건은 정부의 정치적 성향에 따라 사회복지 부문의 자원 규모나 분야가 달라질 수 있다는 점에서 사회복지조직에 큰 영향을 미친다.
- 수많은 법적 규제는 사회복지조직이 클라이언트에게 서비스를 제공함에 있어서 실천기술, 장소, 이용자 선정, 인력 등과 관련해 준수해야 할 많은 조건들을 규정하고 통제한다.

⑤ 기술적 조건

- 사회복지조직이 제공할 수 있는 서비스의 범위는 의료 · 정신건강 · 교육 · 지역사회 및 사회계획과 같은 분야에서의 조직 환경의 기술개발 정도에 따라 결정된다.
- 사회복지조직의 기술 혁신 정도는 사회의 진보된 기술에 부분적이나마 영향을 받으며, 연구와 훈련을 통하여 지식을 추구해가는 사회적 분위기에 의해 결정되기도 한다.
- 사회복지 외에 다른 부분에서 일어나는 기술의 발전은 이를 활용할 사회복지조직에게 윤리적 · 도덕적 문제를 야기시키기도 하며, 재정 및 사회적 비용, 투자에 대한 소득, 혁신의 전달성 등에 의해서 채택여부가 결정된다.

2 환경변화와 환경관리

강의로 복습하는 기출회독 시리즈

Keyword 221

1. 사회복지조직을 둘러싼 환경변화의 흐름 ^{23회 기출}

사회복지조직은 제도적·사회적 테두리 안에 존재하기 때문에 다양한 환경변화에 발맞춰 변화를 모색해야 한다.

환경변화의 흐름에 관한 문제가 출제되곤 하는데, 이 내용은 전달체계 변화와 함께 출제되기도 한다. 23회 시험에서는 최근 사회복지행정의 환경변화 흐름을 묻는 문제가 출제되었다.

(1) 민간 부문

① 지역중심 강화(탈시설화)

시설복지에서 지역복지로 전환하여 다양한 지역사회 내의 자원을 활용하기 위한 노력이 증가하고 있다.

② 소비자 주권

공급자 중심에서 클라이언트 중심으로 전환하고, 소비자의 주권(consumer sovereignty)에 대한 인식이 높아지고 있다.

보충자료

소비자 주권의 개념

③ 수요 중심

욕구(need) 충족을 위한 복지에서 수요(demand) 충족을 위한 복지 제공이라는 관점으로 확장되고 있다. 즉, '필요로 하는 것'에서 더 나아가 '실제 이용하는 것'을 강조한다.

④ 기관의 개방화와 투명화

사회복지 시설과 기관 운영에서 개방화와 투명한 운영의 요구가 높아지고 있으며, 이에 대한 사회의 요구를 수용하고자 노력하고 있다.

⑤ 자립 중심

원조 중심에서 자립 및 자활 중심으로의 전환이 강조되고 있으며, 다양한 사회문제 및 클라이언트의 욕구를 충족시키기 위한 창의적인 프로그램 개발의 노력이 증가되고 있다.

⑥ 민영화

사회복지서비스가 민영화되고 있고, 영리조직 및 사회적 기업 등 다양한 유형의 조직들이 사회서비스 분야에 활동하면서 기존의 사회복지조직은 한층 더 경쟁력을 키우기 위해 노력해야 한다.

⑦ 기업경영론의 확산

사회복지조직의 운영에 있어서 기업경영적 관리기법의 도입, 마케팅의 활성화, 품질관리의 강화, 산출에 대한 강조 등 시장의 경쟁적 구조에 적합한 조직 운영이 모색되고 있다.

(2) 공공 부문

① 민·관 협력

공공의 책임성을 다하는 동시에 민간의 전문성을 확보할 수 있도록 민간 위탁, 민·관 협력 등 다양한 방식을 모색하고 있다.

② 서비스의 통합

- 한국사회보장정보원의 사회보장정보시스템 구축을 통해 국가의 복지사업 정보와 수급이력 정보 등을 통합적으로 관리하여 복지 업무 담당자들이 시스템을 통한 정보에 따라 효율적으로 대응하고 맞춤형 서비스가 제공될 수 있도록 하고 있다.
- 시·군·구 단위의 희망복지지원단 및 읍·면·동 단위의 찾아가는 보건복지팀 등 공공 사회복지 전달체계는 서비스의 통합적 제공을 추구한다.

③ 지방분권화에 따른 지역 중심 서비스

지역사회보장협의체를 구성하여 지역사회보장계획을 수립하도록 하고, 사회보장에 관한 기본계획에 있어서도 지역계획이 마련될 수 있도록 법제화하는 등 지역별 실정에 적합한 사회복지서비스가 이루어질 수 있도록 하고 있다. 최근에는 시·군·구뿐만 아니라 읍·면·동에도 지역사회보장협의체를 두어 더 작은 지역 단위의 자체적인 복지사업이 추진될 수 있도록 하고 있다.

2. 환경관리의 필요성 및 전략

중요도 ━━

출제율이 높은 편은 아니지만 암기해두지 않으면 답을 찾을 수 없는 내용이기 때문에 어떤 전략들이 있는지를 정리해두어야 한다.

(1) 환경관리의 필요성

• 사회복지조직은 법·제도, 경제, 사회·문화 등 다양한 차원에서 외부환경으로부터 영향을 받게 된다. 이에 따라 외부환경에 종속될 가능성이 매우 높다.

• 사회복지조직 역시 환경 속에 자리하고 있기 때문에 종속을 피할 수는 없다. 하지만 조직의 가치를 실현하고 목표를 달성하기 위해서는 이러한 종속의 영향을 최대한 줄여나가기 위한 전략을 수립할 필요가 있다.

(2) 환경관리 전략 [51] ★

사회복지조직이 환경에 대한 종속관계를 극복할 수 있는 전략은 다음과 같다.

① 권위주의 전략

• 조직이 자금과 권위를 충분히 획득할 경우 다른 조직 간의 교환관계와 조건들에서 유리한 위치에 설 수 있다. 이와 같이 권력을 사용하여 다른 조직의 행동을 이끌고 명령을 내리는 전략이 권위주의 전략이다.

• 이 전략을 위해서는 다른 조직을 감시하고 명령할 수 있는 능력이 필요하기 때문에 주로 자금과 권위를 관리하는 정부기관들이 사용할 수 있는 전략이다.

• 권위를 사용하는 것은 조직의 자율성에 영향을 미치지 않고도 외부조직이 교환조건에 응하도록 할 수 있으므로 매우 효과적이지만 이러한 전략을 사용할 수 있는 조직은 이미 우세한 권력관계를 유지할 수 있고, 명령 순응에 대한 감시 비용이 들고 형식적 순응에 그칠 수도 있다.

② 경쟁적 전략

• 다른 조직들과 경쟁하여 세력을 증가시켜 서비스의 질과 절차, 행정절차 등을 매력적으로 만드는 것이다. 이와 같은 전략은 조직이 필요로 하는 자원이 환경에 분산되어 있고 세력균형을 이룰 수 있을 만큼 충분한 내적 자원이 있을 경우 가능하다.

• 질 높은 서비스와 클라이언트 관리, 친절한 서비스 등으로 경쟁우위를 확보할 수 있다.

• 잘못할 경우 성공률이 높은 클라이언트만 받아들이는 크리밍 현상, 성공가능성이 낮거나 인적자본이 취약한 클라이언트에 대한 거부, 경쟁으로 인한 서비스 중복과 자원낭비 등이 나타날 수도 있다.

③ 협동적 전략

다른 조직들에게 필요한 서비스를 제공하여 상호 불안감을 해소시키고, 이에 대한 보답으로 권력을 증가시키는 전략으로 계약, 연합, 흡수 등 3가지 형태로 구분할 수 있다.

- 계약: 두 조직 간에 지원이나 서비스의 교환을 통해 협상된 공식적, 비공식적 합의
- 연합: 여러 조직들이 사업을 위해 합동하여 자원을 합하는 전략
- 흡수: 과업환경 내 주요 조직의 대표자들을 조직의 정책수립기구에 참여시키는 전략

④ 방해 전략

- 경쟁적 위치에 있는 다른 조직의 활동을 방해하거나 세력을 약화시키는 전략이다.
- 방해 전략을 활용할 수 있는 조건은 조직의 과업환경이 정당한 요구를 묵살하거나 방해하려는 경우, 실패하더라도 손해볼 것이 없는 경우와 이념적 갈등이 존재하는 경우 등이다.

한걸음 더   종속 강화조건과 종속 상쇄조건

사회복지조직은 외부환경에 종속될 수도 있고, 이러한 종속을 상쇄할 수도 있다.

1. 종속이 강화되는 조건
- 외부에서 강요하는 정책
- 서비스 사용에 대한 외부의 재량권 행사
- 외부단위의 서비스가 크게 필요한 경우
- 외부에서 목표를 인가해야 하는 경우
- 대안들에 대한 정확하지 않은 정보

2. 종속을 상쇄하는 조건
- 외부정책이 비교적 자유로울 때
- 주요 자원의 소유, 외부환경이 필요로 하는 서비스 개발 및 정보 · 지식 확보
- 외부의 서비스나 자원이 대체 가능한 것일 때
- 정당성을 내세울 수 있는 이념 개발
- 대안에 대한 효과적인 지적 능력

3. 변화에 대한 수용과 저항

사회복지조직은 조직 내·외부 환경적 조건들의 변화에 대응해야 한다. 그리고 변화하는 환경적 요구들을 내부적으로 수용하는 것은 사회복지조직의 책임성 실천과도 밀접한 관련이 있다. 하지만 조직 내부에 변화를 시도할 때에는 변화에 대한 수용과 저항에 직면하게 된다.

(1) 과거의 경험
행정관리자는 과거 부하직원들이 변화에 대해 어떤 성향을 나타냈었는지를 파악함으로써 저항과 수용에 대한 성향을 예측할 수 있다.

(2) 투자회수 비용
사회복지조직의 구성원들은 현재의 활동을 위해 저마다 시간과 노력을 투자해왔다. 따라서 이러한 매몰비용이 클수록 변화에 대한 저항이 커질 수 있다.

매몰비용(sunk cost)
매몰비용은 이미 매몰되어 버려서 다시 되돌릴 수 없는 비용, 즉 의사결정에 따른 실행 이후에 발생하는 비용 중 회수할 수 없는 비용을 말하며, 함몰비용이라고도 한다. 한 번 지출된 후에는 어떤 방법으로도 회수할 수 없는 비용을 말한다.

(3) 사회적 관계
변화의 노력이 구성원 간에 형성된 비공식적인 규범과 어긋난다면 변화에 대한 저항이 커질 수 있다.

(4) 파워(권력)와 자원의 분배
인력이나 자율성, 예산 할당몫 등에 대한 기존의 권력 구도 혹은 의사결정 구도가 바뀔 때에는 저항이 발생할 가능성이 높다.

(5) 의사소통
변화의 내용이 잘못 알려지거나 잘못 이해될 때에 저항의 가능성이 높다.

한걸음 더 — 조직의 변화를 유발하는 내·외부적 요인

1. 내부적 요인
조직 내부적 요인을 말한다. 일선 사회복지사의 업무 및 권한, 서비스 및 시설 개선 등을 요구함에 따라 조직의 구조적 변화가 발생하기도 하며, 관리자층에서 의사소통의 문제, 조직의 전반적인 사기 저하, 조직의 비효율성 등에서 나타나는 비효율성을 인식하여 조직의 변화를 추구하기도 한다.

2. 외부적 요인
조직에 영향을 주는 외부 자원 및 세력 등 환경 변화에 따라 조직이 변화를 모색하게 되는 경우이다. 정책의 변화, 예산삭감, 사회적 가치의 변화, 새로운 기술 출현 등이 이에 해당한다.

4. 사회복지조직의 혁신

(1) 조직혁신의 개념 [52]

① 조직혁신의 개념

- 사회복지조직의 혁신은 사회복지 행정체계를 서비스 욕구와 수요의 변화에 적절히 대응하도록 개선함으로써 조직의 목표를 더욱 효과적으로 달성하기 위한 의도적이고, 인위적이고, 계획적인 활동이다.
- 변화를 위협이 아닌 잠재성 있는 기회로 인식하고, 새로운 환경에 적응하여 경쟁우위를 유지하고 창출하는 것이 중요하다.

② 혁신풍토의 조성

- 조직의 혁신을 위해서는 업무과정에서 새로운 아이디어를 창출하고 실행할 수 있는 조직 내 분위기가 조성되어야 하며, 이를 혁신풍토라고 한다.
- 변화에 대한 개방성, 변화결과에 대한 불안감 감수, 변화에 대한 격려, 새로운 도전을 즐기는 분위기, 구성원들 간 협력, 변화와 발전을 지지하는 조직의 규범과 구조적 체계, 혁신과정에서 발생할 기회비용에 대한 지지 등이 강조된다.

③ 혁신을 위한 선행요인

- 개인 수준: 일선 직원의 업무능력 및 혁신에 대한 태도, 리더의 비전 제시력 및 추진력, 최고관리자의 혁신 의지 및 성공에 대한 확신 등이 요구된다.
- 조직 차원: 공식화 수준이 낮을수록, 수평적으로 분화되어 있을수록 조직의 융통성과 적응력이 촉진되어 혁신에 유리하다. 한편, 조직의 연령, 규모, 문화, 보상체계, 사명 및 전략 등이 혁신의 변수가 된다.
- 환경 차원: 조직이 속한 산업, 환경의 변화, 시장구조 등이 조직의 혁신에 영향을 미친다.

(2) 사회복지조직의 혁신모델 [53]

① 위로부터의 혁신: 변혁적 리더십

혁신 과정에서 조직구조의 조정 및 개편은 구성원들의 저항을 유발하기도 하는데 변혁적 리더십은 구성원들의 조직몰입을 이끌고 개인의 이익을 넘어 집단의 이익을 추구하고 기대를 초월하는 성과를 낼 수 있도록 동기부여하는 역할을 한다.

② **아래로부터의 혁신: 직원 주도의 조직변화**

하위관리자 혹은 중간관리자의 주도로 서비스 향상을 위해 조직의 환경, 정책, 프로그램, 절차 등을 수정하거나 개선하고 실행하는 것을 말한다.

③ **조직혁신의 과정**

㉠ 변화필요에 대한 신념의 보편화

㉡ 분명하고 지속가능한 리더십

㉢ 문제진단과 변화계획에서의 직원참여 확대

㉣ 융통성 있는 계획 실행

㉤ 성공의 수용 및 제도화

④ **사회복지조직의 혁신유형 분류**(Perri 6) [54]

조직혁신 유형	하위유형
제품 · 산물 혁신 (서비스 내용에 대한 혁신)	• 급진적 산물 혁신: 기존에 없던 새로운 서비스 개발 • 산물차별화 혁신: 기존 서비스의 다양화 • 수요차별화 혁신: 기존의 서비스를 새로운 클라이언트 집단에 확장
공정 · 과정 혁신 (서비스 생산 과정의 혁신)	• 실행혁신: 기존의 기술을 유지하면서 새로운 생산방법 도입 • 기술혁신: 새로운 기술의 도입
행정 · 관리 혁신 (조직 내외 변화유도 혁신)	• 내부혁신: 기관 내부구조의 변화를 위한 활동 • 외부혁신: 다른 기관들과 새로운 협력관계 구축

3 사회복지조직의 정보관리

기출회차

1	2	3	4	5
6	7	8	9	10
11	12	13	14	15
16	17	18	19	20
21	22	23		

강의로 복습하는 기출회독 시리즈

Keyword 223

1. 정보관리의 의의 23회 기출 🏆

합격자의 한마디

정보관리시스템 구축은 정보를 관리하기 위한 하나의 방법일 뿐이지, 정보관리가 곧 전산화를 의미하는 것은 아니다.

(1) 정보관리에서 고려해야 할 사항

• 클라이언트의 개인정보 유출 문제에 유의해야 한다.
• 모든 정보가 전산화되어야 하는 것은 아니며, 마찬가지 이유로 모든 정보가 전 직원에게 공개되어야 하는 것도 아니다. 따라서 어떤 정보를 전산화할 것인지, 어떤 정보에 대해 누구에게 접근권한을 부여할 것인지 등을 기관 차원에서 기준을 마련해야 한다.
• 환경변화에 맞춰 관리시스템도 계속 변화하기 때문에 시스템을 업데이트하는 것도 필요하며, 새로운 시스템에 빠르게 적응하고 적절하게 활용하기 위한 직원 교육도 필요하다.
• 정보관리시스템을 통해 클라이언트의 유형에 따라 적합한 서비스를 추천받을 수 있지만, 기본적으로 모든 클라이언트는 개별화되어야 한다는 실천원칙을 잊어서는 안 된다.

(2) 정보체계 구축에 따른 기대 효과

• 정보화를 통해 시간과 장소의 구애됨 없이 신속한 서비스제공이 가능하다.
• 정보화를 통해 업무의 효율성을 증가시킬 수 있다. 일상적으로 반복되는 업무를 컴퓨터를 이용함으로써 보다 표준화되고 빠르게 처리할 수 있기 때문에 업무의 효율성이 증가한다.
• 정보화를 통해 기관의 정보가 직원들 사이에 쉽게 공유되기 때문에 의사소통 및 의견교환에 용이하다.
• 정보화를 통해 비용의 감소를 가져올 수 있다. 정보화 작업 초기에 일시적으로 시스템을 갖추는 데 많은 예산이 쓰인다고 생각될 수 있다. 그러나 거시적으로 볼 때 사람의 손을 통해서 장기간 걸리는 업무를 단시간 내에 처리할 수 있기 때문에 인건비, 운영비 등의 비용절감효과를 가져와 오히려 재정적인 이득을 가져올 수 있다.
• 정보화를 통해 저렴한 서비스를 제공할 수 있다. 기관에서의 업무처리에

드는 운영비, 인건비의 절감은 서비스이용 요금의 인하로 곧바로 이어지기 때문에 저렴한 양질의 서비스를 제공할 수 있게 된다.

- 정보화를 통해 자료를 과학적으로 분석하여 양질의 서비스를 제공할 수 있다. 다만, 정보체계를 통해 분석된 자료는 의사결정을 위한 참고자료일 뿐이며, 의사결정자가 다양한 정보를 취합하여 의사결정을 내려야 한다.
- 정보화를 통해 업무의 표준화를 기할 수 있다. 모든 기관의 정보공유는 우선 데이터가 표준화되어야 하므로 이는 업무의 표준화를 가져와 업무의 질 향상에도 도움이 된다.
- 정보를 효과적으로 활용하게 됨으로써 사회복지의 정확성, 객관성, 타당성을 확보할 수 있으며, 이에 따라 정보화를 통해 책임감 있는 복지활동을 전개할 수 있다.
- 정보를 체계적으로 분석하고 관리할 수 있기 때문에 이를 기반으로 다양한 연구 및 새로운 프로그램 개발 등에 활용할 수 있다.
- 정보화를 통해 대중의 관심으로부터 소외되기 쉬운 사회복지사업에 대한 관심을 일반인에게도 확산시킬 수 있다.

2. 정보관리시스템(MIS)

(1) 정보관리시스템의 개념

- 정보관리시스템(MIS)은 MIS는 공식적인 전산화를 통해 정보를 경영활동에 다양하게 활용할 수 있도록 구축한 종합적인 체계를 말한다.
- 정보관리시스템은 행정의 내부 효율성에 초점이 맞추어져 있는 사무자동화(OA: Office Automation)보다는 범위가 넓게 적용되고, 조직의 전 구성원이 활용할 수 있다는 점에서 상급관리자의 의사결정을 지원하는 의사결정지원시스템(DSS: Decision Support System)과도 다르고, 전문가의 판단력 수준을 높여주는 데 사용하는 전문가지원시스템(ESS: Expert Support System)과도 다르다. 정보관리시스템(MIS)은 OA, DSS, ESS를 포함하는 종합적 의미의 시스템이라고 말할 수 있다.[55]

(2) 정보관리시스템 설계를 위한 정보 유형

① 지역사회 정보

인구통계학적 정보, 사회적·경제적 특성에 관한 자료, 서비스를 받고 있는 대상자의 신원 확인, 실질적인 서비스와 재원의 목록 등

잠깐!

정보관리시스템 설계 과정

현재 상황 사정
↓
기존 정보체계 분석
↓
세부설계
↓
정보관리체계 검증과 준비
↓
실행
↓
평가
↓
유지 및 보수 등 관리

② 클라이언트 정보

클라이언트의 현존 문제, 개인력, 서비스 수혜 유형, 서비스 기간, 사회 경제적 · 가족적 특성, 고용상태, 만족도 측정과 서비스 성과 등

③ 서비스 정보

기관의 서비스 단위, 서비스를 이용하는 클라이언트 수, 서비스와 관련된 활동들에 대한 설명 등

④ 직원 정보

사업수행에 참여한 시간, 도움을 준 클라이언트 수, 서비스 제공의 양, 서비스의 차별성 등

⑤ 자원할당 정보

전체비용, 특수한 유형의 서비스 비용, 예산 및 결산보고서를 위해 필요한 자료 등

(3) 계층별 정보관리시스템

① 전략적 정보관리시스템
- 대상 계층: 기관의 장, 이사 등 최고관리자, 최고경영자
- 기능: 전략적 목표의 방침설정, 장기적 관점의 모델 작성
- 외부환경에 대한 정보, 부정기적 정보, 변화에 대한 예측정보

② 관리적 정보관리시스템
- 대상 계층: 국장, 부장, 과장 등 중간관리자
- 기능: 일선 업무에 흩어진 정보를 종합, 관리
- 내부정보, 기관의 과거 활동에 대한 정보, 계획과 실행의 차이에 대한 분석 등

③ 작업적 정보관리시스템
- 대상: 하위관리자, 현장관리자 또는 일선 사회복지사
- 기능: 정형화된 업무의 전산화/자동화, 예외상황에 대한 관리, 기초정보의 데이터화
- 매일 업무상황에서 발생하는 정보를 자료화

3. 정보관리시스템의 유형 및 기능

(1) 자료처리응용단계(DP: Data Processing)
- 기계, 사람, 절차와 반복적인 사무업무를 가능하게 하는 장비로 구성
- 정보수집, 저장, 검색, 조정, 이송 자료출력을 포함
- 월급명세서 자동처리 / 이용자 명부관리 / 영수증 자동발급

(2) 정보관리체계 · 관리정보체계단계(MIS: Management Information System)
- 정형화된 구조를 통해서 다양한 자료들을 수집, 저장, 처리하여 유용한 정보로 전환하는 것
- 클라이언트에 관한 정보를 다룰 목적이나 재정 자원의 관리와 같은 내부 운영의 통제 목적을 위해서도 사용
- 사람모집, 절차, 자료와 정보수집기술, 일련의 절차를 통해 자료와 정보를 향상시키고 결과를 출력 후 배포하는 것을 포함
- 기초적인 조직정보를 처리하는 공식적이고 전산화된 응용프로그램
- 사업부서별로 월별, 분기별 보고서 작성

(3) 지식기반시스템(KBS: Knowledge Based System)
자료, 정보, 지식의 구조 그 이상의 의미로 복잡하고 어려운 처리 기술이 요구된다.
- 전문가시스템(expert system): 사용자가 제공한 사실을 기초로 컴퓨터 안에 저장된 지식/정보를 응용하여 사례에 관한 의사결정을 하는 것으로, 전문가인 의사결정자들 사이에 의견차이가 발생하여 갈등이 일어날 수 있다.
- 사례기반추론시스템(case-based reasoning): 수천 개의 클라이언트 사례를 조사하고 저장된 사례자료로부터 지식/정보를 얻기 위한 것이다. 상황별 혹은 유형별 등 다양한 기준에 따라 정보가 가공될 수 있도록 하여 과거의 사례들을 통해 새로운 사례에 대한 결과를 예측해볼 수 있다.
- 자연음성처리시스템(natural language processing): 언어를 텍스트로 전환하는 것으로 사람의 언어를 이해하고 말을 하는 전환음성기나 외국어 번역텍스트기를 말한다.

(4) 의사결정지원시스템(DSS: Decision Support System)
- 효과성과 의사결정의 특성을 탐구하는 것
- 전문가가 복잡한 의사결정을 보다 쉽게 할 수 있도록 지원함

(5) 업무수행지원시스템(PSS: Performance Support System)

- 현장에서의 업무수행능력을 향상시키기 위해 개발된 통합정보제공시스템
- 서비스를 직접 제공하는 사회복지사의 업무성과를 높이는 것에 초점
- 일을 수행하는 방법에 관한 지시사항과 절차가 방대할 때 효과적
- 직원이 재편성되고 업무교육이 일상적일 때 효과적
- 기관에 기본적인 컴퓨터 시스템이 마련되어 있을 때 효과적
- 예산을 줄이고 질을 향상시켜야 할 압력이 존재할 때 효과적

1) 황성철 외, 2014: 18-19.
2) 김나리 외, 2022: 27; 황성철 외, 2014: 21-25; 김현진 외, 2017: 44-47.
3) 김나리 외, 2022: 27; 105-108.
4) 최칠성 외, 2022: 1장; 황성철 외, 2014: 1장.
5) Hasenfeld, 성규탁 역, 1985: 22-25.
6) 김형식 외, 2001: 50-51.
7) 한국사회복지행정학회, 2003: 112-113; Hasenfeld, 성규탁 역, 1997: 64-71.
8) 황성철 외, 2007: 85.
9) 한국사회복지행정학회, 2003: 113-114; 황성철 외, 2003: 155-156.
10) 오석홍, 2004: 54-55; 황성철 외, 2003: 156-157.
11) 오석홍, 2004: 465.
12) NASW, 이문국 외 역, 1999: 2302.
13) 오석홍, 2004: 475-476.
14) 황성철 외, 2003: 92-96.
15) 이봉주 외, 2012: 156, 166-168.
16) 황성철 외, 2003: 128-129.
17) 신복기 외, 2002: 112-113.
18) 원석조, 2020: 4장.
19) 이봉주 외, 2012: 169-175.
20) 신복기 외, 2002: 161-162.
21) 신복기 외, 2002: 162; 우종모 외, 2004: 66-72.
22) Gilbert & Terrell, 1998: 152.
23) 최성재 · 남기민, 2000: 97.
24) 변재관 외, 2000: 24-27.
25) 최성재 · 남기민, 2000: 109-111.
26) 변재관 외, 2000: 39-48; 84.
27) 황성철 외, 2003: 261.
28) 최성재 · 남기민, 2000: 180.
29) 이문국 · 이인재 역, 2002.
30) 이문국 · 이인재 역, 2002.
31) 윤영진 외, 2001.
32) 우종모 외, 2004: 192-196.
33) 황성철 외, 2014: 154-155.
34) 황성철 외, 2014: 157-158; 행정학용어표준화연구회, 2010.
35) 황성철 외, 2007: 131.
36) 황성철 외, 2007: 134.
37) 신복기 외, 2008: 337-340.
38) 김형식 외, 2002: 372.
39) NASW, 이문국 외 역, 1999.
40) 노정현 외, 1994.
41) 정무성 · 정진모, 2001: 19-20.
42) 최성재 · 남기민, 2000: 379.
43) 김영종, 2001: 489-490.
44) 한국사회보장정보원 사회복지시설평가 홈페이지: eval. w4c.go.kr
45) 변재관 외, 2000: 49-50.
46) 김영종, 2003: 440-441.
47) 김형식 외, 2002: 254-259; 황성철 외, 2003: 220-231.
48) Hasenfeld, 성규탁 역, 1985: 75-87.
49) Hasenfeld, 성규탁 역, 1985: 74-75.
50) 최성재 · 남기민, 2000: 148.
51) 신복기 외, 2002: 142.
52) 김나리 외, 2022: 370-371; 황성철 외, 2014: 448-449.
53) 황성철 외, 2014: 450-454.
54) 최칠성 외, 2022: 421-422.
55) 허만형, 2004: 373-374.

참고문헌

강용규 · 문영규, 2014, 『사회복지행정론』, 형지사.
강종수, 2021, 『사회복지행정의 이해』, 학지사.
고광신 · 김승훈 · 손연숙, 2010, 『사회복지행정론』, 나눔의집.
김경우, 2007, 『사회복지행정론』, 동문사.
김나리 · 박재영 · 임종린, 2022, 『쉽게 배우는 사회복지행정론』, 어가.
김만호 · 박순미 · 송영달, 2012, 「사회복지관 평가의 BSC 성과측정모델 도입에 관한 탐색적 연구」, 『한국사회복지행정학』 14(4): 115-139.
김영종, 2003, 2007, 2010, 『사회복지행정』.
김현진 · 이순희 · 유옥현 · 김학실, 2017, 『사회복지행정론』, 양서원.
김형식, 2007, 『사회복지행정론』, 양서원.
김형식 · 이영철 · 신준섭, 2009, 『사회복지행정론』, 양서원.
남경현, 1978, 『사회복지관 개요』, 한국사회복지관연합회.
남일재 · 양정하 · 나용선 · 오종희 · 김영호 · 주익수 · 오주, 2007, 『사회복지행정론』, 학현사.
남일재 · 오주 · 문영주, 2011, 『현대 사회복지행정의 이해』, 정민사.
노정현 외, 1994, 『행정개혁론』, 나남출판.
박동서, 2005, 『한국행정론』, 법문사.
박차상, 2007, 2008, 『사회복지행정론』, 양서원.
박차상 · 이경철 · 오세영, 2008, 『사회복지행정론』, 창지사.
변재관 · 심재호 · 이인재 · 이재원 · 홍경준, 2000, 『참여형 지역복지 체계론』, 나눔의집.
서보준 · 김우호 · 전영록 · 최병태, 2017, 『사회복지행정론』, 양성원.
신복기 · 박경일 · 이명현, 2008, 『사회복지행정론』, 공동체.
신복기 · 박경일 · 장중탁 · 이명현, 2007, 『사회복지행정론』, 양서원.
양승일 · 정혁인, 2009, 『사회복지행정론』, 동문사.
양원규 · 김광주 · 정우열, 2012, 『조직이론 제대로 알기』, 대왕사.
오석홍, 2013, 『인사행정론』, 박영사.
오석홍, 2011, 『조직이론』, 박영사.
오세영, 2009, 『사회복지행정론』, 신정.
우종모 · 김재호 · 조당호, 2004, 『사회복지행정론』, 양서원.
원석조, 2020, 『사회복지행정론』 (5판), 양서원.
유종해, 2004, 『현대행정학』, 박영사.
이봉주 · 이선우 · 백종만, 2012, 『사회복지행정론』, 나남.
이봉주 · 이선우 · 신창환, 2022, 『사회복지행정론』, 학지사.

이덕희 · 김구 · 박서영 · 박서준 · 이은영 · 이진용 · 한승협, 2019, 『사회복지행정론』 (개정판), 창지사.
장신재, 2005, 『사회복지행정론 - 사회복지기관 행정을 중심으로』, 나눔의집.
장인협 · 이정호, 2006, 『사회복지행정론』, 서울대학교출판부.
정무성 · 정진모, 2001, 『사회복지 프로그램 개발과 평가』, 양서원.
지은구, 2007, 『사회복지행정론』, 청목출판사.
최성재 · 남기민, 2000, 2002, 『사회복지행정론』, 나남.
최칠성 · 전재현 · 오단이 · 전우일, 2022, 『사회복지행정론』, 지식공동체.
한국사회복지교육협의회, 2018, '컬렉티브 임팩트 향상을 위한 표준교육 개발연구 보고서', 홈페이지: kcswe.kr
한국사회복지행정학회, 2003, 『한국의 사회복지행정』, 학현사.
한국사회복지행정학회, 2014, 『사회복지행정론』, 양서원.
행정학용어 표준화연구회, 2010, 『행정학용어사전』, 새정보미디어.
허만형, 2005, 『사회복지행정론』, 법문사.
홍봉수 · 조당호 · 임현진 · 오현숙 · 이순금 · 한성수, 2022, 『사회복지행정론』 (2판), 공동체.
황성철 · 정무성 · 강철희 · 최재성, 2003, 2007, 『사회복지행정론』, 학현사.
황성철 · 정무성 · 강철희 · 최재성, 2014, 『사회복지행정론』, 정민사.
황진수 · 이종모, 2014, 『사회복지행정론』, 대영문화사.

C. A. Rapp & J. Poertner, 정무성 · 박차상 역, 2002, 『사회복지 기관행정 - 클라이언트 중심 접근』, 나눔의집.
N. Gilbert & P. Terrell, 남찬섭 · 유태균 역, 2007, 『사회복지정책론』.
NASW, 이문국 · 이용표 외 역, 1999, 『사회복지대백과사전』, 나눔의집.
P. M. Kettner, 정무성 역, 2000, 『사회복지 프로그램 기획과 관리』, 나눔의집.
Si Kahn, 이문국 · 이인재 역, 2002, 『지역복지 실천전략』, 나눔의집.
Y. Hasenfeld, 성규탁 역, 1985, 『사회복지행정조직론』, 박영사.